Holger Weitzel/Steffen Schaal (Hrsg.)

**Biologie unterrichten:
planen, durchführen, reflektieren**

Die Autoren

Petra Baisch, Dr., arbeitet als Akademische Rätin an der PH Ludwigsburg.

Anke Meisert, Prof. Dr., ist Fachleiterin in der Referendarausbildung am Studienseminar Hildesheim sowie Professorin für Biologiedidaktik in Lehre und Forschung an der Uni Hildesheim.

Sonja Schaal, Realschullehrerin, ist abgeordnet an die PH Ludwigsburg.

Steffen Schaal, Prof. Dr., lehrt und forscht an der PH Ludwigsburg.

Ulrike Spörhase, Prof. Dr., lehrt und forscht an der PH Freiburg.

Holger Weitzel, Prof. Dr., lehrt und forscht an der PH Weingarten.

Holger Weitzel/Steffen Schaal (Hrsg.)

Biologie unterrichten: planen, durchführen, reflektieren

Die Links zu externen Webseiten Dritter, die in diesem Lehrwerk angegeben sind, wurden vor Drucklegung sorgfältig auf ihre Aktualität geprüft. Der Verlag übernimmt keine Gewähr für die Aktualität und den Inhalt dieser Seiten oder solcher, die mit ihnen verlinkt sind.

Bildquellen: Seite 108 links: © Holger Weitzel

www.cornelsen.de

3. Auflage 2016

© 2012 Cornelsen Verlag, Berlin
© 2014 Cornelsen Schulverlage GmbH, Berlin

Das Werk und seine Teile sind urheberrechtlich geschützt.
Jede Nutzung in anderen als den gesetzlich zugelassenen Fällen bedarf deshalb der vorherigen schriftlichen Einwilligung des Verlags.
Hinweis zu §§ 46, 52a UrhG: Weder das Werk noch seine Teile dürfen ohne eine solche Einwilligung eingescannt und in ein Netzwerk gestellt oder sonst öffentlich zugänglich gemacht werden.
Dies gilt auch für Intranets von Schulen und sonstigen Bildungseinrichtungen.

Projektleitung: Gabriele Teubner-Nicolai, Berlin
Redaktion: Ute Döring, Göttingen
Herstellung: Brigitte Bredow; Regina Meiser, Berlin
Satz/Layout: Fromm MediaDesign, Selters/Ts.
Umschlagkonzept: Kerstin Zipfel, München
Umschlaggestaltung: LemmeDESIGN, Berlin
Umschlagfoto: © shutterstock.com
Sachzeichnungen: Rainer Josef Fischer, Berlin

Druck: CPI – Clausen & Bosse, Leck

ISBN 978-3-589-23397-7

 Inhalt gedruckt auf säurefreiem Papier aus nachhaltiger Forstwirtschaft.

Inhalt

Einleitung ... 7

1 Biologieunterricht planen ... 8
1.1 Kriterien für Unterrichtsqualität ... 8
1.2 Was guten Biologieunterricht auszeichnet ... 9

2 Eine Unterrichtseinheit planen ... 16
2.1 Ebenen der Unterrichtsplanung ... 17
2.2 Eine Unterrichtseinheit Schritt für Schritt planen ... 21
  Schritt 1: Unterrichtsinhalte anhand von Kernideen festlegen ... 23
  Schritt 2: Über Kompetenzbereiche Schwerpunkte setzen ... 27
  Schritt 3: Lernwege gestalten ... 27

3 Eine Unterrichtsstunde planen ... 31
3.1 Eine Unterrichtsstunde in vier Schritten planen ... 32
  Schritt 1: Das Stundenthema festlegen ... 32
  Schritt 2: Unterrichtsideen und -materialien sammeln ... 32
  Schritt 3: Die Unterrichtsstunde didaktisch konstruieren ... 35
  Schritt 4: Die Unterrichtsstunde methodisch konstruieren ... 46
3.2 Mit Verlaufsskizzen den Überblick behalten ... 47

4 Unterrichtsmethoden wählen ... 51
4.1 Geeignete Unterrichtseinstiege wählen ... 51
  Funktionen des Unterrichtseinstiegs ... 51
  Formen des Unterrichtseinstiegs ... 52
4.2 Das methodische Handeln reflektieren ... 54
  Schritt 1: Verlaufsformen auswählen ... 57
  Schritt 2: Handlungsmuster auswählen ... 57
  Schritt 3: Sozialformen auswählen ... 58
4.3 Unterrichtsgespräche planen ... 60
  Unterrichtsgespräche vorbereiten ... 61
  Formen des Unterrichtsgesprächs ... 65
  Unterrichtsgespräche durch Fragen und Impulse steuern ... 68
4.4 Erkenntnisse gewinnen ... 76
  Funktionen biologischer Erkenntnismethoden ... 76
  Biologische Erkenntnismethoden auswählen ... 77
  Mikroskopieren planen und durchführen ... 82
  Experimente planen und durchführen ... 89

4.5	Mit Modellen arbeiten	105
	Modelle erkennen	106
	Funktionen von Modellen im Unterricht	108
	Beispiele zum kompetenzorientierten Umgang mit Modellen	111
4.6	Die Arbeit mit Medien planen	118
	Funktionen der Medien im Lehr-Lern-Prozess	119
	Medieneigenschaften, die den Lehr-Lern-Prozess unterstützen	122
	Mit Unterrichtsmedien gezielt Lehr-Lern-Prozesse stützen	124
	Unterrichtsmedien im Biologieunterricht – den Überblick behalten	127
	Beispiel eines begründeten Medieneinsatzes	130
4.7	Aufgaben entwickeln und einsetzen	132
	Den Aufbau von Aufgaben verstehen	133
	Aufgaben entwickeln	133

5	**Biologieunterricht reflektieren**	**149**
5.1	Lernen begleiten und bewerten	149
	Mit Lernaufgaben für Prüfaufgaben üben	152
	Bezugsnormen der Leistungsmessung	153
	Zusammensetzung der Zeugnisnote	154
5.2	Die Lehrleistung reflektieren und bewerten	156
	Voraussetzungen für eine sachgerechte Reflexion	156
	Ablauf einer von Unterrichtsreflexion	164
	Besonderheiten der Reflexion des eigenen Unterrichts	168

Literatur	171
Register	175

Einleitung

Die Planung und Durchführung von Unterricht gehört zum Kerngeschäft jeder Lehrkraft. Der Aufbau der dafür notwendigen Kompetenzen ist eine herausfordernde Aufgabe, die viel Zeit und Engagement beansprucht und die mit der Beendigung eines Qualifizierungsschritts (Master, Staatsexamen) lange nicht abgeschlossen ist.

Wir möchten Ihnen mit diesem Buch eine Arbeitshilfe bereitstellen, die Sie auf dem Weg zur Entwicklung professioneller Planungs- und Handlungskompetenz unterstützt, und konzentrieren uns dazu auf *die tägliche Unterrichtsplanung*. Damit das Buch dieser Zielsetzung gerecht werden kann, haben wir die Auswahl der Themen und deren Darstellung auf jene Aspekte zugeschnitten, die nach unserer Ansicht grundsätzlich dafür benötigt werden. Dazu zählen die fachdidaktisch reflektierte *Auswahl und Anordnung von Unterrichtsinhalten*, die *Formulierung von Unterrichtszielen* für Unterrichtseinheiten und -stunden (Kapitel 2 und 3) sowie Möglichkeiten der *methodisch angemessenen Gestaltung* von Biologieunterricht (Kapitel 4). Dazu gehören aber auch die Fähigkeiten zur *Diagnose des Lernstands* der Schülerinnen und Schüler, zur kriteriengeleiteten, fachdidaktisch vertieften *Beobachtung von Biologieunterricht* und zur *Reflexion* der eigenen Planung sowie des eigenen Handelns (Kapitel 5). Ohne *Vorstellungen von „gutem" Biologieunterricht*, die auf einer *Haltung zu Biologieunterricht* beruhen und die entwicklungspsychologisch, lerntheoretisch und fachdidaktisch begründet sein sollten, ist eine fundierte Reflexion nicht möglich. Daher geben wir Anstöße hierzu in Kapitel 1.

Wir sind uns bewusst, dass wir mit unserer Arbeit nicht das ganze Spektrum des Biologieunterrichts abdecken. Auch haben wir nur einen kleinen Teil der empirischen Befunde angeführt, die wir zu den einzelnen Themen hätten benennen können. Für beides existieren aber eine Reihe sehr guter Quellen zur fachdidaktischen Vertiefung, die wir Ihnen ergänzend zu unserem Planungsband empfehlen.

Holger Weitzel
Steffen Schaal

1 Biologieunterricht planen
Holger Weitzel

Thema dieses Buches ist die Planung, Durchführung und Reflexion von Biologieunterricht. Dazu werden in diesem ersten Kapitel in aller Kürze ausgewählte Kriterien für fachbezogene Unterrichtsqualität beschrieben, die in den folgenden Kapiteln wieder aufgegriffen und für die Praxis nutzbar gemacht werden sollen.

Jede Biologielehrkraft hat den Anspruch an sich, guten Biologieunterricht zu planen und durchzuführen. Derzeit existiert jedoch noch keine einheitliche Theorie zur Qualität von Biologieunterricht, sodass Merkmale guten Unterrichts in Rahmenmodellen skizziert werden. Rahmenmodelle fassen fachunabhängige und fachspezifische Einzelmerkmale von Unterricht zusammen, von denen bekannt ist, dass sie die Lernleistung von Lernenden nachweislich beeinflussen. Für das Fach Biologie hat Neuhaus (2007) ein solches Rahmenmodell auf der Grundlage allgemeindidaktischer Modelle entworfen (siehe Tab. auf der folgenden Seite), das wir heranziehen, um ausgewählte Kriterien für die Qualität von Biologieunterricht zu erläutern.

1.1 Kriterien für Unterrichtsqualität

Die Qualität des Biologieunterrichts wird zum einen durch seine Rahmenbedingungen beeinflusst. Dazu zählen beispielsweise das Einzugsgebiet der Schule, die Zusammensetzung einzelner Schulklassen oder die Intensität, mit der Eltern in die Bildungsprozesse ihrer Kinder involviert sind, aber auch die Bedeutung, die dem Unterrichtsfach gesellschaftlich beigemessen wird. Zum anderen wird die Qualität bestimmt durch die drei Faktoren *Kompetenz der Lehrperson, Qualität der Unterrichtsprozesse und Qualität der Ergebnisse von Unterricht.* Die Beurteilung von Unterrichtsqualität muss alle drei Faktoren angemessen berücksichtigen.

Jeder dieser Faktoren beinhaltet Merkmale, die für alle Fächer gelten (fachunabhängige Merkmale). Hierunter fällt etwa im Faktor Unterricht die Fähigkeit der Lehrkraft, möglichst viel Unterrichtszeit auch tatsächlich für den Unterricht zu nutzen und wenig Störung zuzulassen, oder ein respektvoller Umgang zwischen Lehrkraft und Lernenden. Hinzu kommen Merkmale, die kennzeichnend für das Fach Biologie sind (fachspezifische Merkmale) wie etwa die produktive Einbindung fachspezifischer Arbeitsweisen.

Die Schüler sind im abgebildeten Modell zweimal aufgeführt, weil sich die Qualität des Fachunterrichts an der Qualität der Lernergebnisse bemisst, der Ertrag des Unterrichts aber nicht losgelöst vom Ausgangspunkt der Lernenden, also beispielsweise deren Vorwissen und inhaltsbezogenen Interessen, betrachtet werden kann.

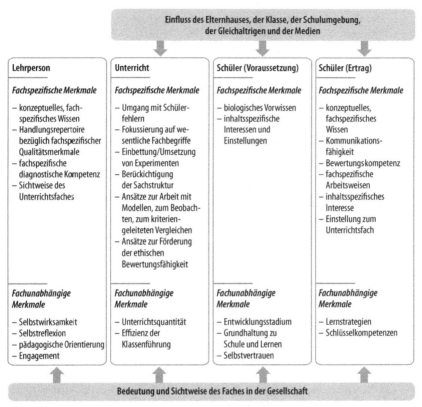

Vorschlag für ein Rahmenmodell zur Unterrichtsqualität von Biologieunterricht (NEUHAUS 2007)

1.2 Was guten Biologieunterricht auszeichnet

Guter Biologieunterricht baut Kompetenzen auf
Guter Biologieunterricht zeichnet sich dadurch aus, dass die Schüler zunehmend im Laufe ihrer Schulzeit – das bedeutet konkret über Schuljahre hinweg – lernen, biologisches Wissen zu nutzen, um Lösungen für alltagsnahe naturwissenschaftliche Aufgabenstellungen zu entwickeln, ihr Wissen und ihre Lösungen anderen mitzuteilen sowie diese zu reflektieren. Entscheidender Ertrag des Biologieunterrichts ist folglich die Fähigkeit der Lernen-

den zum handelnden Umgang mit Fachwissen in variablen Situationen, in denen dieses Fachwissen produktiv eingesetzt werden kann. Wissen und Handeln sind nach einer solchen Vorstellung eng miteinander verzahnt. Um dieser Verzahnung Ausdruck zu verleihen, wird für diese handlungsbezogene Bedeutung von Wissen der Terminus *Kompetenz* verwendet. Kompetenzen beinhalten daher einerseits bereichsspezifische Kenntnisse (z. B. Aufbau des optischen Apparates), andererseits aber auch Fähigkeiten (z. B. Lösung einer biologischen Fragestellung durch Entwicklung eines Experimentalansatzes), fachübergreifende Fertigkeiten (z. B. Informationsentnahme aus Texten) und Strategien (z. B. 5-Schritt-Lesemethode).

Im deutschsprachigen Bereich hat sich als Standarddefinition des Ausdrucks Kompetenz Weinerts Definition etabliert, die für eine schulische Nutzbarkeit jedoch heruntergebrochen werden muss. „[Kompetenzen sind] die bei Individuen verfügbaren oder durch sie erlernbaren kognitiven Fähigkeiten und Fertigkeiten, um bestimmte Probleme zu lösen, sowie die damit verbundenen motivationalen, volitionalen (also absichts- und willensbezogenen, Anm. d. Autors) und sozialen Bereitschaften und Fähigkeiten, um die Problemlösungen in variablen Situationen erfolgreich und verantwortungsvoll nutzen zu können" (Weinert 2001, 27 f.).

In den Bildungsstandards für den mittleren Schulabschluss (KMK 2004a) sind die für den Biologieunterricht leitenden Kompetenzen formuliert und in die darauf aufbauenden Bildungs- und Lehrpläne für die Sekundarstufe I sowie die Lehrpläne für die Oberstufe eingeflossen. Der Einteilung der Bildungspläne folgend werden vier Kompetenzbereiche *(Fachwissen, Erkenntnisgewinnung, Kommunikation* und *Bewertung)* unterschieden. In diesen vier Bereichen werden sukzessiv, systematisch und kumulativ Fähigkeiten aufgebaut (Klieme 2004, 12). Kompetenzen haben deshalb wenig gemein mit fachsystematisch angeordneten (und oft überfrachteten) Inhaltslisten, die Lerninhalte meist additiv und ohne Bezug zueinander darstellen.

Guter Biologieunterricht braucht konzeptuelles Fachwissen

Die Qualität des Biologieunterrichts hängt wesentlich davon ab, was die Lehrkraft über das Fach weiß. Nur auf dieser Grundlage kann Unterricht überhaupt sinnstiftend geplant und durchgeführt werden. Dabei kommt es nicht auf die schiere Menge fachlicher Details an, die eine Person wiedergeben kann (dann wären Fachbiologen per se die besseren Lehrkräfte), sondern auf die Verfügbarkeit konzeptuellen Wissens. Konzeptuelles Wissen meint Wissen, das Detailkenntnisse in ein übergeordnetes funktionelles Netz einbindet, sodass dieses Wissen zur Lösung von Fragen anwendungsbezogen eingesetzt werden kann.

- **Struktur und Funktion**
  Lebewesen und Lebensvorgänge sind an Strukturen gebunden; es gibt einen Zusammenhang von Struktur und Funktion. → Dieses Basiskonzept hilft z. B. beim Verständnis des Baus von Biomolekülen, der Funktion der Enzyme, der Organe und der Ökosysteme.
- **Reproduktion**
  Lebewesen sind fähig zur Reproduktion; damit verbunden ist die Weitergabe von Erbinformationen. → Dieses Basiskonzept hilft z. B. beim Verständnis der identischen Replikation der DNS, der Viren, der Mitose und der geschlechtlichen Fortpflanzung.
- **Kompartimentierung**
  Lebende Systeme zeigen abgegrenzte Reaktionsräume. → Dieses Basiskonzept hilft z. B. beim Verständnis der Zellorganellen, der Organe und der Biosphäre.
- **Steuerung und Regelung**
  Lebende Systeme halten bestimmte Zustände durch Regulation aufrecht und reagieren auf Veränderungen. → Dieses Basiskonzept hilft z. B. beim Verständnis der Proteinbiosynthese, der hormonellen Regulation und der Populationsentwicklung.
- **Stoff- und Energieumwandlung**
  Lebewesen sind offene Systeme; sie sind gebunden an Stoff- und Energieumwandlungen. → Dieses Basiskonzept hilft z. B. beim Verständnis der Photosynthese, der Ernährung und der Stoffkreisläufe.
- **Information und Kommunikation**
  Lebewesen nehmen Informationen auf, speichern und verarbeiten sie und kommunizieren. → Dieses Basiskonzept hilft z. B. beim Verständnis der Verschlüsselung von Information auf der Ebene der Makromoleküle, der Erregungsleitung, des Lernens und des Territorialverhaltens.
- **Variabilität und Angepasstheit**
  Lebewesen sind bezüglich Bau und Funktion an ihre Umwelt angepasst. Angepasstheit wird durch Variabilität ermöglicht. Grundlage der Variabilität bei Lebewesen sind Mutation, Rekombination und Modifikation. → Dieses Basiskonzept hilft z. B. beim Verständnis der Sichelzellanämie, der ökologischen Nische und der Artbildung.
- **Geschichte und Verwandtschaft**
  Ähnlichkeit und Vielfalt von Lebewesen sind das Ergebnis stammesgeschichtlicher Entwicklungsprozesse. → Dieses Basiskonzept hilft z. B. beim Verständnis der Entstehung des Lebens, homologer Organe und der Herkunft des Menschen.

Basiskonzepte aus den einheitlichen Prüfungsanforderungen für das Abitur (KMK 2004b)

Die von der KMK formulierten Basiskonzepte stellen Konzentrate fachlichen Wissens dar, die für die Lehrkraft das Netz aufspannen können, in das die verfügbaren oder zu erlernenden Fachkenntnisse produktiv eingebettet werden können. In unseren Augen eignen sich die für die Abiturprüfung entworfenen acht Basiskonzepte am ehesten für diese Aufgabe (KMK 2004b), da sie hinreichend differenziert sind und auch für die Sekundarstufe I verwendet werden können (siehe Liste oben).

Auf dieser Basis können Kernideen für den Unterricht identifiziert werden (siehe Abb. 3 auf S. 24), die als Grundlage zur inhaltlichen Strukturierung von Biologieunterricht fungieren können. Das Basiskonzept „Information und Kommunikation" macht es beispielsweise nötig, über die Grundlagen der Verarbeitung von Sinnesreizen nachzudenken. Dieser Denkprozess führt zu dem Ergebnis, dass Reize nur dann zu einem mentalen Erlebnis führen können, wenn sie zuvor in die Sprache des Nervensystems – neuronale Erregungen – übersetzt worden sind. Dieser Transduktionsprozess wird in der Regel von Hilfsstrukturen begleitet und unterstützt (Auge, Ohr, Nase, …), die Transduktion findet stets an spezialisierten Zellen statt, die entweder selbst Nervenzellen sind oder Nervenzellen erregen. Welches mentale Erlebnis entsteht, ist davon abhängig, wo die Erregungen im Gehirn eintreffen und an welche verfügbaren Erfahrungen sie angebunden werden können. Das mentale Erlebnis ist folglich stets das Ergebnis eines Konstruktionsprozesses.

„Informationsverarbeitung" aus dem Basiskonzept „Information und Kommunikation" konzeptuell aufgearbeitet (vgl. Kap. 2)

Guter Biologieunterricht knüpft an Vorwissen an

Lernende bringen zu vielen Themen des Biologieunterrichts eigene Vorstellungen mit, die sich zum Teil erheblich von den im Unterricht zu erlernenden Vorstellungen unterscheiden (siehe Kap. 3). So stellen sich Lernende beispielsweise vor, dass Sehen funktioniert, indem das Auge etwas „anguckt" (vgl. GROPENGIESSER 2002). Da diese Alltags-, Schüler- oder vorunterrichtlichen Vorstellungen tief verwurzelt sind, können sie nicht einfach beseitigt werden, indem die Lehrkraft den Lernenden die „richtige", also fachliche Vorstellung präsentiert. Im Biologieunterricht muss vielmehr gelernt werden, in welchen Kontexten Alltags- oder fachliche Vorstellungen produktiv verwendet werden können. Für Lehrkräfte bedeutet diese Tatsache zum einen, sich bei der Planung von Unterricht bewusst zu sein, dass sie auf vorunterrichtliche Vorstellungen stoßen können, die ihnen zunächst unbekannt sind. Sie können dem beispielsweise begegnen, indem sie im Unterricht die Vorstellungen der Lernenden gezielt erheben (vgl. WEITZEL 2012, RIEMEIER ET AL. 2014) und diese dann als Aufgaben in den Unterricht einbringen (vgl. Kap. 4.7). Auch existieren etwa mit dem Learning-Cycle (WEITZEL 2010b) Unterrichtskonzepte zur Gestaltung von Lernwegen, die von vorunterrichtlichen zu fachlichen Vorstellungen leiten können.

Die Sonne geht auch für Physiker auf, obwohl diese es eigentlich besser wissen

Der Einbezug des Vorwissens von Lernenden hat zudem Einfluss auf die Wahl der Kontexte, auf die sich der Biologieunterricht bezieht. Für eine kontextspezifische Anwendung von Vorstellungen ist es nämlich sinnvoll, im Biologieunterricht auf Kontexte zurückzugreifen, die dem Erfahrungsraum der Lernenden entspringen (vgl. Kap. 4.7).

Guter Biologieunterricht geht produktiv mit Fehlern um
„Aus Fehlern wird man klug." Dieses Sprichwort gilt überall, nur anscheinend nicht im Unterricht. Dort werden Fehler häufig recht schnell – nonverbal, verbal oder durch Noten – abgestraft. Ein Qualitätskriterium für guten Biologieunterricht ist es, Fehler nicht sofort zu sanktionieren, sondern sie als Lernchancen zu begreifen. Das ist z. B. möglich, indem im Unterricht Phasen geschaffen werden, die explizit als bewertungsfrei deklariert werden. Dies kann z. B. über Farbsymbole an der Tafel geschehen oder dadurch, dass zu bekannten Fehlern Aufgaben entwickelt werden (vgl. Kap. 4.7, Kap. 5 und HAMMANN 2003).

Als Faustregel kann gelten, im Unterricht so viele bewertungsfreie Lernsituationen zu schaffen wie möglich. Verbunden mit einem durch gegenseitigen Respekt gekennzeichneten Umgangston trägt dieses Kriterium wesentlich zu einem lernförderlichen Unterrichtsklima bei.

Guter Biologieunterricht fordert zum Denken heraus
Ein am Aufbau von Kompetenzen orientierter Biologieunterricht ist durch die Festlegung auf einen Kompetenzschwerpunkt gekennzeichnet, der im Rahmen des Unterrichts gefördert werden soll (vgl. Kap. 2, Kap. 3). Der Biologieunterricht wird dabei so geplant, dass in dessen Verlauf Möglichkeiten für die Lernenden geboten werden, handelnd mit ihrem Wissen umzugehen und zu Lernprodukten zu kommen, die es der Lehrkraft und den Lernenden ermöglichen, die Lernleistung zu reflektieren (vgl. Kap. 5). So werden in der in Kap. 3 entworfenen Unterrichtsstunde von den Lernenden Versuchsansätze geplant, mit deren Hilfe die Eignung unterschiedlicher Linsen zur Korrektur von Sehfehlern erprobt werden kann. Der dort angesprochene fachliche Inhalt (vereinfacht: Korrektur der Kurzsichtigkeit durch vorgesetzte Linsen) könnte auch in wesentlich kürzerer Zeit behandelt werden. Die Zielstellung, die die Entwicklung von Versuchsansätzen und die Übertragung des am Modell entwickelten Wissens auf das Original erfordert, braucht jedoch Zeit. Im Unterschied zu einem Lehrervortrag hat dieses Vorgehen im „Schneckentempo" den Vorteil einer *hohen kognitiven Aktivierung* der Lernenden – oder vereinfacht: Um die Aufgabe zu lösen, müssen die Lernenden denken.

Zum Lernen ist Denken notwendig

Guter Biologieunterricht enthält ausreichend Übungsphasen
Lernen braucht Raum, Zeit und Übung. Übungsphasen kommen im Biologieunterricht häufig zu kurz, weil es für Lehrkräfte nicht selten schwierig ist, an Aufgaben zu kommen, die auf ihren Unterricht und ihre Klasse zugeschnitten sind. Zudem fühlen sich viele Lehrkräfte unter Zeitdruck und befürchten, „mit dem Stoff nicht durchzukommen" und die Lernenden nicht hinreichend auf Prüfungen vorzubereiten. Als schnelle Lösung für das erste dieser Probleme bietet es sich an, Aufgaben aus aktuellen Schulbüchern oder aus Klassenarbeiten heranzuziehen und diese (etwa der Anleitung in Kap. 4.7 folgend) in *Anwendungsaufgaben* umzugestalten. Wenn Lehrkräfte dafür die Zeit nicht aufbringen können, bietet sich der Blick auf das Angebot verschiedener Verlage an, die mittlerweile auch Aufgaben mit gestuften Lernhilfen im Angebot führen.

Als Lösung für das subjektive Gefühl des Zeitmangels möchten wir Sie darauf hinweisen, dass zentrale Abschlussprüfungen in der Regel nur zum Ende der Mittel- und der Oberstufe vorgesehen sind. Es bleibt in der Zeit dazwischen jeder Lehrkraft überlassen, welche inhaltlichen Schwerpunkte sie setzt und wie viel Zeit sie für diese Schwerpunkte aufwendet.

Guter Biologieunterricht ist methodisch variabel
In Ausbildungssituationen wird von Referendaren oft eine sogenannte „problemorientierte" Unterrichtsstunde erwartet (vgl. Kap. 3 und MEISERT 2012). Diese Fokussierung ist aufgrund der Bedeutung forschend-entwickelnden Unterrichts für die Naturwissenschaften nachvollziehbar. Guter Biologieunterricht zeichnet sich aber durch methodische Variation aus, die durch das Setzen von Schwerpunkten auf ausgewählte Kompetenzen begründet ist. Biologieunterricht eröffnet nicht zuletzt aufgrund der großen Vielfalt seiner Themen, die bis in die Bioethik, Gesundheitserziehung oder Umweltbildung hineinreichen, erhebliche Chancen zur variablen Planung und Durchführung. Als Orientierung dafür können die zahlreichen Unterrichtsprinzipien gelten, die für den Biologieunterricht vorliegen(vgl. KÖHLER 2012).

Guter Biologieunterricht verwendet Fachbegriffe überlegt und sparsam
Das Erlernen von Fachwörtern gilt als selbstverständliches Element des Fachunterrichts. Dem stimmen wir zu, möchten jedoch darauf hinweisen, dass nicht die pure Existenz eines Fachwortes seine Einführung im Unterricht rechtfertigt. Zum einen können Fachwörter Lernhindernisse darstellen, die das Erlernen fachlicher Konzepte erschweren können. Beispiels-

weise erklären Lernende evolutive Prozesse häufig mit dem Fachwort „Anpassung". Lehrkräfte gehen oft implizit davon aus, dass das Verständnis, das Lernende mit diesem Wort verbinden, mit dem fachlichen Verständnis übereinstimmt, und fahren im Unterricht fort. Es konnte jedoch gezeigt werden, dass Lernende unter evolutiver Anpassung einen absichtsvollen und zielgerichteten Prozess verstehen („passen sich an, um zu überleben"), während das fachliche Konzept von einem Selektionsprozess auf der Grundlage der genetischen Variation von Lebewesen ausgeht.

Zum anderen kann die vorschnelle Einführung von Fachwörtern die Anbindung der aufgebauten Kompetenzen an die Alltagserfahrung der Schüler behindern und im Unterricht demotivieren. Als Faustregel kann daher gelten, Fachwörter sehr bewusst und auf Grundlage einer didaktischen Konstruktion (vgl. Kap. 3) auszuwählen und sie erst am Ende des jeweiligen Unterrichtsprozesses einzuführen.

Im Folgenden werden auf den beschriebenen Grundannahmen Planungsüberlegungen zu einem gemeinsamen Thema – dem Sehen – ausgeführt.

Checkliste – Merkmale guten Biologieunterrichts

Guter Biologieunterricht ...

- ... fördert den Aufbau von Kompetenzen durch einen handelnden Umgang mit Fachwissen in variablen Situationen,
- ... vernetzt Detailwissen über Basiskonzepte und fördert kumulatives Lernen,
- ... knüpft an das Vorwissen der Lernenden an und legt Wert auf eine sinnstiftende Kommunikation,
- ... wählt Unterrichtskontexte wo immer möglich aus dem Erfahrungsraum der Lernenden,
- ... nutzt Fehler als Lernchancen,
- ... kommt im Schneckentempo voran, weil er zum Nachdenken herausfordert und auf Verständnis abzielt,
- ... enthält genügend Übungsphasen,
- ... verwendet Fachbegriffe überlegt und sparsam,
- ... ist methodisch variabel,
- ... nutzt fachgemäße Denk- und Arbeitsweisen vielfältig (vgl. Kap 4),
- ... legt Wert auf die Qualität von Aufgaben (Kap. 4.7) und
- ... gründet stets auf einer fachlich korrekten didaktischen und methodischen Konstruktion (vgl. Kap. 2 und 3).

Eine Unterrichtseinheit planen

Steffen Schaal

Die Planung einer Unterrichtseinheit wird von einer Reihe curricularer, struktureller und organisatorischer Faktoren ebenso beeinflusst wie von den Voraussetzungen der Lernenden und den Zielsetzungen der Lehrkraft. In diesem Kapitel werden zunächst die Ebenen der Planung von Unterrichtseinheiten beschrieben, bevor der Planungsprozess in einzelnen Schritten vorgestellt wird.

„Unterricht ist gelungen, wenn man danach mehr weiß als davor", das dürfte eine weit verbreitete Meinung zu gutem und erfolgreichem Unterricht sein. Unterrichtsziele lassen sich bei einer solchen Sichtweise leicht definieren und der inhaltsbezogene Unterrichtserfolg einer Stunde oder einer ganzen Unterrichtseinheit ist einfach zu ermitteln.

Guter Biologieunterricht ist jedoch vielschichtiger und hat das Ziel, anwendbares Wissen aufzubauen, um es aktiv und in variablen Situationen anzuwenden zu können. Damit leistet der Biologieunterricht einen wichtigen Beitrag zu einer naturwissenschaftlichen Grundbildung *(Scientific Literacy)*.

> *Wissenszunahme ist nur ein Teilbereich des Unterrichtserfolgs. Erst die Förderung der Fähigkeit zum handelnden Umgang mit Wissen macht Lehr-Lern-Prozesse erfolgreich*

„Alles schön und gut, aber was bedeutet diese Vielschichtigkeit des Biologieunterrichts für meine Unterrichtsplanung? Kann ich in meinem Unterricht den Schülern gerecht werden, gleichzeitig die Bildungsstandards berücksichtigen, Kompetenzen fördern und auch noch anschlussfähiges Wissen vermitteln? Und das bei einem Inhalt, den ich selbst erst einmal fachlich vertiefen muss …" Es ist nicht leicht, all diese Anforderungen unter einen Hut zu bekommen, und der Wunsch nach „Unterrichtsrezepten" ist durchaus nachvollziehbar. So führt die Prämisse, dass Schüler beispielsweise in jeder Biologiestunde konkret handelnd mit Lerngegenständen umgehen sollen, nicht notwendigerweise zu guten Lernergebnissen. Nur weil Lernende einen praktischen Versuch durchführen, müssen sie dazu nicht kognitiv aktiv sein.

Die Inhalte und die Zielsetzungen des Biologieunterrichts sind so unterschiedlich wie die Schüler samt ihren Lernvoraussetzungen, sodass simple Rezepte nicht zu gutem Biologieunterricht führen. Vielmehr ist ein didaktisch reflektierter Planungsprozess nötig, der mit der Jahresplanung beginnt und in der Planung einer Unterrichtsstunde mündet. Die Verantwortung der Lehrkraft liegt nun darin, den curricularen Vorgaben folgend den individuellen Planungs- und Gestaltungsspielraum zum Nutzen der Lernenden verantwortlich und fachdidaktisch begründet auszuschöpfen.

Die Planung von Biologieunterricht beginnt mit einer didaktisch begründeten Festlegung von erwarteten Ergebnissen eines biologiebezogenen Lehr-Lern-Prozesses. Dazu orientiert sich der Planungsprozess

- an den Erkenntnissen der Biowissenschaften,
- an Erkenntnissen zur Gestaltung von erfolgreichen Lehr-Lern-Prozessen aus der Biologiedidaktik,
- an strukturell-organisatorischen Voraussetzungen und
- an den Voraussetzungen der Lernenden, deren Heterogenität und an der Vielfalt der für sie geeigneten Lernwege.

Die Orientierung der mittel- und langfristigen Unterrichtsplanung an Kompetenzmodellen ermöglicht Schwerpunktsetzungen

Aus dieser Aufzählung wird deutlich, dass die Planung von Biologieunterricht stets vielschichtige Aushandlungs- und Abwägungsprozesse notwendig macht. Ein solcher Prozess kann insbesondere für Berufseinsteiger und fachfremd unterrichtende Lehrkräfte durch eine strukturierte Vorgehensweise unterstützt werden. Dies beinhaltet zunächst die Kenntnis der unterrichtsbezogenen Strukturzusammenhänge und der relevanten Ebenen der Unterrichtsplanung, innerhalb deren eine Lehrkraft mehr oder weniger Entscheidungsspielraum hat. Vor diesem Hintergrund schließt sich eine schrittweise Vorgehensweise zur Auswahl relevanter Inhalte einer Unterrichtseinheit und deren planvolle Abfolge an.

2.1 Ebenen der Unterrichtsplanung

Wenn von Unterrichtsplanung die Rede ist, so finden sich sowohl in der fachdidaktischen Literatur als auch in den Assoziationen Lehrender vornehmlich Überlegungen zur Planung einzelner Unterrichtsstunden. Die tatsächliche Planungsarbeit einer Lehrkraft umfasst – insbesondere bei einer Orientierung an Modellen zur Kompetenzorientierung – deutlich längere Zeiträume, wie beispielsweise Unterrichtseinheiten oder sogar ganze Schuljahre.

Eine weitere Besonderheit bei der Planung von Biologieunterricht ist die jahreszeitliche Festlegung von Unterrichtsstunden und deren planvolle Aufeinanderfolge. So geben beispielsweise die Jahreszeiten bereits die zeitliche Abfolge von Unterrichtsthemen vor; als lebensweltliche Phänomene können der Blattfall, Überwinterungsformen von Tieren oder die Entwicklung der Amphibien eben nur in einem begrenzten Zeitfenster sinnvoll behandelt werden.

Planung von Biologieunterricht muss die Natur im Jahreslauf berücksichtigen

Für einen erfolgreichen Unterricht benötigt eine Lehrkraft daher klar strukturierte Vorstellungen darüber, welche Planungsschritte nacheinander und auch nebeneinander anfallen (PETERSSEN 2000).

Ebenen der Unterrichtsplanung (in Anlehnung an PETERSSEN *2000)*

Die Ebenen der Unterrichtsplanung unterscheiden sich sowohl in der Literatur als auch in den länderspezifischen Vorgaben. Die hier vorgestellte Einteilung ist eine pragmatische, die als kleinster gemeinsamer Nenner der unterschiedlichen Einteilungen zu verstehen ist.

a) Die erste Ebene der Unterrichtsplanung sind bildungspolitische Vorgaben. Diese legen die Organisation und die Aufgaben der am Bildungssystem beteiligten Institutionen fest und münden letztendlich in „Ansprüchen und Forderungen" an die einzelnen Schularten (PETERSSEN 2000, 205).

Für die Lehrkraft ist relevant, welche allgemeinen Ansprüche und Begründungen für einen Fachbereich, ein Fach wie Biologie oder einen Fächerverbund wie Naturwissenschaften gelten.

b) In der zweiten Ebene der Unterrichtsplanung werden aus der ersten Ebene die schulartspezifischen Bildungs- und Lehrpläne sowie Fachcurricula abgeleitet. Darin wird eine jahrgangsbezogene Abfolge von fachlichen Inhalten, von fachspezifischen Erkenntnis- und Arbeitsweisen sowie von zu erreichenden Standards festgelegt.

Die Vielfalt der Lehrpläne (Lehrplan steht hier exemplarisch als Synonym für die heterogenen curricularen Vorgaben und Bezeichnungen der deutschsprachigen Schul- und Bildungssysteme) macht dabei in Deutschland eine bundeslandübergreifende Abstimmung schwer, zumal sogar Schularten der Sekundarstufe oft uneinheitlich sind (z. B. Mittel- oder Gesamtschule, Gemeinschaftsschule, Regelschule, regionale Schule etc.). Die

Einführung der verbindlichen *Bildungsstandards* dient dazu, bildungsrelevante Maßnahmen und Zielsetzungen der Bundesländer ein Stück weit zu vereinheitlichen. Bildungsstandards legen fest, welche fachbezogenen Kompetenzen einem Lernenden am Ende eines Bildungsgangs zur Verfügung stehen sollten (KMK 2004a).

c) Die dritte Ebene der Unterrichtsplanung betrifft die langfristige Strukturierung von größeren Lehrplanthemen in einem sogenannten *Stoffverteilungsplan*. Dabei werden relevante Inhaltsbereiche über ein Schuljahr in eine fachdidaktisch stringente Abfolge gebracht. Diese Aufgabe erfüllt die einzelne Lehrkraft, im Idealfall werden Stoffverteilungspläne in schulischen Fachgruppen gemeinsam diskutiert und abgestimmt. Durch diesen (fachdidaktischen) Diskurs kann die Unterrichts-, aber auch die Schulentwicklung profitieren, zumal auch regionale, organisatorische sowie strukturelle Voraussetzungen der jeweiligen Schulen berücksichtigt werden können. Dieser Diskurs kann als *Elementarisierungsprozess* (vgl. MIKELSKIS 2006) verstanden werden, der sowohl übergeordnete Bildungsziele als auch Erkenntnisse der Biologiedidaktik und deren Bezugswissenschaften (Fachinhalte aus Biologie und Naturwissenschaften, Grundlagen zum Lehren und Lernen der Bildungswissenschaften) berücksichtigt. Die Elementarisierung erfolgt im Wesentlichen nach drei Gesichtspunkten und kann mit zunehmender Konkretisierung auf allen weiteren Planungsebenen angewandt werden:

Interaktion bei der Planung einer Unterrichtseinheit zwischen
- *Fachwissenschaft*
- *Fachdidaktik*
- *allgemeinen Voraussetzungen*

- *Kernideen* (vgl. GALLIN/RUF 2003) für den Biologieunterricht eines Schuljahres formulieren: Welche elementaren fachbezogenen Ideen und Fragestellungen (Basiskonzepte, biologische Prinzipien, siehe Kap. 1.2) sind mit einzelnen Themenbereichen zu behandeln? Gibt es übergreifende didaktische Zielsetzungen oder Schwerpunkte (Kompetenzbereiche, Schülervoraussetzungen)? Diese Kernideen sollten für Lernende nachvollziehbar und sinnstiftend sein, also an deren Lebenswelt und an ihre Alltagsvorstellungen anknüpfen.
- *Kompetenzbereiche* wählen: Welche Lehrplanthemen eignen sich wie gut zur gezielten Förderung einzelner Kompetenzbereiche?
- *Kumulatives Lernen* berücksichtigen: Gibt es im Laufe des Schuljahres die Möglichkeit, bestimmte Kenntnisse, Fähigkeiten oder Fertigkeiten aufeinander aufbauend weiterzuentwickeln? Gibt es Möglichkeiten zur jahrgangsübergreifenden Vernetzung und Anknüpfungsmöglichkeiten zu bisher im Unterricht Bearbeitetem?

Kernideen strukturieren die Erstellung eines Stoffverteilungsplans und später die Planung einer Unterrichtseinheit

> **Beispiel**
> Im bayerischen Lehrplan für Biologie der Realschule macht beispielsweise das Lehrplanthema *Kommunikation als Teil der Neurobiologie* (Klasse 7) etwa ein Drittel der Unterrichtszeit aus. Dieses Lehrplanthema eignet sich gut, um über eine forschend-entdeckende Unterrichtsgestaltung vorwiegend den Kompetenzbereich *Erkenntnisgewinnung* zu fördern. Bei allen menschlichen Sinnen lassen sich eine Vielzahl von experimentellen Erkenntniswegen eröffnen.
> Die Arbeit mit der optischen Bank, das Erleben von optischen Täuschungen, die Hypothesenbildung zu deren Erklärung sowie vielfältige Experimente fordern/fördern die Anwendung naturwissenschaftlicher Erkenntnismethoden.
> Eine Kernidee im Lehrplanthema *Kommunikation* ist ein Erklärungsschema, das den Weg vom physikalischen Reiz bis zur Wahrnehmung beschreibt:
>
> **physikalischer Reiz – Transduktion – neuronale Erregung – Konstruktion – mentales Erlebnis**
>
> Dieses einfache Schema stellt sozusagen die Kernidee der Sinnesphysiologie dar und ist auf alle Sinne anwendbar (lediglich mit der Abweichung, dass es sich beim Geschmacks- und Geruchssinn um einen chemischen Reiz handelt). Durch die Elementarisierung des allgemeinen Wahrnehmungsprozesses können nachfolgende Unterrichtseinheiten zu den jeweiligen Sinnen stets an diesem Schema entwickelt und in angemessene Lernportionen zerlegt werden. Innerhalb der einzelnen Strukturelemente können wiederum Schülervorstellungen für die weitere Planungsarbeit berücksichtigt werden (z. B. „Wie gelangt Licht von einem Gegenstand auf die Netzhaut?").
> Das Lehrplanthema *Schutz- und Abwehrsystem* beim Menschen im gleichen Schuljahr ist dagegen weniger gut für eine experimentelle Erarbeitung geeignet, es bietet aber vielfältige Möglichkeiten zum sach-, fach- und adressatenbezogenen Aufbereiten von Informationen (Kompetenzbereich *Kommunikation*).

d) Die vierte Ebene ist die Planung von abgeschlossenen Unterrichtseinheiten. An dieser Stelle entscheidet die Lehrkraft oder eine Fachschaft über die konkreten Ziele der Unterrichtseinheit, über die vorwiegend zu fördernden Kompetenzbereiche sowie über die Abfolge einzelner Inhaltsbereiche oder Unterrichtsstunden. Die visuelle Wahrnehmung des Menschen könnte ein Beispiel für eine Unterrichtseinheit innerhalb des oben genannten Lehrplanthemas sein.

e) Die fünfte und letzte Ebene der Unterrichtsplanung ist schließlich die Planung einer konkreten Unterrichtsstunde (siehe Kap. 3).

2.2 Eine Unterrichtseinheit Schritt für Schritt planen

Biologieunterricht planen bedeutet komplexe Inhalte, vielfältige Zielsetzungen sowie Bedingungen zu berücksichtigen und in einen zeitlich linearen Lernweg zu bringen. Dabei können folgende Planungsschritte gegangen werden:

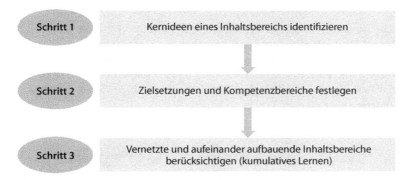

Übersicht über die schrittweise Planung einer Unterrichtseinheit

Die Herausforderung bei der Planung einer Unterrichtseinheit ist es nun, bereits bei der Suche nach Kernideen eines Themenbereichs sowohl biowissenschaftliche Ansprüche als auch biologiedidaktische Erkenntnisse angemessen zu berücksichtigen. Hierbei gilt, dass die Kernideen

- fachgerecht (fachlich relevant, anschlussfähig),
- schülergerecht (anknüpfend an Vorwissen, Alltagsvorstellungen, Interessen) und
- zielgerecht (fachdidaktisch relevant im Sinne einer fundierten Relevanzanalyse des Inhalts, siehe hierzu beispielsweise MEISERT 2010, 246 ff.)

sind.

Es ist einleuchtend, dass sich diese drei Vorgaben bei der Planung einer Unterrichtseinheit wechselseitig beeinflussen und sie daher in gleichem Maße berücksichtigt werden (vgl. Beispiel auf der folgenden Seite).

Für die Biologiedidaktik liegen ausführliche Modellierungen zum Prozess der Unterrichtsplanung vor (MEISERT 2010). Das Planungsschema auf der folgenden Seite knüpft daran an und versucht, den komplexen didaktischen Gang in einen chronologischen Planungsprozess zu übersetzen.

Beispiel
Die Planung einer Unterrichtseinheit zur visuellen Wahrnehmung des Menschen folgt einer Sachstruktur (Licht als spezifischer Reiz – Transduktion und Verarbeitung an der Netzhaut – Erregungsleitung – Konstruktion – Wahrnehmung). Je nach Zielsetzung der Unterrichtseinheit jedoch können die einzelnen Inhalte des Themenbereichs auf eine ganz unterschiedliche Weise vertieft und strukturiert werden. Steht beispielsweise der fachgerechte Aufbau von fachübergreifenden Konzepten im Vordergrund des Planungsprozesses, so werden passende Inhalte entsprechend vertieft (z. B. Strahlenoptik, Arbeit mit Linsen und optischer Bank, Farbenlehre etc.). Steht dagegen die schülergerechte Behandlung des Inhalts im Vordergrund, so werden wohl in stärkerem Maße alltägliche Kontexte und Fragestellungen behandelt werden (z. B. optische Täuschungen, psychologische Wirkung von Farben, Wahrnehmungsleistungen anderer Lebewesen etc.).

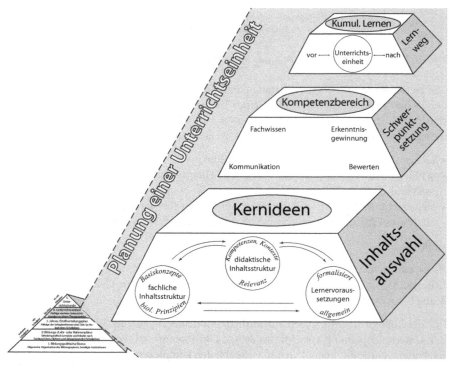

Schritt für Schritt zur Unterrichtseinheit

Schritt 1: Unterrichtsinhalte anhand von Kernideen festlegen

In Anlehnung an das Modell der *Didaktischen Rekonstruktion* (KATTMANN, 2007) werden Kernideen für die Auswahl von Inhalten einer Unterrichtseinheit auf Grundlage dreier sich wechselseitig beeinflussender Reflexionsaufgaben ausdifferenziert und anhand von Leitfragen formuliert (siehe auch Beispiel S. 24):

a) Fachliche Struktur:
- Gibt es innerhalb des Themenbereichs elementare Theorien, Modelle oder Phänomene, die für ein fachliches Grundverständnis nötig sind (*Schlüsselaspekte*)? (siehe Beispiel S. 24)
- Wird im weiteren schulischen Verlauf auf Elemente des Themenbereichs aufgebaut?
- Sind bestimmte Inhalte besonders geeignet, um grundlegende biologische Begriffe und/oder Prinzipien zu verdeutlichen *(Exemplarität)*?
- Kann der Inhalt in besonderer Weise genutzt werden, um an biologische Basiskonzepte anzuknüpfen?

b) Didaktische Struktur:
- Gibt es curriculare Vorgaben und/oder zu erreichende Standards?
- Ist der Inhalt geeignet, um in besonderer Weise einen Kompetenzbereich zu fördern?
- Kann der Inhalt gezielt anhand (alltags-)relevanter Kontexte erarbeitet werden?
- Gibt es ein gesellschaftlich bedeutsames Interesse zur Behandlung eines Inhalts? Leistet der Inhalt einen Beitrag zur Teilnahme an gesellschaftlichen Prozessen (Diskurse zu Wissenschaft, Politik, Arbeitswelt, Ethik) oder zur Ausbildung gesellschaftlicher Handlungsfähigkeit (Umwelt, Gesundheit, Soziales, ...)?
(Dieser Aspekt wird häufig bereits in den Rahmenrichtlinien des Bildungssystems an prominenter Stelle [Leitziele] in allgemeiner Weise beschrieben. In der Analyse der gesellschaftlichen Relevanz eines Inhalts sollten operationalisierbare Begründungen erfolgen.)

c) Lernervoraussetzungen:
- Welche formalen Voraussetzungen bringen die Lernenden in Bezug auf den Inhaltsbereich mit (schulart-, jahrgangs- und klassenstufenbezogene Kompetenzen, entwicklungspsychologische Überlegungen)?
- Gibt es besondere motivations- und/oder interessenfördernde Aspekte?

- Gibt es *regionale* oder *schulische Besonderheiten*, die für die Inhaltsauswahl relevant sind? Diese entscheiden darüber, inwieweit ein Aspekt des Themas angemessen bearbeitet werden kann. Stehen an einer Schule z. B. in ausreichender Menge Materialien zur experimentellen Erarbeitung der *Linsenoptik* zur Verfügung, so wird dieser Aspekt dort stärkere Berücksichtigung finden als an einer anderen Schule, wo Biologie lediglich im Klassenzimmer ohne weitere Materialien unterrichtet wird.
- Inwieweit sind Alltagsvorstellungen der Lernenden zum Themenbereich bekannt und auf welche Weise könnten diese den Lernprozess beeinflussen? Vorunterrichtliche Vorstellungen beeinflussen maßgeblich den Lernprozess, und die gezielte Inhaltsauswahl erlaubt deren konstruktive Berücksichtigung zum Aufbau trag- und anschlussfähiger Konzepte. Einzelne Inhalte können dahingehend hinterfragt werden, ob sie sich in besonderer Weise eignen, an die Alltagsvorstellungen anzuknüpfen oder um eine bewusste Auseinandersetzung mit ihnen und damit verbunden einen Konzeptwechsel zu initiieren (Conceptual Change: Krüger 2007).

Beispiel

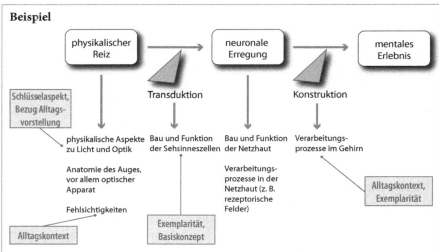

Schema zur visuellen Wahrnehmung und abgeleitete Inhaltsbereiche

Die Kernidee des allgemeinen Wahrnehmungsschemas wird nun noch weiter ausdifferenziert. Die Begründungszusammenhänge werden exemplarisch dargelegt:

- Am Beispiel des *Lichts* wird exemplarisch erarbeitet, was ein physikalischer Reiz ist. Für das Verständnis von grundlegenden biologischen Prozessen (z. B. Fotosynthese, lichtbezogene [Wachstums-]Bewegungen, Wahrnehmung) ist die Kenntnis der Eigenschaften des Lichts und der verschiedenen Modellvorstellungen eine entscheidende Voraussetzung. Insbesondere für die spätere Behandlung des optischen Apparats des Auges sind Grundlagen der Optik hilfreich. Zudem sind die Alltagsvorstellungen der Lernenden zum Sehen recht gut erforscht (GROPENGIESSER 2007) und können zur konstruktiven Auseinandersetzung mit dem Inhalt berücksichtigt werden.

- Sinneszellen sind sozusagen die Reizwandler, die in einem ersten Schritt einen physikalischen Reiz in die Sprache des Nervensystems übersetzen (binärer Code an/aus und Frequenz der Aktionspotentiale). Diese Transduktion findet im Grunde genommen bei allen Sinnesreizen statt und kann exemplarisch an der Funktion der Sehsinneszellen verdeutlicht werden.
- Zudem können an dieser Stelle die Vorgänge einer Transduktionskaskade als grundlegendes Prinzip erarbeitet und gezielt an das Basiskonzept Struktur und Funktion angebunden werden. Ähnliche kaskadische Prozesse kennen die Lernenden aus der Blutgerinnung oder aus der Apoptose (dem programmierten Zelltod).
- Die Fehlsichtigkeiten bieten einen alltäglichen Kontext, und die Erarbeitung von Therapieformen (z. B. Lasik zur operativen Korrektur von Fehlsichtigkeiten) eröffnet auch weitere inhaltliche oder fächerübergreifende Vernetzungsmöglichkeiten. Zudem werden dabei die zur Strahlenoptik erarbeiteten Erkenntnisse angewandt.
- Der Verarbeitungsprozess der eingehenden Erregungen im Gehirn erfolgt stets mit einem Abgleich mit Bekanntem. Daran knüpft die Erarbeitung von Konstruktionstäuschungen an (z. B. unmögliche Perspektiven bei Escher-Zeichnungen, Farb- oder Längentäuschungen), aber es können auch allgemeine neurobiologische Grundlagen des Lernens an einen solchen Konstruktionsprozess angebunden werden.

Diese exemplarischen Überlegungen führen zur Auswahl folgender Inhalte für die Unterrichtseinheit *Visuelle Wahrnehmung*:

1. *Einführung in die Optik:* Eigenschaften des Lichts, Weg des Lichts bei der Lochkamera, Farbenlehre
2. *Anatomie des Linsenauges:* Betrachtung der von außen sichtbaren Strukturen mit Schutzeinrichtungen (Augenbrauen, Wimpern), Bau und Funktion der Schichten des Auges
3. *Der optische Apparat:* inklusive Fehlsichtigkeiten und Sehhilfen
4. *Die Netzhaut:* Bau und Funktion der Sinneszellen, Transduktionsprozess am Beispiel des Rhodopsins, (farbige) Nachbilder
5. *Verarbeitungsprozesse auf der Netzhaut und im Gehirn:* Exemplarische Behandlung der lateralen Hemmung (z. B. Herrmann'sches Quadratgitter) und des räumlichen Sehens (z. B. räumlich-perspektivische Täuschungen)

Exkurs (Schritt 1): Unterricht fächerübergreifend und vernetzt planen

In den curricularen Vorgaben wird in der Regel explizit auf eine vernetzte und fächerübergreifende Bearbeitung von Fachinhalten Wert gelegt. Nach LABUDDE (2008) ist *fächerübergreifend* als Oberbegriff für alle Arten des Unterrichts zu verstehen, die über die Fachgrenzen hinausgehen. Dabei können entweder die Inhalte eines anderen Faches in den Biologieunterricht eingebunden *(fachüberschreitend)*, ein Thema in mehreren Fächern zeitlich und systematisch verknüpft unterrichtet *(fächerverbindend)*, in einem Thementag oder einer Projektwoche im gemeinsamen Unterricht aus verschiedenen Fachperspektiven erarbeitet *(fächerkoordinierend)* oder auf Ebene der Stundentafel in einem Fächerverbund oder einem Fach *Naturwissenschaften* zusammengefasst werden *(fachintegrativ*; vgl. LABUDDE 2010).

Beispiele
- Im *fächerüberschreitenden* Biologieunterricht zum Sehsinn werden die zentralen physikalischen Aspekte der Strahlenoptik erarbeitet oder vertieft. Hier muss nicht zwingend eine Abstimmung mit der Lehrkraft für Physik stattfinden.
- Im *fächerverknüpfenden* Unterricht wird im gleichen Zeitraum der menschliche Sehsinn im Biologie- und die Optik im Physikunterricht bearbeitet. Hierbei ist eine Absprache der beteiligten Lehrkräfte durchaus sinnvoll.
- An einem *fächerkoordinierenden* Projekttag werden die Facetten des menschlichen Sehsinns erarbeitet, physikalische Phänomene entdeckt, erläutert und auf die Sinnesleistungen bezogen. Dabei könnten die Lernenden verschiedene Versuchsstationen entwickeln, erproben und beispielsweise in einer Projektpräsentation Besuchern oder Eltern darstellen.

Die Berücksichtigung von fächerübergreifenden Aspekten bei der Planung von Unterrichtseinheiten betont auch eine lebensweltliche Ausrichtung der behandelten Themen, und naturwissenschaftliche Fragestellungen können jenseits der fachlichen Grenzen erarbeitet werden. Im Idealfall ergänzen sich dabei fachsystematische Zugänge, und es wird deutlich, dass die Biowissenschaften zur Beantwortung ihrer Fragen die Erkenntnisse der Physik oder Chemie benötigen.

Zudem werden im Biologieunterricht Inhalte bearbeitet, die von Grund auf eine interdisziplinäre Auseinandersetzung nötig machen: Die Bildung für eine nachhaltige Entwicklung beispielsweise oder die Bewertung biotechnologischer Verfahren können nur unter Berücksichtigung der verschiedenen Blickwinkel (ökonomisch, ökologisch oder sozial) angemessen bearbeitet werden.

Es wird also deutlich, dass bei der Planung einer Unterrichtseinheit bereits frühzeitig reflektiert werden kann und festgelegt werden sollte, an welcher Stelle des Lernwegs fächerübergreifende Aspekte sinnvoll aufgegriffen werden können.

Schritt 2: Über Kompetenzbereiche Schwerpunkte setzen

Die *Kompetenzorientierung* (vgl. SUWELACK 2010) kann die Auswahl von einzelnen Aspekten eines Themenbereichs maßgeblich beeinflussen. Steht bei der Unterrichtseinheit *Visuelle Wahrnehmung* beispielsweise die Förderung des Kompetenzbereichs *Erkenntnisgewinnung* im Vordergrund, so werden in erster Linie diejenigen Inhalte ausgewählt, die eine aktive forschend-entdeckende Erarbeitung ermöglichen (z. B. Arbeiten mit der Lochkamera und Herstellen von Analogien zum menschlichen Auge, experimentelle Ermittlung des blinden Flecks, des Sehfelds o. Ä.). Steht demgegenüber die Förderung des Kompetenzbereichs *Kommunikation* im Vordergrund, so werden Inhalte ausgewählt, an denen fachspezifische Informationswege genutzt werden können (z. B. Arbeiten mit textbasierten Fallbeispielen, Integration und Interpretation von Datendarstellungen und Schaubildern etc.).

Aber auch innerhalb eines Kompetenzbereichs beeinflussen die intendierten Zielsetzungen die Inhaltsauswahl. Liegt beispielsweise beim Fachwissen der Schwerpunkt auf dem Basiskonzept *Struktur und Funktion*, so werden sicherlich andere Inhalte ausgewählt als bei einer Schwerpunktsetzung im Bereich *Entwicklung* mit evolutionsbiologischem Fokus. Für den Bau und die Funktion des menschlichen Auges bedeutet die Schwerpunktsetzung *Struktur und Funktion* beispielsweise, dass die funktionalen Strukturen des optischen Apparats intensiver behandelt und Analogien aus dem Alltag gezogen werden. Demgegenüber könnte eine Schwerpunktsetzung *Entwicklung* durch die vergleichende Darstellung verschiedener Augentypen im Tierreich mit Bezug auf deren stammesgeschichtliche Entwicklung erfolgen.

Damit wird noch einmal deutlich, in welcher Form Schwerpunktsetzungen bei den curricularen Vorgaben die Planung von Unterrichtseinheiten beeinflussen können (siehe Exkurs S. 28). Nicht zuletzt aus diesem Grund sind die Lehrkraft oder die Lehrerteams bei der Planung von Unterrichtseinheiten stets gefordert, die Inhaltsauswahl mit Blick auf deren besondere Eignung zur Förderung eines spezifischen Kompetenzbereichs zu erörtern.

Schritt 3: Lernwege gestalten

Nach den beiden vorangegangenen Planungsschritten gilt es nun, die Einzelinhalte des Themenbereichs auf Grundlage (biologie-)didaktischer Prinzipien und Unterrichtsverfahren (z. B. Handlungsorientierung, Situationsorientierung, Anschaulichkeit usw. – siehe KÖHLER 2010a) sowie der zuvor dargestellten Überlegungen zu den *Kernideen* und der Schwerpunktsetzung bei den *Kompetenzbereichen* in einen linearen *Lernweg* zu bringen.

Exkurs (Schritt 2): Interpretation der Bildungsstandards im Ländervergleich

Ein Vergleich verschiedener Bundesländer und Schulstufen zeigt, dass die *Bildungsstandards im Fach Biologie für den mittleren Schulabschluss* der KMK (2004a) für die vier Kompetenzbereiche recht unterschiedlich interpretiert werden können. Daraus werden Niveaukonkretisierungen für einzelne Themenbereiche abgeleitet, die sich beispielsweise in den oben beschriebenen Kernideen wiederfinden und für die Inhaltsauswahl handlungsleitend sind.

An zwei Beispielen soll die Unterschiedlichkeit der Schwerpunktsetzungen verdeutlicht werden:

Der bayerische Lehrplan beispielsweise gibt für die *Visuelle Wahrnehmung* der 7. Klasse Realschule praktisch keine kompetenzorientierten Zielsetzungen an. Explizit wird hier genannt:

„*Grundwissen wird erweitert um:*
- *Funktionsprinzip eines Sinnesorgans beschreiben*
- *Reiz-Reaktions-Mechanismus an einem Beispiel beschreiben*
- *Beispiele für die Signalweiterleitung im menschlichen Körper beschreiben*
- *Belege für die Subjektivität von Sinneseindrücken*
- *Grundregeln für den Schutz der Sinnesorgane.*"

Etwas anders sind die Bildungsstandards für das Fach Biologie der 12. Klasse in Baden-Württemberg gefasst:

„*Grundprinzip: Information und Kommunikation*
Die Schülerinnen und Schüler [können] ...
... die Vorgänge bei der Reizaufnahme an einer Sinneszelle (Rezeptorpotenzial) und der Transformation in elektrische Impulse an einem selbstgewählten Beispiel erläutern (keine detaillierte Betrachtung der Ionenbewegungen)."

Trotz ihrer Unterschiedlichkeit beziehen sich beide Vorgaben auf den Kompetenzbereich *Fachwissen*. Die Operatoren *beschreiben, erläutern, Belege finden,* ... deuten auf einen inhaltlichen Schwerpunkt hin. Die Förderung der anderen Kompetenzbereiche wird oft nicht explizit oder an anderer Stelle genannt.

Im bayerischen Lehrplan beispielsweise findet sich der Kompetenzbereich *Erkenntnisgewinnung* in den Überlegungen zum Beitrag der Biologie zur Verwirklichung des Erziehungs- und Bildungsauftrags:

„*Die Schüler üben in komplexer werdenden Zusammenhängen fachgemäße Arbeitstechniken wie Beobachten, Beschreiben, Vergleichen, Hypothesen bilden, Kategorisieren, Experimentieren, Messen, Erstellen und Interpretieren von Diagrammen, Arbeiten mit Modellen und Vernetzen von Informationen.*"

Dabei sind folgende drei Fragen zu berücksichtigen:

- Knüpft ein Inhaltsbereich der Unterrichtseinheit an bereits bekanntes Wissen an?
- Legt ein Inhaltsbereich der Unterrichtseinheit gezielt die Grundlage für spätere Erarbeitungsaktivitäten?
- Bietet ein Inhalt in besonderem Maße Querverweise zu anderen Themen- und Inhaltsbereichen sowie Vernetzungsmöglichkeiten (auch zu den anderen Naturwissenschaften)?

Damit erfolgt nun eine abschließende Festlegung der Sequenz einzelner Inhalte innerhalb der Unterrichtseinheit.

Im nachfolgenden Beispiel wird verdeutlicht, wie unterschiedlich eine solche zeitliche Abfolge von Inhalten bei unterschiedlicher Schwerpunktsetzung innerhalb der drei Reflexionsschritte ausfallen kann.

> **Beispiel**
> Der Zeitrahmen für zwei unterschiedliche Lernwege der Unterrichtseinheit beträgt neun bis zehn Schulstunden. Um eine nachvollziehbare Vergleichbarkeit herzustellen, werden die zuvor ausgewählten und beschriebenen Inhaltsbereiche als Strukturierungsgrundlage für die beiden alternativen Lernwege gewählt.
>
> - Der erste ist ein *systematisierend-vergleichender Lernweg*, bei dem der Kompetenzbereich *Fachwissen* gefördert wird, unter Anbindung der Inhalte an Basiskonzepte und biologische Prinzipien. Dieser Lernweg ist insgesamt stark an einer fachlichen Inhaltsstruktur orientiert. Zudem wird bei diesem Lernweg die fächerübergreifende Perspektive der Optik als Teilbereich der Physik herausgestellt.
> - Der zweite Lernweg betont stärker den Kompetenzbereich *Erkenntnisgewinnung* und damit auch naturwissenschaftliche Denk- und Arbeitsweisen. Ein Einstieg in die Unterrichtseinheit erfolgt über Phänomene der optischen Täuschungen, was eine alltägliche und schülergemäße Verankerung unterstreichen soll.
>
> Diese beiden unterschiedlichen Strukturierungswege sollen nicht hinsichtlich ihrer Qualität bewertet werden, sie dienen lediglich dazu, die Ergebnisse verschiedener Schwerpunktsetzungen zu verdeutlichen. Würde man beispielsweise anstatt der Kompetenzbereiche die strukturellen Voraussetzungen an der Schule oder die (naturwissenschaftliche) Leistungsfähigkeit der Schüler zum Vergleich zweier Strukturierungswege verwenden, so ergäben sich wiederum andere Schwerpunktsetzungen und Themenabfolgen. Diese sind aber nicht minder reflektiert, und solange die didaktische Reflexion der Planung einer Unterrichtseinheit stringent, nachvollziehbar und an der Bezugswissenschaft *Biologiedidaktik* orientiert ist, *„geht* Vieles und Nichts *muss".*

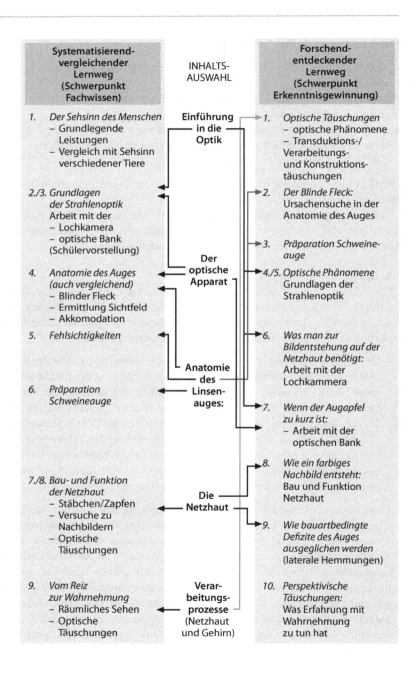

Eine Unterrichtsstunde planen
Holger Weitzel

In diesem Kapitel wird die Planung einer Unterrichtsstunde beschrieben. Dieser Prozess wird in vier Schritte untergliedert. Zu jedem Schritt werden Leitfragen formuliert, die nacheinander bearbeitet werden können. Am Beispiel einer Unterrichtsstunde zum Thema Kurzsichtigkeit wird gezeigt, wie die Planung in die Praxis überführt werden kann.

Die Planung einer Unterrichtsstunde beginnt selten mit einem leeren Blatt Papier. Meist wurde bei der Planung für die Unterrichtseinheit zumindest ein Stundenthema grob formuliert. Vielleicht haben Sie schon einen Blick in Fachbücher geworfen oder verfügen über eigene erste Ideen für einzelne Phasen der Unterrichtsstunde. Möglicherweise hat Ihnen eine Kollegin Schulbücher und Arbeitsblätter zum Thema zur Verfügung gestellt, ein Experiment oder einen spannenden Einstieg geschildert, ein anderer Kollege hat in der Pause von seinen Erfahrungen mit den Interessen der Schüler zum Thema berichtet und Sie auf Materialien in der Sammlung aufmerksam gemacht. Die Planungsaufgabe besteht nun darin, aus den Ideen, den verfügbaren Materialien, den Hinweisen aus dem Kollegium sowie eventuell zusätzlich zu erwerbendem fachlichem und fachdidaktischem Wissen eine Unterrichtsstunde zu planen, die sowohl dem Fach Biologie als auch den Lernenden gerecht wird und die auf sinnvoll gewählten Zielen fußt.

Vorweg sei gesagt, dass die Planung von Unterrichtsstunden Zeit benötigt, und zwar am Anfang ein Mehrfaches der eigentlichen Unterrichtszeit von 45 oder 90 Minuten. Wenn Sie jetzt ein wenig neidvoll auf die kurz erscheinende Vorbereitungszeit von erfahrenen Lehrkräften blicken, bitten wir Sie, sich bewusst zu machen, dass sich Ihr Planungsprozess von dem einer erfahrenen Fachlehrkraft unterscheidet. Diese hat das Thema zuvor bereits mehrfach unterrichtet und jeweils im Vorfeld der Unterrichtsstunde die notwendige Planungsarbeit vollzogen, die Sie nun zum ersten Mal angehen. Als Konsequenz verfügt sie über eine breite Sachkenntnis zu dem zu behandelnden Unterrichtsgegenstand, hat konkrete Vorstellungen zu einer geeigneten Einteilung der Unterrichtsstunde in verschiedene Phasen, weiß, wie sich die von ihr erstellten Materialien in ihr Unterrichtsskript sinnvoll fügen, kennt typische Vorstellungen der Lernenden zum Thema, weiß um häufig auftretende Unterrichtssituationen und angemessene Reaktionen darauf und kann methodisch flexibel auf unterschiedliche Schülergruppen reagieren. Es braucht Zeit, bei der ersten Planung einer Unterrichtsstunde zu einem Thema die genannten Aspekte zu durchdenken.

3.1 Eine Unterrichtsstunde in vier Schritten planen

Die Planung einer Unterrichtsstunde lässt sich sinnvoll in die vier Teilschritte *Festlegung des Unterrichtsthemas, Sammlung von Unterrichtsideen und -materialien, didaktische* sowie *methodische Konstruktion* der Unterrichtsstunde untergliedern (siehe Abb. S. 33).

Schritt 1: Das Stundenthema festlegen

Die Planung jeder Unterrichtsstunde beginnt mit der Frage nach dem Stundenthema. Die frühzeitige Themenfestlegung hilft, die sich anschließende und potenziell ausschweifende Suche nach Unterrichtsmaterialien und -ideen zu kanalisieren und damit den Arbeitsaufwand für die Suche herabzusetzen.

Wie lautet das Thema der Stunde?

Anknüpfend an Kap. 2 (siehe S. 30) lautet der Arbeitstitel der nachfolgend ausgearbeiteten Beispielunterrichtsstunde: „Wenn der Augapfel zu lang ist". Fachliches Thema der Unterrichtsstunde ist also die Kurzsichtigkeit (Myopie).

Schritt 2: Unterrichtsideen und -materialien sammeln

Welche Unterrichtsideen und -materialien zu einem Thema verfügbar sind, ist besonders für Berufsanfänger und fachfremd unterrichtende Lehrkräfte von besonderer Bedeutung. Oft haben sie noch keinen Überblick darüber (woher sollte dieser auch stammen?). Es empfiehlt sich daher, vor die weitere Planung eine „Jäger-und-Sammler-Phase" zu stellen, in der Quellen für Unterrichtsmaterial gesichtet und so Ideen für die Gestaltung der Unterrichtsstunde gesammelt werden.

Welche Unterrichtsmaterialien gibt es zu dem zu unterrichtenden Thema?

Hilfreiche Quellen sind unter anderem Fachräume und Sammlungen der naturwissenschaftlichen Fächer der Schule, Kolleginnen und Kollegen und deren Materialien, Medienzentren der Kreise oder Städte mit ihren jeweiligen Online-Auftritten zur Ausleihe von Unterrichtsfilmen und anderen Medien, Lehrerportale im Internet (gern frequentiert, aber von sehr unterschiedlicher Qualität!) sowie die Landesbildungsserver der einzelnen Bundesländer mit zum Teil hervorragend aufbereiteten Materialien, ebenso Fachzeitschriften und fachdidaktische Zeitschriften sowie die themenspezifisch entwickelten Materialien der diversen Schulbuchverlage, soweit Sie darauf Zugriff haben. Online-Quellen und fachdidaktische Publikationen können beispielsweise bequem im frei zugänglichen *Fachportal Pädagogik* durchsucht werden (vgl. Übersicht auf S. 34).

Je nach Unterrichtsthema sollten aber auch in der Nähe der Schule liegende, gut erreichbare außerschulische Lernorte in die Suche mit einbezogen werden. Diese sind weitgehend über die Landesbildungsserver erfasst.

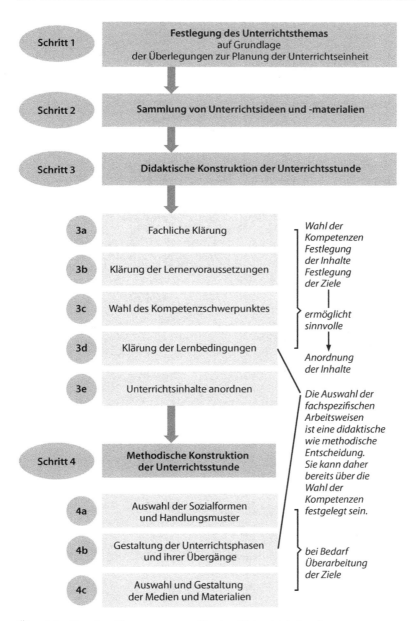

Übersicht über den Planungsprozess für eine Unterrichtsstunde

Quellen	
Landesbildungsserver (zentraler Anlaufpunkt für die verschiedenen Länder):	http://www.bildungsserver.de/Landesausbildungsserver-450.html
Beispiele für Lehrerportale 4teachers: Lehrer-Online: Zentrale für Unterrichtsmedien:	www.4teachers.de www.lehrer-online.de www.zum.de
Beispiele für Zeitschriften Der mathematische und naturwissenschaftliche Unterricht: Praxis der Naturwissenschaften – Biologie in der Schule: Unterricht Biologie:	http://www.mnu.de/mnu-zeitschriften/zeitschrift http://www.aulis.de/newspaper_view/praxis-der-naturwissenschaften-biologie-in-der-schule.html http://www.friedrich-verlag.de/go/4F95617CE09B4B388F8F7A3F6852AE2E
Datenbank Fachportal Pädagogik:	http://www.fachportal-paedagogik.de/

Eine Suche zum Thema Kurzsichtigkeit im Fachportal Pädagogik ergibt beispielsweise folgendes Bild:

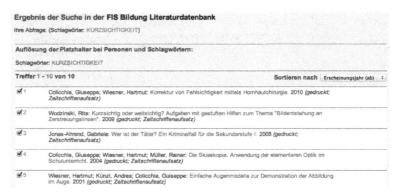

Ausschnitt aus dem Ergebnis der Suche mit dem Stichwort „Kurzsichtigkeit" im Fachportal Pädagogik (01.07.2014)

Schritt 3: Die Unterrichtsstunde didaktisch konstruieren

Der nächste Schritt der Unterrichtsplanung ist der bei weitem umfangreichste, kognitiv anspruchsvollste und bei Berufseinsteigern am wenigsten beliebte. Er zielt darauf ab, Inhalte und Ziele für die Unterrichtsstunde zu wählen, diese zu begründen und nachvollziehbar anzuordnen.

Dieser Schritt wird als didaktische Konstruktion bezeichnet und ist aus fünf Teilschritten aufgebaut. Im Kern geht es bei der didaktischen Konstruktion darum, bedeutsame Inhalte von weniger bedeutsamen zu trennen und das Ergebnis dieses Ausleseprozesses in eine sinnvolle Reihenfolge zu bringen. Der Ausleseprozess wird zudem beeinflusst von institutionellen Vorgaben wie Lehr- oder Bildungsplänen, der Haltung der Lehrkraft gegenüber (Biologie-)Unterricht, gegenüber Lernenden und deren Lernprozess, gegenüber allgemeinen Bildungszielen und den Lernbedingungen vor Ort.

Was mache ich in der Stunde warum und in welcher Reihenfolge?

Als Konsequenz können von unterschiedlichen Lehrkräften trotz gleicher Themenfestsetzung unterschiedliche inhaltliche Schwerpunktsetzungen in einer Unterrichtsstunde verfolgt werden.

Die Alternative zu diesem Vorgehen besteht darin, die bei der Sammlung von Unterrichtsmaterialien gewonnenen Ideen und Materialien „irgendwie zusammenzubasteln". Im Alltag wird manchmal aus Zeitgründen so vorgegangen. Aber auch wenn dieses Verfahren verständlich sein mag, so trägt es nicht dazu bei, die Unterrichtsqualität zu verbessern.

„Stundenbasteln" trägt nicht zur Verbesserung der Unterrichtsqualität bei

Schritt 3a: Fachliche Klärung

Für beginnende wie für fachfremd agierende Lehrkräfte ist es zunächst leichter, die didaktische Konstruktion mit der Klärung der aus Sicht des Faches bedeutsamen Aspekte zu beginnen. Dieser Schritt vertieft die im vorherigen Kap. 2 dargestellte Klärung der fachlichen Inhaltsstruktur.

Zunächst geht es darum, sich bewusst zu machen, ob die fachlichen Grundlagen des Stundeninhalts hinreichend verstanden wurden. Verstehen Sie diese Äußerung bitte nicht als Unverschämtheit. Die Themen des Biologieunterrichts sind vielfältig, nur auf einen geringen Teil der potenziellen Unterrichtsinhalte kann das Studium vorbereiten, und es braucht Zeit und Eigenengagement, sich fachlich hinreichend in die verschiedenen Themen einzuarbeiten.

Aufbauend auf dem Fachwissen muss entschieden werden, welche Lerninhalte aus einer fachlichen Perspektive für das Verständnis des Themas grundlegend und damit tatsächlich unabdingbar sind. Die Ausrichtung an Kernideen, die auf Basiskonzepten und/oder biologischen Prinzipien fußt (vgl. Kap. 1 und Kap. 2), bietet hierfür eine sinnvolle Orientierung. Da jede

Beispiel: Fachliche Klärung 1
… Kurzsichtigkeit zählt zu den optischen Abbildungsfehlern, die alle zur Konsequenz haben, dass auf der Netzhaut keine punktförmige Abbildung erfolgt. Sie kann entweder durch einen verlängerten Augapfel oder durch eine erhöhte Brechkraft der Hornhaut verursacht sein. Im ersten Fall ist der Abstand zwischen Hornhaut und Netzhaut gegenüber einem Normalsichtigen vergrößert mit der Folge, dass Lichtstrahlen, die parallel einfallen, vor der Netzhaut gebündelt werden. Das führt zu einer unscharfen Abbildung von Gegenständen auf der Netzhaut. Diese Form der Kurzsichtigkeit wird als Achsenmyopie bezeichnet. Weitaus seltener tritt eine Veränderung der Brechkraft der Hornhaut auf. Ist die Brechkraft der Hornhaut größer als bei Normalsichtigen (Brechungsmyopie), werden die parallel einlaufenden Lichtstrahlen ebenfalls vor dem Auftreffen auf die Netzhaut gebündelt.

Eine Verlängerung des Augapfels um einen Millimeter hat eine Veränderung des Brechwertes um 3 Dioptrien zur Folge. Eine teilweise Korrektur der Sehfähigkeit etwa durch Akkomodation der Linse wie bei der Weitsichtigkeit ist nicht möglich, da bei einem auf Fernsicht eingestellten Auge die Linse bereits maximal abgeflacht ist. … Allen Korrekturmechanismen der Kurzsichtigkeit gemeinsam ist ein Eingriff in den Brechwert des Auges. Brillen und Kontaktlinsen erreichen dies, indem sie das einfallende Licht streuen. Eine Alternative hierzu stellen Veränderungen der Brechkraft der Hornhaut dar, die über lasergesteuerte Verfahren erreicht werden können … *(Notwendig für ein grundlegendes Verständnis aus einer fachlichen Sicht)*

Zu einem grundlegenden Verständnis des Themas notwendig ist das Wissen, dass eine scharfe Abbildung eines Gegenstands abhängig ist von dem Verhältnis der Länge des Augapfels zu seinem Brechwert. Darauf aufbauend können Korrekturmechanismen erarbeitet werden, die in dieses Verhältnis eingreifen … *(Anknüpfungspunkte)*

Die Lerninhalte der Unterrichtsstunde greifen zum einen Wissen um den Aufbau des Auges auf. Zum anderen wird angeknüpft an das in den beiden vorherigen Stunden erarbeitete Wissen um die Bildentstehung auf der Netzhaut wie an die Grundlagen der Strahlenoptik.

Die Lerninhalte der Unterrichtsstunde können darauf vorbereiten, Weitsichtigkeit als weitere Form der Fehlsichtigkeit zu verstehen. Letztlich bildet die Unterrichtsstunde aber den Abschluss der Beschäftigung mit den Hilfsstrukturen des Sehsinns, sodass hierzu in den folgenden Stunden keine weitere Vertiefung angestrebt wird. *(Vorbereitung auf weitere Lerninhalte)*

Unterrichtsstunde in den Kontext anderer Stunden eingebettet ist, ist darauf zu achten, worauf aufgrund des vorangegangenen Unterrichts inhaltlich aufgebaut werden kann bzw. welche Inhalte aus der zu unterrichtenden Stunde für den weiteren Verlauf der Unterrichtseinheit benötigt werden.

> **Leitfragen**
> - Welche Lerninhalte sind zu einem grundlegenden Verständnis des Themas der Unterrichtsstunde notwendig?
> - Wie knüpfen die Lerninhalte der Unterrichtsstunde an die der vorhergehenden Unterrichtsstunden an und ermöglichen auf diese Weise ein vertieftes Verständnis der zuvor unterrichteten Inhalte im Sinne eines kumulativen Lernens?
> - Welche Lerninhalte der Unterrichtsstunde bereiten auf später zu unterrichtende Inhalte vor oder können auf diese eine fördernde Wirkung entfalten?

Ergänzend ist bei der Planung der Unterrichtsstunde darauf zu achten, ob die in der Fachliteratur verwendeten Fachwörter das Lernen der Inhalte günstig oder eher ungünstig beeinflussen können. So konnte z. B. TANJA RIEMEIER (2005) nachweisen, dass das Wort Zellteilung Schüler beim Lernen eines fachlich korrekten Verständnisses von Zellwachstum behindert, da durch Zellteilung zwar mehr Zellen entstehen, diese aber nicht automatisch größer sein müssen. Allein der Austausch des Wortes Zellteilung durch das Wort Zellverdopplung kann den Schülern den Zugang zu einem fachlichen Verständnis von Zellwachstum erleichtern.

> **Leitfragen**
> - Welche Fachwörter müssen eingeführt werden, auf welche kann verzichtet werden?
> - Welche Fachwörter können das Lernen behindern oder fördern?

Beispiel: Fachliche Klärung 2 — Welche Fachwörter sollen verwendet werden?

Brennweite, Brennpunkt, Brechwert, Dioptrien, Streu- (konkave) und Sammellinse (konvexe L.) usw. Im Kontext der Strahlenoptik kommen zahlreiche Fachwörter als potenzielle Lernwörter mit zum Teil synonymer Bedeutung für die Unterrichtsstunde in Frage. Für ein grundlegendes Verständnis der Myopie reicht es aus, die Wörter Brechkraft, Streu- und Sammellinse einzuführen. — Behindern die Fachwörter möglicherweise das Erlernen des Unterrichtsinhalts?

Es ist mir nicht bekannt, ob es den Schülern Schwierigkeiten bereitet, diese Wörter zu verstehen, und ob das Verstehen der Kurzsichtigkeit und ihrer Behandlungsmöglichkeiten dadurch behindert wird. — Achtung! Merken für Reflexion

Schritt 3b: Klärung der Lernervoraussetzungen

Die Klärung der Lernervoraussetzungen umfasst Interessen, vorunterrichtliche Vorstellungen und kognitive wie methodische Fähigkeiten der Lernenden. Zu den Interessen der Lerner an biologischen Themen gibt es eine Reihe von Untersuchungen, deren Ergebnisse geeignet sind, Vorschläge für die Gestaltung eines interessenförderlichen Unterrichts zu machen (vgl. Ruppert 2012). Die Vorschläge fallen jedoch nicht so spezifisch aus, als dass sie dedizierte Gebrauchsanweisungen für einzelne Stunden enthielten. Daher sind gerade Berufsanfänger auf Vermutungen über mögliche Interessen angewiesen, die in der Unterrichtsstunde einer Überprüfung zugeführt werden und nach der Unterrichtsstunde reflektiert werden sollten. Wichtig ist es, sich bewusst zu sein, dass die eigenen Interessen nicht deckungsgleich mit denjenigen der Lernenden sein werden. Als Richtschnur kann gelten, dass Inhalte, die alltagsnahen Kontexten und damit der Erfahrungswelt der Unterrichteten entspringen, auf größeres Interesse stoßen als Zugänge zu Inhalten aus rein fachlichen Kontexten. Nähere Informationen zu günstigen Kontexten finden sich im Kap. Aufgaben (4.7).

Vermutungen über mögliche Schülerinteressen sollten nach der Stunde auf ihr Zutreffen überprüft werden

> **Leitfrage**
> - Welche Anknüpfungspunkte bestehen zwischen der Erfahrungswelt der Lernenden und dem Unterrichtsthema?

Beispiel: Berücksichtigung von Interessen

… Humanbiologische Themen stoßen bei Schülern auf ein mittleres Interesse (vgl. Ruppert 2012). Es ist zunächst zu vermuten, dass dies für das Sehen ebenso zutrifft …

Fehlsichtigkeiten sind den Schülern unmittelbar (als Betroffene) oder mittelbar aus ihrem alltäglichen Umfeld bekannt. Zudem ist davon auszugehen, dass die unterschiedlichen Möglichkeiten zur Behandlung von Fehlsichtigkeiten (Brillen, Kontaktlinsen, Laser-Behandlung) vor dem Hintergrund der Identitätsfindung der Jugendlichen auf Interesse stoßen können, da Sehhilfen auf der einen Seite als Makel für die Empfindung des eigenen Äußeren wahrgenommen werden könnten. Andererseits können ausgefallene Brillenformen oder farbige Kontaktlinsen, die die Augenfarbe verändern, als Modeaccessoires gelten.

Laser-Behandlungen lassen andere Korrekturformen überflüssig werden und können daher als weitere Alternative der Korrektur für Fehlsichtigkeiten interessant erscheinen …

Rückgriff auf allgemeine Befunde zu Schülerinteressen an biologischen Themen

Vermutungen über Anknüpfungspunkte für Lernende

Vorwissen und Einstellungen der Lernenden zum Inhalt der Unterrichtsstunde beeinflussen maßgeblich den möglichen Lernerfolg. In der fachdidaktischen Literatur wird in diesem Zusammenhang synonym von vorunterrichtlichen Vorstellungen, Alltags- oder Schülervorstellungen gesprochen (vgl. W̲e̲i̲t̲z̲e̲l̲ 2012a). Aufgrund ihrer Bedeutung für den Lernerfolg ist es notwendig, die vorunterrichtlichen Vorstellungen der Lernenden bei der Planung der Unterrichtsstunde zu berücksichtigen. Zum Teil können Sie bereits bei der Materialsuche in Schritt 2 auf vorunterrichtliche Vorstellungen zum geplanten Thema stoßen. Wenn dies nicht der Fall ist, können die Vorstellungen der Lerner auch selbst erhoben werden. Eine Sammlung von Methoden hierzu finden sich beispielsweise bei R̲i̲e̲m̲e̲i̲e̲r̲ (2014).

Zum festgelegten Unterrichtsthema wurden bereits Vorstellungen von Oberstufenschülern erhoben und darauf aufbauend Unterrichtsvorschläge für die zehnte bis zwölfte Klasse entwickelt (G̲r̲o̲p̲e̲n̲g̲i̲e̲s̲s̲e̲r̲ 2002, Link siehe Randspalte). Auf diese kann zur Orientierung bei der Planung der Unterrichtseinheit zurückgegriffen werden. Zu beachten ist dabei allerdings, dass die Vorstellungen von jüngeren Lernenden von denen älterer, die den Unterricht der Sekundarstufe I zum Thema Sehen bereits durchlaufen haben, abweichen können.

Link für G̲r̲o̲p̲e̲n̲g̲i̲e̲s̲s̲e̲r̲ 2002:
http://sinus-transfer.uni-bayreuth.de/fileadmin/MaterialienDB/60/gropengiesser1.pdf

> **Leitfrage**
> - Über welche Vorstellungen verfügen die Lernenden zum Unterrichtsthema und wie beeinflussen die Vorstellungen die Planung der Unterrichtsstunde?

> **Beispiel: Beachtung von Schülervorstellungen**
> … Es wurden bislang keine Vorstellungen dazu erhoben, wie sich Schüler die Entstehung der Kurzsichtigkeit erklären. G̲r̲o̲p̲e̲n̲g̲i̲e̲s̲s̲e̲r̲ (2002) zeigt auf einer allgemeinen Ebene, dass ein Schüler gleichzeitig über mehrere sich widersprechende Vorstellungen zum Sehen verfügen kann. Nach einer dieser Vorstellungen führt der Sehvorgang vom Auge aus in Richtung des zu sehenden Gegenstandes. Sehen ist danach ein bewusster Vorgang einer Person („man guckt etwas an"). Nach einer anderen Vorstellung fängt Sehen beim Objekt an und führt in Richtung des Auges (G̲r̲o̲p̲e̲n̲g̲i̲e̲s̲s̲e̲r̲ 2002, 8).
>
> Es ist für die Planung noch wichtig, festzuhalten, dass bei der Betrachtung der Kurzsichtigkeit nur eine der beiden Vorstellungen zum Sehen aufgegriffen und dadurch der Widerspruch zwischen beiden nicht aufgelöst werden kann. Dies muss in einer der Folgestunden geschehen. In dieser Stunde können jedoch die Vorstellungen gefestigt werden, dass zum Sehen Licht notwendig ist und dass Gegenstände, die über das Auge auf die Netzhaut gelangen, verfremdet abgebildet werden können …

Schritt 3c: Wahl des Kompetenzschwerpunkts

Im kompetenzorientierten Unterricht wird die Planung der Unterrichtsstunde um die Wahl der im Unterricht schwerpunktmäßig zu fördernden Kompetenzen erweitert.

> **Leitfrage**
> - Welche Kompetenzen aus welchen Kompetenzbereichen sollen schwerpunktmäßig gefördert werden?

Prinzipiell lässt jeder Unterrichtsinhalt verschiedene Schwerpunktsetzungen zu, die mehr als einen Kompetenzbereich bedienen können. Im Fachunterricht liegt ein Schwerpunkt häufig auf einem fachlichen Inhalt (hier: Ursachen von Kurzsichtigkeit, Behandlungsmöglichkeiten). Der gewählte Inhalt ist der Kompetenz 2.4 aus dem Kompetenzbereich Fachwissen zuzurechnen:

F2.4 Die Schüler beschreiben und erklären Struktur und Funktion von Organen und Organsystemen, z. B. bei der Stoff- und Energieumwandlung, Steuerung und Regelung, Informationsverarbeitung, Vererbung und Reproduktion (KMK 2004a).

Die Wahl des Kompetenzbereichs beeinflusst die Anordnung der Lerninhalte

Grundsätzlich sollte bei der Planung von Biologieunterricht aber mitbedacht werden, ob sich der Unterrichtsinhalt zur Förderung weiterer Kompetenzbereiche anbietet. So eignet sich das Thema Kurzsichtigkeit und ihre Behandlung beispielsweise dafür, prozessorientiert erschlossen zu werden, und greift damit Kompetenzen aus dem Kompetenzbereich Erkenntnisgewinnung auf.

> **Beispiel: Auswahl zu fördernder Kompetenzen aus dem Kompetenzbereich Erkenntnisgewinnung**
>
> *Die Schülerinnen und Schüler ...*
> *E6 planen einfache Experimente, führen die Experimente durch und/oder werten sie aus,*
> *E7 wenden Schritte aus dem experimentellen Weg der Erkenntnisgewinnung zur Erklärung an,*
> *E10 analysieren Wechselwirkungen mithilfe von Modellen.*

Potenziell zu fördernde Kompetenzen

In unserem Fall wird dadurch ein experimentelles Vorgehen auf der Grundlage der Nutzung von Modellen angestoßen. Die fachgemäße Arbeitsweise „Experimentieren" wird in der Arbeit mit Modellen somit zu einem neuen

Unterrichtsinhalt, der einer fachlichen Klärung unterzogen werden muss. Zusätzlich ist im Rahmen der Klärung der Lernervoraussetzungen zu fragen, über welche Vorstellungen die Lernenden zum Experimentieren oder zur Arbeit mit Modellen verfügen, da davon Unterrichtsverlauf und einzuplanender zeitlicher Umfang innerhalb der Unterrichtsstunde abhängen (siehe Kap. 4.4 und 4.5). Bevor jedoch endgültig eine Festlegung auf die Arbeit mit Modellen erfolgen kann, muss die ganz praktische Frage geklärt werden, ob dies die Lernbedingungen an der Schule überhaupt zulassen.

Schritt 3d: Lernbedingungen erkunden
Die Verfügbarkeit einer hinreichenden Anzahl geeigneter Modelle (hier: optische Bank, siehe Abb. S. 50) ist eine wesentliche Voraussetzung für die Planung der Unterrichtsstunde. Wenn die Modelle vorhanden sind, kann der Lerninhalt in der intendierten Weise festgeklopft werden, wenn nicht, muss entweder auf andere Modelle zurückgegriffen oder im schlimmsten Fall die didaktische Konstruktion erneut begonnen werden. Neben den räumlichen Bedingungen und der Ausstattung der Schule sind stets auch die Bedingungen der Klasse zu prüfen, etwa wenn wie in unserem Fall ein experimentelles Vorgehen geplant ist.

> **Leitfrage**
> - Lassen die Lernbedingungen vor Ort (äußere Rahmenbedingungen und Bedingungen der Klasse) die Thematisierung der gewählten Inhalte in der intendierten Form zu?

Am Ende der didaktischen Konstruktion werden deren Teilergebnisse zusammengeführt. Dazu werden Unterrichtsziele formuliert und die Inhalte in eine begründbare Abfolge gebracht. Wir bestimmen in unserer Beispielplanung als fachlichen Schwerpunkt die Achsenmyopie und begründen dies mit ihrer weiten Verbreitung bereits bei Jugendlichen und der damit einhergehenden gesellschaftlichen Bedeutung. Zur Korrektur der Kurzsichtigkeit wählen wir als Möglichkeit die Brille und damit einen Kontext aus dem Bereich „Alltagsleben und Gesundheit" (vgl. Kap. 4.7, S. 134), da wir hierzu Anknüpfungspunkte der Lernenden aus ihrer unmittelbaren oder mittelbaren Erfahrungswelt sowie darauf aufbauendes Interesse vermuten. Dieser Kontext erlaubt zudem eine spätere inhaltliche Ausdifferenzierung z.B. über den Einbezug weiterer Sehhilfen (Kontaktlinsen) oder Heilbehandlungen (diverse Laserbehandlungsmöglichkeiten, z.B. Lasik, Lasek, cTan), die im Hinblick auf die Anbahnung gesellschaftlicher Handlungsfähigkeit vertieft behandelt werden könnten.

Exkurs: Lernbedingungen

Das Wort Lernbedingungen bezieht sich traditionellerweise zum einen auf die äußeren Rahmenbedingungen des Unterrichts und zum anderen auf die individuellen Voraussetzungen der Lerner, die zum Teil bereits unter Schritt 3b angesprochen worden sind. Unter den äußeren Rahmenbedingungen sind die Bedingungen der Schule von jenen der Klasse zu unterscheiden. Die folgende Checkliste kann zur Prüfung der notwendigen Voraussetzungen herangezogen werden.

Bedingungen der Schule: Räumlichkeiten und Ausstattung
- Steht ein Fachraum zur Verfügung?
- Enthält der Fachraum die Geräte, die für den Unterricht benötigt werden, auch in ausreichender Zahl oder Menge (Overhead, Beamer, Laptops, Mikroskope, Magnetrührer, Waagen, Glaswaren, Chemikalien usw.)?
- Funktionieren alle Geräte, Strom-, Gas-, Wasseranschlüsse, Mikroskope usw.?
- Sind die Schlüssel für alle Geräte- und Materialschränke vorhanden?
- Funktionieren die Abzüge usw.?
- Sind die benötigten oder erwünschten Medien und Modelle in hinreichender Zahl verfügbar?
- Lässt sich die räumliche Anordnung der Plätze passend zu den geplanten Methoden verändern (z. B. Stuhlkreis möglich)?

Bedingungen der Klasse:
- Wie viele Schüler sind in der Klasse?
- Ist die Klassenstärke so begrenzt, dass mit allen gemeinsam experimentiert werden darf? Wenn nicht: Gibt es die Möglichkeit, zum Experimentieren auf Randstunden auszuweichen und mit „halben" Klassen zu arbeiten?
- In welchen Sozialformen ist die Klasse geübt? Die Einführung neuer Sozialformen benötigt Zeit und Übung und kann dazu zwingen, die Planung der Unterrichtsstunde zu überdenken.
- Gibt es in der Klasse Rituale, mit denen der Übergang zwischen einzelnen Unterrichtsphasen deutlich gemacht wird (Handzeichen, akustische Zeichen etc.)?

An der Seite des fachlichen Inhalts steht gleichberechtigt die Förderung von Kompetenzen aus dem Bereich Erkenntnisgewinnung. Dazu sollen die Lernenden einen Versuchsansatz planen und die Planung anschließend umsetzen. Auf dieser Grundlage können sie geeignete Sehhilfen testen (auf der optischen Bank montierte Linsen). Die Lernbedingungen vor Ort lassen aufgrund unserer freundlichen Kolleginnen aus der Physik die Arbeit mit optischen Bänken zu. Als Unterrichtsziele könnten formuliert werden:

Die Schülerinnen und Schüler können …

- Elemente der optischen Bank mit der Augenanatomie analogisieren,
- mithilfe der optischen Bank erklären, dass bei Kurzsichtigkeit keine punktförmige Abbildung des Gegenstandes auf der Netzhaut erfolgt,
- Linsen zielgerichtet auswählen und so auf der optischen Bank anordnen, dass eine Korrektur des optischen Abbildungsfehlers ermöglicht wird.

Die Unterrichtsziele stellen dabei den Unterrichtsinhalt verdichtet dar, ihre Reihenfolge spiegelt die Abfolge der Unterrichtsinhalte wider.

Unterrichtsinhalte anordnen
Wir haben uns in den bisherigen Planungsüberlegungen für ein experimentelles Vorgehen entschieden. Aus der Vielzahl verfügbarer Unterrichtskonzepte (vgl. MEISERT 2012) wird in unserer Stunde auf das Konzept des forschend-entwickelnden Unterrichts zurückgegriffen (SCHMIDKUNZ/LINDEMANN 1992), da dieses in besonderem Maße ermöglicht, Experimentieren als naturwissenschaftlichen Erkenntnisweg zu beleuchten. Forschend-entwickelnder Unterricht durchläuft hierfür sukzessive mehrere Phasen, die jeweils aufeinander aufbauen (vgl. MEISERT 2012, 245 ff.):

Phase	Lern- bzw. Arbeitsschritte
(Wiederholung)	Sicherung/Aktualisierung der Lernvoraussetzungen bzw. (Prä-)Konzepte
Einstieg/Problem	Initialphase/Fragwürdigkeit des Phänomens erfassen – Begrenztheit der bisherigen Konzepte erfahren
Lösungsplanung I	Hypothesenbildung/Generierung neuer Erklärungsansätze bzw. Konzepte
Lösungsplanung II	Entwicklung einer Überprüfungsmöglichkeit, eines Untersuchungsansatzes/kreative Methodenentwicklung
Erarbeitung	Erarbeitung/Umsetzung der eigenen Planung – Datenerhebung
Auswertung	Ergebnisse/Deutung/Schlussfolgerungen/Rückbezug zu den Hypothesen (Falsifikation/Verifikation)
Festigung	Sicherung des Erlernten/Übertragung in andere Darstellungsformen
Vertiefung	Erkenntniserweiterung/Einbeziehung weiterer Beispiele
(neues Problem)	erneute Initialphase auf der Grundlage des Erarbeiteten

Phasen und Lernschritte im forschend-entwickelnden Unterricht

Aufgrund seiner starr erscheinenden Abfolge von Phasen wirkt forschend-entwickelnder Unterricht recht determiniert. Jedoch ist es im Sinne der Kompetenzförderung möglich, den Schwerpunkt auf einzelne Phasen zu legen. In unserem Unterricht soll der Fokus auf der Planung geeigneter Modellexperimente liegen (vgl. Kap. 4.4) – hier zur Überprüfung der Ursachen von Kurzsichtigkeit. Auf der Klärung dieser Frage fußt die Behandlung der Kurzsichtigkeit durch das Testen geeigneter Linsen. Daher werden in der Schilderung des Eingangsphänomens bereits Hypothesen aufgeworfen, zu deren Überprüfung die Lernenden Modellexperimente planen sollen.

Exkurs: Wie können Unterrichtsziele formuliert werden?

Unterrichtsziele sind die in Worte gefassten Vorstellungen über die Verhaltensänderungen, die mit dem Unterricht bei den Lernenden erreicht werden sollen. Mit ihnen kann überprüft werden, ob die einzelnen Lernenden das Ziel des Unterrichts erreicht haben. Sie sind folglich Diagnoseinstrumente. Damit Unterrichtsziele diese Aufgabe erfüllen können, müssen sie präzise formuliert sein. Sie setzen sich stets aus einem Inhalts- und einem Handlungsaspekt zusammen (vgl. Meisert 2010). Der Inhaltsaspekt gibt an, *was die Schüler lernen sollen*. Der Handlungsaspekt beschreibt, *wie die Lehrkraft erfahren will*, ob ihre Schüler den Inhalt in der Weise, wie sie es wünscht, auch erlernt haben. Dazu müssen die von außen nicht einsehbaren Verstehensprozesse der Lernenden in sichtbare Handlungen übersetzt werden. Geeignet zur Beschreibung des Handlungsaspekts sind daher nur solche Verben, die das erwartete Verhalten eindeutig und für die Lehrkraft nachvollziehbar kennzeichnen.

Die Schülerinnen und Schüler sollen ...

den Aufbau des Augapfels   *beschreiben können.*
   Inhaltsaspekt   Handlungsaspekt

eine geeignete Linse zur Korrektur
des eingestellten Abbildungsfehlers
für die optische Bank   *auswählen und justieren können.*
   Inhaltsaspekt   Handlungsaspekt

Eine Reihe von Verben zur adäquaten Formulierung des Handlungsaspekts – sogenannte Operatoren – finden sich in Kap. 4.7, S. 138 f. Nicht geeignet sind Formulierungen wie „wissen, verstehen, kennen lernen, erfahren" usw., bei denen der Außenstehende, also beispielsweise die Lehrkraft, das von den Lernenden erwartete Zielverhalten nicht einsehen kann.

In welchem Verhältnis stehen Unterrichtsziele zu Kompetenzen und Bildungsstandards?
Bildungsstandards definieren verbindliche Bildungsziele. Sie konzentrieren sich auf den Output des Lernens, also auf Ergebnisse von Lehren und Lernen, die am Ende einer bestimmten Phase erreicht sein sollen (z. B. nach der siebten oder neunten Klasse oder zum Erlangen eines Abschlusses wie der mittleren Reife). Dazu werden in den Bildungsstandards Leistungen formuliert, die als Kompetenzen bezeichnet werden. Die einzelnen Kompetenzen lassen sich Kompetenzbereichen zuordnen. Für die Biologie sind dies nach den Bildungsstandards für den mittleren Schulabschluss (KMK 2004a) die Kompetenzbereiche *Fachwissen, Erkenntnisgewinnung, Kommunikation* und *Bewertung*. In einigen Bundesländern (wie etwa in NRW) werden *konzeptbezogene Kompetenzen* von *prozessbezogenen Kompetenzen* geschieden. Konzeptbezogene Kompetenzen sind synonym zu dem in den Bildungsstandards formulierten Kompetenzbereich Fachwissen zu verstehen, während der Ausdruck prozessbezogene Kompetenzen sich auf die drei anderen Kompetenzbereiche bezieht.

Da Kompetenzen ein Zielverhalten am Ende einer Bildungsphase beschreiben, ist es weiterhin notwendig, für jede Stunde Unterrichtsziele zu formulieren, die als Etappen oder Teilziele auf dem Weg zur erwünschten Leistung – der Kompetenz – zu verstehen sind (Abb. unten).

Bildungsstandards, Kompetenzbereiche, Kompetenzen und Unterrichtsziele stehen zueinander in einer hierarchischen Beziehung

Schritt 4: Die Unterrichtsstunde methodisch konstruieren

An die Entscheidungen im Rahmen der didaktischen Konstruktion schließen sich Überlegungen zur praktischen Gestaltung der Unterrichtsstunde an. Diese Überlegungen betreffen die Auswahl der *Sozialformen, Handlungsmuster* und *fachspezifischen Arbeitsweisen* (siehe Kap. 4.1–4.5 und Spörhase 2012a), die Gestaltung der Übergänge zwischen Unterrichtsphasen (siehe Kap. 4.3) sowie die Auswahl und Gestaltung der Materialien und Medien (siehe Kap. 4.6 und 4.7). Wir haben diesen Planungsaufgaben jeweils eigene Kapitel gewidmet, weil deren zielgerechte Umsetzung breiten Raum im Berufsalltag einnimmt. An dieser Stelle soll lediglich exemplarisch der Einstieg in die hier entwickelte Unterrichtsstunde beschrieben werden, um zu erläutern, wie der Übergang von der didaktischen zur methodischen Konstruktion einer Unterrichtsstunde erfolgen kann.

Unterrichtseinstiege führen thematisch in eine Unterrichtsstunde ein (siehe Kap. 4.1). Gemäß ihrer didaktischen Funktion können für eine Unterrichtsstunde unterschiedliche Einstiege in Frage kommen. Für unsere Zielsetzung ist ein problemorientierter Einstieg geeignet, der ein Phänomen an den Anfang der Unterrichtsstunde stellt, mit dem Ziel, bei den Lernenden, eine fragende Haltung zu erzeugen. Der zugrundeliegende Text (siehe Kasten) könnte mündlich vorgetragen oder als Informationstext in die Klasse hineingegeben werden. Da die Lernenden als Grundlage für die Planung ihrer Experimentalansätze die im Text beschriebenen Vermutungen des Protagonisten Mark benötigen, wäre hier die schriftliche Form der mündlichen Erzählung vorzuziehen. Alternativ müssten die Vermutungen zunächst anderweitig, z. B. an der Tafel, visualisiert werden.

Beispiel: Unterrichtseinstieg

Mark ist in den letzten Wochen ziemlich genervt von seiner kleinen Schwester Ira, die sich beim abendlichen Fernsehen immer nah vor den Fernseher setzt und ihm damit den Blick versperrt. Zurzeit behandelt er im Biologieunterricht das Thema Sehen. Das hat ihn auf eine Idee gebracht. Vielleicht kann Ira das Fernsehbild nur scharf sehen, wenn sie nah davor sitzt. Aber eigentlich hat er gelernt, dass ein Gegenstand auf der Netzhaut punktförmig und damit scharf abgebildet wird. Mark überlegt, ob Iras Augen irgendwie anders gebaut sein könnten, sodass keine punktförmige Abbildung möglich ist. Zum Test hat er mit Ira schon einen Versuch aus der Schule gemacht, den Nahpunkt bestimmt und dabei festgestellt, dass sie den Bleistift fast bis ans Auge ranführen konnte und ihn dann immer noch scharf sah. Das scheint seine Vermutung zu bestätigen. Er überlegt, welcher Teil des Auges anders gebaut sein könnte, …

An dieser Stelle bricht der Text ab, es folgt eine Überleitung durch die Lehrkraft, die die Lernenden dazu auffordert, Marks Vermutung aufzunehmen und weiterzudenken. Dies kann in einem Lehrer-Schüler-Gespräch geschehen, vor das zusätzlich eine Gruppenarbeitsphase geschaltet werden kann, in der die Lernenden zunächst unter sich ihre Ideen austauschen können. Anschließend werden die Lernenden aufgefordert, ihre Hypothesen zu überprüfen. Als Sozialform bietet sich hierfür Gruppenunterricht an (siehe Kap. 4.2). Vor die Gruppenarbeitsphase müssen noch prozessbezogene Anweisungen der Lehrkraft eingeschoben werden, die die Zusammensetzung der Gruppen, die Zeitdauer der Gruppenphase und die Arbeit mit der optischen Bank betreffen. Dies könnte beispielsweise in einem kurzen Lehrervortrag geschehen.

> **Leitfragen**
> - Welche Sozialform/fachspezifische Arbeitsweise ist am besten geeignet, um die geplanten Ziele zu erreichen, und ist unter den gegebenen schulischen Bedingungen realisierbar?
> - Sind den Lernenden die Sozialform, das Handlungsmuster, die fachspezifische Arbeitsweise bekannt oder müssen diese neu eingeführt werden?
> - Welche Medien können unter den gegebenen schulischen Bedingungen und Lernvoraussetzungen gewählt werden, um die geplanten Ziele zu erreichen?
> - Wie können die Materialien wie Aufgaben, Arbeitsblätter, Folien usw. gestaltet werden, um die geplanten Ziele zu erreichen?

3.2 Mit Verlaufsskizzen den Überblick behalten

Für die tägliche Arbeit ist es wichtig, eine handliche Form für eine Übersicht zu finden, die in den Unterricht mitgenommen werden kann. Mit ihr sollten zum einen die wesentlichen Planungsschritte der Unterrichtsstunde als Grundlage für erneuten Unterricht zum Thema und/oder die Reflexion festgehalten werden können, und sie sollte zum anderen während der Stunde als Übersicht, Erinnerungs- und Orientierungshilfe dienen können. In unseren Augen kann dies eine tabellarische Verlaufsskizze leisten, wenn sie der Lehrkraft

1. einen Überblick über die Unterrichtsschritte und deren zeitliche Ausdehnung gibt,
2. die Kommunikationsstruktur zwischen Lernenden und Lehrkraft beschreibt,
3. die Handlungen von Lernenden und Lehrkraft darstellt und
4. die Materialien und Medien auflistet, die zu einem bestimmten Zeitpunkt benötigt werden.

Checkliste „Eine Unterrichtsstunde planen"

Schritt 1: Festlegung des Stundenthemas
- Wie lautet das Thema der Stunde?

Schritt 2: Sammlung von Unterrichtsideen und -materialien
- Welche Unterrichtsmaterialien gibt es zu dem zu unterrichtenden Thema?

Schritt 3: Didaktische Konstruktion
- Welche Lerninhalte sind zu einem grundlegenden Verständnis des Themas der Unterrichtsstunde notwendig?
- Wie knüpfen die Lerninhalte der Unterrichtsstunde an die der vorangehenden Unterrichtsstunden an und ermöglichen auf diese Weise ein vertieftes Verständnis der zuvor unterrichteten Inhalte im Sinne eines kumulativen Lernens?
- Welche Lerninhalte der Unterrichtsstunde bereiten auf später zu unterrichtende Inhalte vor oder können auf diese eine fördernde Wirkung entfalten?
- Welche Fachwörter können das Lernen behindern und sollten daher entweder weggelassen oder neugeprägt eingeführt werden?
- Welche Anknüpfungspunkte bestehen zwischen der Erfahrungswelt der Lernenden und dem Unterrichtsthema?
- Über welche Vorstellungen zum Unterrichtsthema verfügen die Lernenden, und wie beeinflussen die Vorstellungen die Planung der Unterrichtsstunde?
- Welche Kompetenz aus welchem Kompetenzbereich soll schwerpunktmäßig gefördert werden?
- Lassen die Lernbedingungen vor Ort (äußere Rahmenbedingungen und Bedingungen der Klasse) die Thematisierung der gewählten Inhalte zu?
- Wie lauten die Ziele der Unterrichtsstunde?

Schritt 4: Methodische Konstruktion
- Welche Sozialform/fachspezifische Arbeitsweise ist am besten geeignet, um die geplanten Ziele zu erreichen, und ist unter den gegebenen schulischen Bedingungen realisierbar?
- Sind den Lernenden die Sozialform, das Handlungsmuster, die fachspezifische Arbeitsweise bekannt oder müssen diese neu eingeführt werden?
- Welche Medien können unter den gegebenen schulischen Bedingungen und Lernvoraussetzungen gewählt werden, um die geplanten Ziele zu erreichen?
- Wie können die Materialien wie Aufgaben, Arbeitsblätter, Folien usw. gestaltet werden, um die geplanten Ziele zu erreichen?

Der Aufbau der Unterrichtsskizze im Einzelnen ist von den Bedürfnissen der Lehrkraft abhängig. Sinnvolle Kategorien umfassen Unterrichtsschritte, die in Form von Unterrichtsphasen (Einstieg, Erarbeitung, …) offenbar werden und die um deren zeitliche Ausdehnung ergänzt werden können. Die Handlungsmuster können eine weitere Spalte bilden. Darin werden die Aktivitäten der Lernenden und der Lehrkraft beschrieben. Vor dem Hintergrund der Reflexion (vgl. Kap. 5) und der Wiederverwendbarkeit des geplanten Unterrichts in späteren Schuljahren können in dieser Spalte auch „Gelenk-" oder „Schlüsselstellen" der Unterrichtsstunde möglichst präzise aufgeführt werden. Hierhin gehören Aspekte der Steuerung des Unterrichtsprozesses (z. B. „Kommt zur Auswertung bitte alle nach vorne", „Packt bitte vor Beginn des Experiments alle Hefte, Bücher, Stifte in eure Taschen", „Für die Gruppenarbeit gibt es folgende Rollen zu verteilen: …") und solche, die wesentlich für die inhaltliche Progression sind (z. B. Leitfragen im Unterrichtsgespräch, Aufgabenstellungen usw. – siehe auch Kap. 4.3).

Eine weitere Spalte umfasst die Kommunikationsformen sowohl zwischen den Lernenden als auch zwischen Lernenden und Lehrkraft. Schließlich können Materialien und Medien aufgeführt werden. Dadurch kann die Lehrkraft im Vorfeld überprüfen, ob sie alle benötigten Dinge „beisammen hat". Zudem dient der Inhalt der Spalte als Erinnerungshilfe in der Stresssituation Unterricht. Zusätzlich kann es sinnvoll sein, im Vorfeld grob zu überlegen, wie das Tafelbild aussehen soll, gerade wenn dies als zentrales Sicherungsinstrument vorgesehen ist. Ein Beispiel für den Tafeleinsatz findet sich in Kap. 4.6.

Thema: Wenn der Augapfel zu lang ist

- Unterrichtsziele: Die Schülerinnen und Schüler sollen ...
  - mithilfe der optischen Bank erklären, dass bei Kurzsichtigkeit keine punktförmige Abbildung eines Gegenstands auf der Netzhaut erfolgt.
  - ...

Ziele präzise notieren

Zeit	Aktivitäten	Sozialform	Materialien/Medien
09:25	Begrüßung und Einstieg		
	„Betrachtet euch bitte die folgende Abbildung. Sie stellt dar, wie Thomas, wenn er etwa 8 Meter von der Tafel entfernt ist, das Tafelbild sehen kann. Versucht bitte, seinen Seheindruck zu beschreiben, und überlegt anschließend, worin die Ursache für seinen Seheindruck bestehen kann."	Plenumsunterricht	Overhead-Projektor, Folie – unscharfes Tafelbild
	...		
09:35	Erarbeitung		
	„Eure Aufgabe ist es nun, die Vermutungen, die formuliert wurden, mithilfe der optischen Bänke zu überprüfen. Ihr habt dazu 30 Minuten Zeit." *Nicht vergessen, Regeln für die Gruppenarbeit zu wiederholen und Rolleneinteilung zu überprüfen!* SuS arbeiten an den optischen Bänken, L. unterstützt bei Bedarf	Gruppenunterricht	4 optische Bänke mit Korrekturlinsensets, 2 Augenmodelle, Zeichenvorlagen
	...		

Gelenkstellen ausformulieren

Tatsächliche Unterrichtszeit aufschreiben, damit keine Umrechnung in der Stunde notwendig ist

Wie Kurzsichtigkeit korrigiert werden kann

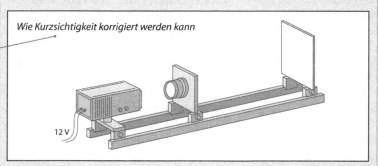

12 V

Tafelbild vorher als Erinnerungs- und Strukturierungshilfe skizzieren

Bemerkungen als Erinnerungshilfen für den Fall der Wiederholung des Unterrichts

Bemerkungen:
Einstieg über farbige Kontaktlinsen in 7a ist auf größeres Interesse gestoßen als unscharfes Tafelbild in 7b, es war aber schwer, anschließend den Blick auf die Ursache der Kurzsichtigkeit zu richten.

Beispiel für eine Verlaufsskizze des Unterrichts

Unterrichtsmethoden wählen

4.1 Geeignete Unterrichtseinstiege wählen
Petra Baisch

Es gibt viele Möglichkeiten, Unterrichtsstunden zu beginnen. In diesem Kapitel werden verschiedene Formen von Unterrichtseinstiegen mit den jeweils mit ihnen verfolgten Zielen vorgestellt.

Ein Unterrichtseinstieg ist mehr als ein Unterrichtsbeginn

> **Beispiele: Häufiger Unterrichtsbeginn**
> „Holt bitte eure Hausaufgaben heraus! Wer möchte seine Ergebnisse vorlesen?"
> „Wer von euch weiß noch, womit wir uns in der letzten Stunde beschäftigt haben?"

Diese oder ähnliche Fragen stehen häufig am Beginn einer Unterrichtsstunde. Die erste Frage ist ein Beispiel für ein Stundeneröffnungsritual, das vor der eigentlichen inhaltlichen Arbeit abläuft. Solche Rituale dienen der Rhythmisierung des Schulalltages und geben den Lernenden die Möglichkeit, im Unterricht anzukommen. Sie ermöglichen damit Orientierung und Verlässlichkeit im Schulalltag.

Nicht jeder Unterrichtsbeginn dient dem Einstieg in ein neues Thema

Die zweite Frage ist ein Beispiel für eine Übung zum stofflichen Aufwärmen. Sie dient der thematischen Anknüpfung an die vorangegangene Unterrichtsstunde in möglichst kurzer und konzentrierter Form, um z. B. Arbeitsergebnisse wieder ins Gedächtnis zu rufen (GREVING/PARADIES 2011, 19). Von den beiden genannten Formen des Unterrichtsbeginns unterscheidet sich der Unterrichtseinstieg, der stets auf ein Thema bezogen ist, das für die Lernenden erschlossen werden soll (vgl. MEYER 2007, 122).

Funktionen des Unterrichtseinstiegs

Der Unterrichteinstieg besitzt eine kognitive, eine affektive und zuweilen auch eine psychomotorische Dimension. Er soll bei den Lernenden

- eine Fragehaltung hervorrufen,
- Neugierde erzeugen,
- Interesse und Aufmerksamkeit für das neue Thema wecken,
- Vorkenntnisse und Vorerfahrungen aktivieren und
- die Verantwortungsbereitschaft wecken, die weiteren Schritte mitzuplanen und mitzubestimmen,
- über den geplanten Verlauf des Unterrichts informieren,
- Kenntnisse in Frage stellen oder verfremden (GREVING/PARADIES 2011, 15).

Der informierende Unterrichtseinstieg ist stark kognitiv ausgerichtet

Im Idealfall werden die Lernenden motiviert, Neues an Bekanntes anzubinden und sich aktiv auf das neue Thema einzulassen. Der sogenannte informierende Unterrichtseinstieg ist stark kognitiv ausgerichtet und verzichtet auf eine gesonderte Motivierung. Bei dieser Form werden die Lernenden von der Lehrkraft über das Thema, dessen Bedeutung und den Ablauf einer Unterrichtsstunde informiert. Es wird dabei davon ausgegangen, dass die Lernenden nicht durch irgendwelche „Tricks" zu motivieren sind, sondern sich nur Lernbereitschaft entwickelt, wenn eine klare Präsentation der zu lernenden Inhalte erfolgt (vgl. GRELL/GRELL 2000, in GREVING/PARADIES 2011, 23). Der Vorteil der Transparenz des Lernprozesses wird beim informierenden Unterrichtseinstieg dadurch erkauft, dass den Lernenden die Chance genommen wird, sich selbst in den Unterrichtsinhalt hineinzudenken (MEYER 2007, 137).

Formen des Unterrichtseinstiegs
Je nach Unterrichtsinhalt, Lerngruppe und Lehrkraft kann aus einer Fülle von Unterrichtseinstiegen gewählt werden. Immer ist bei der Auswahl aber zu beachten, dass der Unterrichtseinstieg als methodisches Element der didaktischen Konstruktion folgt und damit den didaktischen Überlegungen untergeordnet ist.

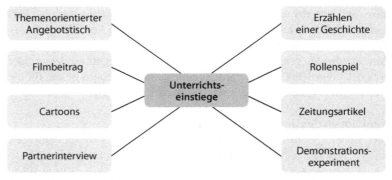

Formen des Unterrichtseinstiegs

Ausgewählte didaktische Funktionen näher beleuchtet
Eine wichtige Funktion des Unterrichtseinstiegs ist es, bei den Lernenden Interesse für den Unterrichtsgegenstand zu wecken. Lernen mit Interesse gilt als nachhaltiger als Lernen ohne Interesse (vgl. VOGT/KRÜGER 2007, 10 f.).

Häufig stehen Lernende einem neuen Unterrichtsthema zunächst indifferent gegenüber und die Entscheidung zur Auseinandersetzung mit dem Unterrichtsgegenstand ist meist extrinsisch motiviert. Der Unterrichtseinstieg hat seine Funktion dann erfüllt, wenn es gelingt, eine Beziehung zwischen dem Unterrichtsinhalt und dem einzelnen Lernenden herzustellen. Interesse kann auf verschiedene Weise geweckt werden, z. B. durch Emotionalisierung, anregungsreiche Kontexte oder kognitive Aktivierung.

Emotionalisierung findet dann statt, wenn Gefühle, Einstellungen und Werthaltungen aktiviert werden. Ziel ist es, den Unterrichtsgegenstand mit positiven Gefühlen und Erlebnisqualitäten zu verbinden und subjektiv bedeutsam werden zu lassen. Besondere Nähe schaffen Erzählungen über selbst erlebte Ereignisse. Auch die Auseinandersetzung mit autobiografischen Erzählungen kann Nähe zwischen den Lernenden und dem Unterrichtsinhalt schaffen. Ein Beispiel dazu findet sich online auf der Homepage der PH Weingarten. Interesse durch kognitive Aktivierung entsteht dann, wenn die Lernenden ihr Wissen und ihre Fähigkeiten bezüglich des Gegenstandes erweitern wollen. Ausgangspunkt ist dabei, dass die Lernenden die Grenzen ihrer bisherigen Erklärungen wahrnehmen.

Ergänzendes Online-Material unter www.ph-weingarten.de/biologie/buplanen.php

Bei der Kontextualisierung kann Interesse durch die selbstverantwortliche Bearbeitung ausgewählter Materialien entstehen, die unterschiedliche Zugangsweisen bieten. Die Förderung der Methodenkompetenz ist neben der Erarbeitung der Inhalte eine zentrale didaktische Funktion dieses Unterrichtseinstiegs.

> **Beispiel für einen kognitiv aktivierenden Unterrichtseinstieg**
> Mithilfe eines Versuchskits zur „Additiven Farbmischung" und dem Tageslichtprojektor werden die Farben Rot, Grün und Blau an die Wand projiziert. Durch Überlagerung der Farbkreise entstehen neue Farbeindrücke (z. B. rotes und grünes Licht = gelbes Licht), bei Überlagerung aller drei Lichtkegel nimmt man den Farbeindruck Weiß wahr. Da die bisherigen Erfahrungen der Schüler mit dem Mischen von Farben auf dem Prinzip der „subtraktiven Farbmischung" beruhen, wird das Phänomen der „additiven Farbmischung" vermutlich einen kognitiven Konflikt auslösen und eine Reihe von Fragen provozieren.

Im naturwissenschaftlichen Unterricht steht häufig ein beobachtbares Phänomen am Beginn des Unterrichts, aus dem sich für die Lernenden eine oder mehrere Fragen ergeben. Die Auswahl des Einstiegsphänomens ist dabei von zentraler Bedeutung für das Gelingen des weiteren Vorgehens. Es muss für die Lernenden zugänglich sein, indem es Bekanntes und Unverstandenes kombiniert und sie anregt, sich mit dem Phänomen aktiv geistig auseinanderzusetzen (vgl. MEISERT 2010, 261 f.). Dabei werden die Lernenden Ideen zur Erklärung des Phänomens äußern, die auf ihren vorhandenen Vorstellungen beruhen. Häufig stehen diese nicht mit den wissenschaftlichen Vorstellungen in Einklang, sodass ein kognitiver Konflikt entsteht. Dieser kann die Lernenden im Idealfall motivieren, nach einer Lösung für das aufgeworfene Problem zu suchen (vgl. WEITZEL 2010b, 100).

> **Beispiel für einen Vorkenntnisse aktivierenden Unterrichtseinstieg**
> Nachdem die Ursachen von Fehlsichtigkeiten erarbeitet wurden, finden die Schüler einen Angebotstisch mit Materialien und Informationen zur Blindenschrift, verschiedenen präparierte Brillen, Materialien und Aufgaben zu partiell-funktionalen Sehbehinderungen (z. B. Nachtblindheit, Farbenblindheit) vor.

Bei diesem Unterrichtseinstieg (z. B. durch einen Angebotstisch) steht das neue Thema ohne Verfremdung oder Verrätselung im Mittelpunkt, die Lehrperson tritt zurück. Ihre Aufgabe besteht darin, die Unterrichtsstunde bzw. -einheit im Vorfeld zu strukturieren und die jeweiligen Materialien zu erstellen bzw. zur Verfügung zu stellen. Die Materialien sollten dabei einerseits einen handelnden Umgang mit dem Thema zulassen (z. B. Erkundungen, Experimente) und andererseits unterschiedliche Zugangsweisen zum Thema eröffnen. Die Lernenden studieren zu Beginn der Stunde das Angebot und entscheiden sich für eines und erarbeiten sich den entsprechenden Arbeitsschwerpunkt mithilfe des Materials bzw. der Handlungsaufforderung selbstständig. Die Ergebnisse werden dokumentiert und im Anschluss den Mitschülern präsentiert (vgl. GREVING/PARADIES 2011, 48 f.).

4.2 Das methodische Handeln reflektieren
Petra Baisch

In diesem Kapitel wird zunächst ein Überblick über das methodische Handeln im Biologieunterricht gegeben (siehe auch SPÖRHASE/RUPPERT 2010), bevor im Folgenden der Fokus auf die Auswahl von Sozialformen und Handlungsmustern gerichtet wird. Geklärt wird, was unter den Handlungsmustern bzw. fachgemäßen Arbeitsweisen im Biologieunterricht zu verstehen ist und wie diese die Wahl der Sozialform bestimmen. Das Kapitel schließt mit einem Beispiel zur Wahl der Handlungsmuster und der jeweiligen Sozialformen.

Die Planung einer Unterrichtsstunde wird von uns in vier Schritte unterteilt (siehe Kap. 3.1). Schritt 4 umfasst deren methodische Konstruktion. Wird ein weitgefasster Methodenbegriff zugrunde gelegt, lassen sich Unterrichtsmethoden als Formen und Verfahren definieren, in und mit denen sich Lehrende und Lernende unter institutionellen Rahmenbedingungen Kompetenzen aneignen. Unterrichtsmethoden haben zunächst eine formale Seite, die Formen der Kommunikation und der zeitlichen Untergliederung des Lernprozesses umfasst. Sie haben zudem eine inhaltliche Seite, da sie im Hinblick auf die Inhalte und Ziele ausgewählt werden, die mit dem Biologieunterricht erreicht werden sollen. Ihre Wahl hängt zudem von institutionellen Rahmenbedingungen wie curricularen Vorgaben, den Voraussetzungen der Lernenden und der Haltung der Lehrkraft ab (vgl. MEYER 2006).

Unterrichtsmethoden, -ziele und -inhalte stehen in enger Wechselwirkung miteinander

Unterrichtsmethoden können auf drei hierarchischen Ebenen betrachtet werden: der Makro-, Meso- und Mikromethodik.

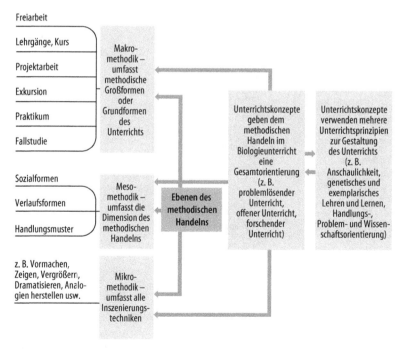

Das methodische Handeln im Unterricht (nach SPÖRHASE 2010a, 12)

4.2 Das methodische Handeln reflektieren

Die *Makromethodik* umfasst Grundformen des Unterrichts wie z. B. Freiarbeit oder Exkursion. Der tausendfach an jedem Schultag in deutschen Klassenzimmern zu findende Biologieunterricht entspricht dabei der Grundform des Lehrgangs oder Kurses.

Die *Mikromethodik* umfasst grundlegende Interaktionstechniken des Unterrichtens wie beispielsweise Impulse zu geben, sprachlich zu modellieren, alternative Formulierungen und Metaphern zu verwenden usw. Es handelt sich also um „Inszenierungstechniken" in unterrichtlichen Lehr-Lern-Situationen (MEYER 2004, 75).

Im Mittelpunkt dieses Kapitels steht die Ebene der *Mesomethodik*, weil diese bei der Unterrichtsplanung zunächst die größte Relevanz hat. Bei der Planung der Mesomethodik können drei aufeinanderfolgende Schritte beschrieben werden: die Auswahl der

- Verlaufsform,
- Handlungsmuster,
- Sozialform.

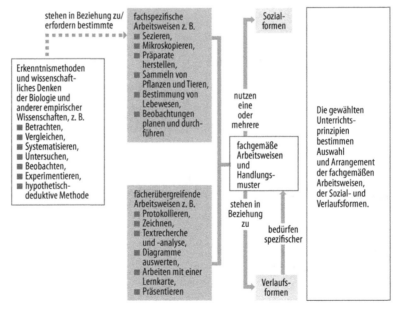

Ebenen der Mesomethodik (grau hinterlegt) im Biologieunterricht (verändert nach SPÖRHASE *2010a, 15)*

Schritt 1: Verlaufsformen auswählen

Die Verlaufsformen des Unterrichts, Einstieg – Erarbeitung – Ergebnissicherung – Vertiefung – Schluss, bilden den Grundrhythmus des Unterrichts. Diese einzelnen Unterrichtsschritte werden jeweils durch bestimmte Handlungsmuster gestaltet, die wiederum eine oder mehrere Sozialformen nutzen.

Schritt 2: Handlungsmuster auswählen

Handlungsmuster sind Lehr-Lern-Formen im Unterricht. Zu den allgemeinpädagogischen Handlungsmustern zählen z. B.:

- Vortragsformen (z. B. Lehrervortrag, Schülerreferat)
- Gesprächsformen (z. B. gelenktes Unterrichtsgespräch, Schülergespräch, Streitgespräch)
- Spielformen (z. B. Rollenspiel, Planspiel, Simulationsspiel)
- Tafelarbeit
- Textarbeit
- ...

Aus der Wahl der Handlungsmuster ergibt sich auch die Wahl der Medien

Im Biologieunterricht existiert darüber hinaus eine Vielzahl von Handlungsmustern, die der Aneignung fachbezogener Kompetenzen dienen. In der Regel werden alle im Biologieunterricht eingesetzten Handlungsmuster als fachgemäße Arbeitsweisen bezeichnet. SPÖRHASE (2010a, 16 f.) unterteilt diese in folgende Gruppen:

Die für den Biologieunterricht relevanten Handlungsmuster werden auch als fachgemäße Arbeitsweisen bezeichnet

Fachgemäße Arbeitsweisen der Biologie (verändert nach SPÖRHASE 2010a, 16 f.)

Fachgemäße Arbeitsweisen	Beispiele
1. Lern- und Prüfungstechniken	• kooperative Arbeitstechniken, z. B Gruppenpuzzle • Erstellen von Concept Maps
2. Techniken zur Nutzung von Informationstechnologien und -ressourcen	• Nutzung von Onlineressourcen • Literaturrecherche und -beschaffung und Bewertung der Informationen
3. Techniken zur Kommunikation wissenschaftlicher Informationen	• mündliche Präsentationen mit PowerPoint oder Poster • Beschreibung von praktischen Arbeiten, z. B. Bericht
4. Labortechniken	• sterile Arbeitstechniken • Lösungen ansetzen (z. B. Pufferlösungen)

Fachgemäße Arbeitsweisen	Beispiele
5. Untersuchungstechniken und -methoden	• Beobachtungen planen und durchführen • Probeentnahmen (z. B. Bodenproben)
6. Techniken zur Sammlung und Identifizierung von Organismen	• Sammeln von Pflanzen und Tieren • Fixieren und Präparieren von Pflanzen und Tieren
7. Techniken zur Veränderung und Untersuchung von Organismen	• Mikroskopieren • Messung von Wachstum und Verhalten
8. Techniken zur Analyse und Darstellung der Daten	• Diagramme oder Tabellen erstellen

Handlungsmuster sorgen aufgrund ihrer Vertrautheit für einen reibungslosen und ökonomischen Ablauf des Unterrichts. Allerdings hängt der erfolgreiche Unterrichtsverlauf maßgeblich von den Handlungskompetenzen der Lehrenden und Lernenden ab. Deshalb sollten einige grundlegende Überlegungen bei der Auswahl der fachspezifischen Handlungsmuster angestellt werden:

Checkliste: Auswahl der Handlungsmuster

- Verfügen die Lernenden über die notwendigen Fähigkeiten im Umgang mit den gewählten fachgemäßen Arbeitsweisen?
- Wie können die Lernenden beim selbstständigen Arbeiten unterstützt werden?
- Sind die für den Unterricht ausgewählten Handlungsmuster ausgewogen und vielfältig?
- Welche Sozialformen sollen genutzt werden?
- In welcher Phase des Unterrichts kommen die fachgemäßen Arbeitsweisen zum Einsatz? Steht ausreichend Zeit zur Verfügung?

Schritt 3: Sozialformen auswählen

Es gibt nur vier verschiedene Sozialformen, alle weiteren sind Mischformen oder alternative Bezeichnungen

Es lassen sich nach Art der Beziehungs- und Kommunikationsstruktur vier Sozialformen (Frontal-, Gruppen, Partner und Einzelunterricht) unterscheiden (MEYER 2006, 138), die mit Blick auf die zu erreichenden Ziele ausgewählt werden müssen. Mit großer Wahrscheinlichkeit werden in einer Unterrichtsstunde mehrere, möglicherweise sogar alle Sozialformen ihren Platz finden.

Generell gilt, dass jede Sozialform vor dem Hintergrund ihrer didaktischen Funktion reflektiert und abwechslungsreich eingesetzt werden sollte. Wird etwa zur Erarbeitung eines Themas die Sozialform Gruppenunterricht gewählt, sollte das Thema für ein selbstständiges Erarbeiten durch die Lernenden auch geeignet sein. Dazu zählt auch, dass alle Lernenden innerhalb der Gruppe eine Aufgabe übernehmen können sollten. Sollen die Lernenden intensiv über den Lerngegenstand diskutieren und dies zunächst in einem geschützten Rahmen, also ohne die Gefahr, sich vor anderen bloßzustellen, kann der Partnerunterricht die geeignete Sozialform sein: Hier tauschen sich die Lernenden miteinander aus und unterstützen sich gegenseitig, aber gruppendynamischen Prozesse, die eine inhaltliche Auseinandersetzung erschweren können, entfallen. Zuweilen gibt es aber auch ganz pragmatische Gründe, die bei der Wahl der Sozialform eine Rolle spielen, z. B., wenn der Lerngegenstand (ein Präparat oder ein lebendes Objekt) nur in geringer Anzahl vorhanden ist und mehrere Lernende sich ein Objekt teilen müssen. Zudem können in der Partner- oder Gruppenarbeit gezielt die Stärken von Lernenden genutzt werden: Bei einer leistungsheterogenen Zusammensetzung können sowohl die Schwächeren profitieren, da sie beispielsweise beim Erfassen der Aufgabenstellungen und der Problemlösung partnerschaftlich unterstützt werden können. Die leistungsstärkeren Lernenden profitieren durch die Verbalisierung ihrer Gedanken, durch das Umstrukturieren und Verständlichmachen des Bearbeiteten sowie durch ein individuelles Kompetenzerleben. Die Einzelarbeit ist dann die angemessene Sozialform, wenn die Lernenden bestimmte Inhalte individuell verarbeiten sollen. Dies ist meist in Phasen des Übens und Wiederholens der Fall oder auch beim Lösen von Anwendungsaufgaben.

Es gibt keine „richtige" Sozialform

Checkliste: Auswahl der Sozialformen

- Entspricht die gewählte Sozialform dem gewählten Handlungsmuster und der didaktischen Intention?
- Wie erfolgt die Einteilung der Lernenden bei Partner- und Gruppenarbeit (z. B durch die Lehrperson, zufällig)?
- Gibt es zwischen einzelnen Lernenden Konflikte, die bei der Einteilung berücksichtigt werden müssen?
- Im Fall einer Gruppenarbeit: Soll die Gruppe leistungshomogen oder leistungsheterogen zusammengesetzt sein?

Beispiel für die Auswahl eines Handlungsmusters

Bei der Planung von Unterricht gilt es, eine Vielzahl von methodischen Entscheidungen auf verschiedenen Ebenen zu treffen. In jeder Unterrichtsphase werden allgemeine Handlungsmuster und/oder fachgemäße Arbeitsweisen ausgewählt und Lerninhalte im Rahmen von Sozialformen vermittelt. Im Folgenden wird an einem Beispiel der Zusammenhang zwischen der begründeten Wahl der Handlungsmuster und der Sozialform dargestellt und die jeweilige didaktische Funktion reflektiert.

Präparation eines Schweineauges

Sollen die Lernenden einen vertieften Einblick in die Strukturen eines Linsenauges gewinnen, bietet sich das Handlungsmuster des Untersuchens und Präparierens an. Um ein fachgemäßes Vorgehen und den angemessenen Gebrauch der Materialien zu gewährleisten, findet der Einstieg in Form des Frontalunterrichts statt. Die Lehrperson hat so die Möglichkeit, eine Orientierungsgrundlage bei allen Lernenden zu schaffen. Auf diese Weise kann die Zerstörung der Präparate durch Unkenntnis vermieden werden. Die Erarbeitung findet in Partnerarbeit statt. Dazu bietet sich zum einen die Größe des Objektes an, zum anderen ist bei dieser Sozialform ein hoher Grad an Eigenaktivität möglich. Die Lernenden können sich bei der Präparation gegenseitig unterstützen und ihre Beobachtungen diskutieren. Die originale Begegnung mit dem Objekt ermöglicht vertiefte Einsichten über die Eigenschaften der jeweiligen Strukturen (z. B. der zähen Konsistenz der Lederhaut). Auch Ekelgefühlen kann in diesem Rahmen Raum gegeben werden.

Die Ergebnissicherung findet, wie der Einstieg, frontal statt. Die Ergebnisse der Beobachtung werden gebündelt, durch die Lehrperson strukturiert und gemeinsam geklärt. So werden die zentralen Arbeitsergebnisse gesichert.

4.3 Unterrichtsgespräche planen
Sonja Schaal

In diesem Kapitel werden die verschiedenen Funktionen von Unterrichtsgesprächen im Biologieunterricht dargestellt. Anhand von Beispielen wird erläutert, wie mithilfe gezielter Fragen und Impulse Unterrichtsgespräche geführt und moderiert werden können.

Das Unterrichtsgespräch gehört zu den am häufigsten eingesetzten Lehr- und Arbeitsformen im Unterricht. Inhaltlich angemessene und gut verständlich geführte Unterrichtsgespräche können einerseits der Erkenntnisgewinnung dienen. Sprache wird hierbei als Lernmittel eingesetzt, um beispielsweise gemeinsam auf die Lösung eines Problems zu kommen (siehe auch Kap. 4.4).

Andererseits ist die Sprache auch Ausdruck für die Beziehungsebene, auf der sich die am Gespräch Beteiligten befinden. Ein auf der Inhaltsebene gut geplantes Unterrichtsgespräch kann dennoch scheitern, wenn die Beziehungsebene nicht stimmt.

Umgekehrt gilt dasselbe: Eine gute Beziehungsebene führt nicht automatisch zu einer gelingenden Kommunikation, wenn der Inhalt des Gesprochenen für den oder die Gesprächspartner unverständlich ist. Das Gelingen oder Scheitern eines Unterrichtsgesprächs wird also von beiden Aspekten bestimmt.

Im Folgenden soll beleuchtet werden, wie Sie gute Voraussetzungen für ein gelingendes Unterrichtsgespräch schaffen können.

Unterrichtsgespräche vorbereiten

Unterrichtsgespräche leben davon, dass sich möglichst viele Schülerinnen und Schüler daran beteiligen. Mit diesem Ziel vor Augen scheint eine konkrete Planung des Unterrichtsgesprächs schwierig zu sein, da man im Voraus nicht festlegen kann, was die einzelnen Gesprächsteilnehmer sagen werden. Was jedoch gut geplant werden kann, sind die Zielsetzungen und damit die Form des Gesprächs, der Ort im Unterichtsverlauf und die möglichen Interaktionen der Lehrkraft.

Die Abbildung auf der folgenden Seite zeigt drei Schritte, um die Planung von Unterrichtsgesprächen zu strukturieren.

Die auf S. 63 f. dargestellten Auszüge aus einem exemplarischen Unterrichtsgespräch knüpfen inhaltlich an das Beispiel zum Beobachten des Pupillenspiels im folgenden Kap. 4.4 und die dort zusammengefassten Planungsschritte für einen problemorientierten Unterricht mit biologischen Arbeitsweisen an.

Die vier voneinander abgegrenzten Kästen zeigen unterschiedliche Gesprächsformen, die innerhalb eines Unterrichtsgesprächs ineinander übergehen. Im Anschluss an die Darstellung der Beispiele folgen eine inhaltliche Strukturierung und Zusammenfassung der Gesprächsformen sowie eine zusammenfassende Tabelle zum Einsatz von Fragen und Impulsen in der unterrichtlichen Gesprächsführung.

Planungsschritte bei der Vorbereitung von Unterrichtsgesprächen

Beispiel „Inhalte wiederholen"

Lehrkraft: *In der letzten Stunde habt ihr euer Auge betrachtet und eine Skizze erstellt. Peter, kannst du uns bitte nochmals zwei von außen sichtbare Strukturen nennen?*
P: *Also ich hab die Augenlider und die Wimpern gezeichnet.*
L: *Gut, Peter. Wer kann weitere Strukturen ergänzen?*
F: *Ich hab noch das Weiße … wie heißt das nochmal?*
L: *Kann jemand Frieder auf die Sprünge helfen? Ja, Hanna.*
H: *Das Weiße ist die Hornhaut.*
F: *Ach ja, Hornhaut. Dann hab ich noch die Iris und die Pupille.*

— Rekonstruktion des bereits behandelten Stoffes, Anbindungsfähigkeit wird geschaffen

— Aktivierung mehrerer Lerner durch auffordernde Fragen

Beispiel „Aufgaben stellen"

L: *Ich habe vorher drei eurer Skizzen ausgewählt und auf Folie kopiert. Bitte vergleicht die Skizzen. Wo könnt ihr Unterschiede erkennen? Ja, Sabrina.*
S: *Eine der Zeichnungen ist mit Filzstift gemalt.*
L: *Ja, das stimmt. Das ist für wissenschaftliche Skizzen ungünstig. Ich meine aber, ihr sollt Unterschiede in der Struktur der Augen finden.*
H: *In der ersten Skizze sind die Pupillen größer als in den anderen beiden.*

— Instruktion: L fordert gezielte Handlung

— Missverständnis auf der Inhaltsebene

— Präzisierung der Instruktion. Eindeutigkeit und Verständlichkeit schaffen

Beispiel „Inhalte klären"

L: *Aha! Kennt ihr dieses Phänomen aus eurem Alltag?*
P: *Ja. Die Pupillen ändern ständig ihre Größe.*
I: *Wenn man tot ist aber nicht mehr. Das prüfen doch die Ärzte.*
M: *Quatsch, die prüfen den Puls und ob das Herz noch schlägt.*
L: *Bleiben wir mal bei den Lebenden und bei den Pupillen.*
H: *Ich glaube, das hängt mit dem Licht zusammen.*
M: *Ja, wenn man in die Sonne schaut, sind die Pupillen ganz klein.*

— Erkundung von Kenntnissen, Vorstellungen und Erfahrungen der Lernenden

— Eingrenzung des Lernstoffs

Strukturierender Impuls (häufig auch als Gelenkstelle bezeichnet)	**Beispiel „Inhalte erarbeiten"** L: *Also fassen wir das mal zusammen. Was haben wir beobachtet?* P: *Unsere Pupillen sind nicht immer gleich groß.*
Erster Planungsschritt der Problemorientierung: Problemstellung, Forschungsfrage und Hypothese formulieren	L: *Richtig. Und welche Frage versuchen wir jetzt zu klären?* I: *Die Frage ist, woran das liegt. Und ich glaube, das liegt am Licht.* L: *Okay. Ida formuliert eine Frage und stellt auch gleich eine Hypothese dazu auf. Wer formuliert das so, dass wir es aufschreiben können?* Problem, Fragestellung und Hypothese werden formuliert und notiert.
Zweiter Planungsschritt der Problemorientierung: Durchführung des Experiments, Festlegen der zu kontrollierenden Variablen	H: *Ich hab eine Idee, wie wir das testen können. Wir machen die Jalousien runter und schauen die Pupillen an und dann machen wir sie wieder hoch.* I: *Oder wir könnten auch Taschenlampen verwenden, wie die Ärzte.* M: *War ja wieder klar. Du kuckst immer solche Schrott-Ärzte-Sendungen – völlig verblödet.*
Moderierender Impuls auf der Beziehungsebene	L: *Markus, bitte beruhige dich. Kannst du dir denn vorstellen, dass Idas Idee funktioniert?* M: *Ja, schon. Aber wir müssen dann schon den Raum dunkel machen. Sonst ist es insgesamt zu hell.*
Dritter Planungsschritt der Problemorientierung: Durchführung des Experiments	Das Experiment wird weiter geplant, vorbereitet und schließlich durchgeführt.
Vierter Planungsschritt der Problemorientierung: Auswertung und Verbalisierung der Ergebnisse	L: *Nun bin ich gespannt. Was konntet ihr beobachten?* P: *Also bei mir und Markus klappt's. Immer wenn ich in sein Auge leuchte, wird die Pupille klein und danach wieder größer.* L: *Kann jemand beschreiben, was mit der Pupille passiert, in die nicht geleuchtet wurde?* H: *Uns ist aufgefallen, dass immer beide Pupillen kleiner werden, auch wenn ich nur in ein Auge von Ida leuchte.* …
Öffnungsgrad der Frage wird reduziert. Antworten müssen präziser werden (Fokussierung)	
Fünfter Planungsschritt der Problemorientierung: Deutung der Ergebnisse	Die Ergebnisse werden verglichen und schließlich in Hinblick auf die Hypothese ausgewertet und gedeutet. Ein Protokoll mit Zeichnung kann erstellt werden.

Formen des Unterrichtsgesprächs

In diesem exemplarischen Unterrichtsgespräch kommen drei unterschiedliche Gesprächsformen vor, die sich in ihrem Zweck unterscheiden und deshalb an unterschiedlichen Orten im Unterricht eingesetzt werden (siehe Randbemerkungen S. 63/64 und Tabelle auf den folgenden Seiten). Sie lassen sich einteilen in: Inhalte wiederholen, Aufgaben stellen und Inhalte erarbeiten. Alle drei Formen sind stark inhaltszentriert.

Unterrichtsgespräch ist nicht gleich Unterrichtsgespräch

Stärker inhaltsbezogene Gespräche erfordern eine gemeinsame Aufgabenbewältigung von Lehrenden und Lernenden (vgl. Bittner 2006). Sie sind zeitlich begrenzt und zeichnen sich durch eine Phrasierung der Redeanteile aus. Schüler, Schülerinnen und Lehrkräfte agieren jeweils in einem festgelegten Rollengefüge. Die Lehrkraft hat dabei je nach Kenntnisstand der Klasse mehr oder weniger Redeanteile. Ihre Beiträge können instruktiv sein, der Vermittlung von Inhalten dienen oder eher gesprächslenkenden Charakter im Sinne einer Moderation haben. Entsprechend variiert der Öffnungsgrad der Fragen. Je offener ein Gespräch geführt wird, desto breiter können die Antworten gefächert sein. Geschlossene Fragen lassen dagegen nur ein enges Spektrum an Antworten zu und sind damit fokussierter. Kompetenzen aus den Bereichen *Fachwissen, Erkenntnisgewinnung* und *Kommunikation* (KMK 2004a) lassen sich mit eher inhaltsbezogenen Gesprächen fördern. Dadurch haben diese eine hervorzuhebende Bedeutung im Biologieunterricht.

Unterrichtsgespräche, die mehr personengebundene Beiträge zulassen, sind stärker subjektbezogen. In ihnen wird bereits Gelerntes oder Erfahrenes verarbeitet. Sie ermöglichen dem Einzelnen eine konstruktive Auseinandersetzung mit dem erarbeiteten Inhalt, der persönlichen Erfahrung und dem individuellen Vorwissen. Ausschweifende Erzählungen aus der Betroffenheit eines Einzelnen bergen zwar die Gefahr der Monologisierung, sie tragen aber auch wesentlich zur sprachlichen Entwicklung bei. Solche Gespräche zeigen eine größere Ausprägung der demokratischen Gesprächskultur. Sie dienen der Meinungsbildung und dem Meinungsaustausch. Die Lehrkraft tritt zumeist als Moderatorin oder als gleichgestellte Gesprächspartnerin auf. Somit lassen sich schwerpunktmäßig die Kompetenzen aus den Bereichen *Kommunikation* und *Bewertung* (KMK 2004a) fördern.

In der folgenden Tabelle werden die verschiedenen Gesprächsformen mit ihren jeweiligen Funktionen und den Planungsschritten zusammenfassend dargestellt. Es sei darauf hingewiesen, dass keine eindeutige Trennschärfe hergestellt werden kann: In der Praxis zeigen sich immer fließende Übergänge (eine noch stärker differenzierte Einteilung der Gesprächsformen kann bei BITTNER 2006 nachgelesen werden). Der gezielte Einsatz von Fragen und Impulsen wird hier bereits mit aufgeführt und im Anschluss näher erläutert.

Aufgaben stellen und besprechen Gezielte Handlung einleiten, Arbeitsauftrag vermitteln L: *Bitte vergleicht die Skizzen der Augen. Wo könnt ihr Unterschiede erkennen?* An dieser Stelle können die Operatoren aus Kap. 4.7 verwendet werden.	**In jeder Unterrichtsphase möglich** • Klassengespräch • stark gelenkt • auffordern, erklären lassen, zusammenfassen lassen • motivieren, interessieren, ermutigen
Inhalte wiederholen Rekonstruktion, Anbindungsfähigkeit schaffen, Ergebnissicherung, Festigung L: *In der letzten Stunde habt ihr euer Auge betrachtet und eine Skizze erstellt. Peter, kannst du uns bitte nochmals zwei von außen sichtbare Strukturen nennen?*	**Einstieg, Sicherung, Abschluss** • in Klassen-, Gruppen- und Partnergesprächen • stark gelenkt • wiederholen lassen, umformulieren lassen, aufgreifen, erklären lassen, zusammenfassen lassen • motivieren, aktivieren, ermutigen, bestätigen, verstärken, kommentieren
Inhalte klären Eingrenzung und Definition des Lerninhalts, Erkundung von Kenntnissen, Vorstellungen und Erfahrungen der SuS L: *Aha! Kennt ihr dieses Phänomen aus eurem Alltag?* S1: *Ja. Die Pupillen ändern ständig ihre Größe.* S2: *Wenn man tot ist, aber nicht mehr. Das prüfen doch die Ärzte.* S3: *Quatsch, die prüfen den Puls und ob das Herz noch schlägt.* L: *Bleiben wir mal bei den Lebenden und bei den Pupillen.*	**Einstieg, Gelenkstelle, Sicherung** • Klassengespräch • mittlerer Lenkungsgrad, moderierend • bündeln, aufgreifen, fundiere lassen, folgern lassen, problematisieren lassen • bestätigen, zurückweisen, forcieren, kommentieren
Inhalte erarbeiten Erkenntnisgewinnung, Problemlösung mithilfe bereitgestellter Materialien oder Experimente L: *Also, fassen wir das mal zusammen. Was haben wir beobachtet?*	**Erarbeitung** (schließt häufig an Aufgabenstellung an) • vorbereitend im Klassengespräch, während der Erarbeitung in Gruppen- und Partnergesprächen

S1: *Unsere Pupillen sind nicht immer gleich groß.*
L: *Richtig. Und welche Frage versuchen wir jetzt zu klären?*
S2: *Die Frage ist, woran das liegt. Und ich glaube, das liegt am Licht.*
L: *Okay. Ida formuliert eine Frage und stellt auch gleich eine Hypothese dazu auf. Wer formuliert das so, dass wir das aufschreiben können?*
...
S4: *Ich hab eine Idee, wie wir das testen können. Wir machen die Jalousien runter und schauen die Pupillen an und dann machen wir sie wieder hoch.*

- mittlerer bis schwacher Lenkungsgrad, moderierend
- auffordern, umformulieren lassen, bündeln, aufgreifen, weiterführen lassen, fundieren lassen, erklären lassen, folgern lassen, problematisieren lassen
- motivieren, interessieren, ermutigen, kommentieren, forcieren, zurückweisen

Erfahrungen austauschen
Thematisierung sinnlicher Eindrücke, emotional gebundener Erlebnisse Einzelner oder der Gruppe zur Erweiterung und Vertiefung eines Sachverhalts.

S1: *Für mich war es ganz unangenehm, die Treppen mit verbundenen Augen zu steigen.*
S2: *Ja, aber man konnte sich gut an den lauter werdenden Geräuschen orientieren.*
S3: *Ich habe mich lieber am Geländer festgehalten. Ich hatte Angst, dass ich stolpere.*

Erarbeitung, Vertiefung, Sicherung, Abschluss (nach Sinneserlebnissen – dies können auch Texte oder Filme sein)

- in Klassen-, Gruppen- und Partnergesprächen
- mittlerer bis schwacher Lenkungsgrad, moderierend
- auffordern, erklären lassen, folgern lassen, bewerten lassen, beurteilen lassen
- aktivieren, ermutigen, verstärken, kommentieren

Meinungen bilden und diskutieren
Äußerung und Objektivierung subjektiver Theorien, Argumentieren, Erwerb von dialogischer Sozialkompetenz und Argumentationskompetenz

L: *Gibt es Gründe, die gegen eine Laser-OP am Auge sprechen?*
S1: *Ich weiß nicht. In einem Internetforum habe ich gelesen, dass man nach der Laserbehandlung auch blind werden kann.*
S2: *Ja, da wird viel erzählt. Der Laser verändert aber nur die Hornhaut. Wieso sollte man dabei blind werden?*

Vertiefung
- in Klassen-, Gruppen- und Partnergesprächen
- stark gelenkt bis nur moderierend
- umformulieren lassen, bündeln, weiterführen lassen, erklären lassen, bewerten lassen, beurteilen lassen
- aktivieren, ermutigen, verstärken, kommentieren, beruhigen, disziplinieren

Unterrichtsgespräche durch Fragen und Impulse steuern

Unterrichtsgespräche gekonnt aufzubauen, zu strukturieren und zielgerichtet zu lenken erfordert vonseiten der Lehrkraft eine hohe kommunikative Kompetenz. Diese beinhaltet die Kenntnis der unterschiedlichen Gesprächsformen, aber auch die Fähigkeit, Fragen und Impulse wie im dritten Planungsschritt (Abb. S. 62) beschrieben zielgerichtet einsetzen zu können, um mit den Schülern den jeweiligen Zweck des Gesprächs zu erreichen.

Lehrerfrage oder Impuls?

Peter, kannst du uns bitte nochmals zwei von außen sichtbare Strukturen des Auges nennen?

Wir sollten die von außen sichtbaren Strukturen des Auges nochmals benennen.

Fragen und Impulse haben in ihrer Wirkung auf die Lernenden zwar unterschiedliche Qualität, doch die Funktion im Unterrichtsgespräch ist meist vergleichbar (im Beispiel oben: die Wiederholung). Sie lassen sich (abgesehen von grammatikalischen Gesichtspunkten) nicht klar voneinander abgrenzen.

Funktionen von Fragen und Impulsen

Lehr-Lern-Impulse haben unterschiedliche Funktionen

Fragen und Impulse können im Unterrichtsgespräch folgende Funktionen erfüllen (verändert nach BITTNER 2006):

- **Aufforderung:** Im dialogischen Sinn ist die Aufforderung die verbale Initialzündung. *Kannst du das Phänomen beschreiben? / Erkläre das genauer.*
- **Wiederholen lassen/Umformulieren lassen:** Reflexionsvorgänge werden angeregt; Inhalte in eigene Worte fassen, Begriffe erläutern. *Was waren für dich die wichtigsten Handgriffe am Augenmodell, um das Abbild scharf zu stellen? / Wir sollten die von außen sichtbaren Strukturen des Auges nochmals benennen. / Kannst du das anders ausdrücken?*
- **Bündeln:** Unterschiedliche Beiträge von Lernenden zu einem Konsens bringen. *Ein Aspekt kam bei allen Versuchsbeschreibungen vor. / Kann man das zusammenfassen?*
- **Aufgreifen/Weiterführen lassen:** Sich dem Kern der Problems nähern, der Denkoperation eine Sachorientierung geben. *Man kann etwas Entscheidendes feststellen, wenn man die Pupille beobachtet, in die nicht geleuchtet wurde. / Was passiert danach?*

- **Fundieren lassen:** Inhaltlich magere Beiträge oder Vermutungen präzisieren und in einen Zusammenhang stellen, den Denkvorgang anstoßen. *Deine Vermutung kann am Modell überprüft werden. / Wie meist du das genau? / Wozu ist das gut?*
- **Erklären lassen:** Sachliches Verständnis verbalisieren, überprüfen. *Erkläre, warum du das Auge genau an dieser Stelle aufschneidest. / Kannst du das erklären?*
- **Folgern lassen:** Zusammenhänge herstellen. *Was schließt du aus der Beobachtung? / Die Auswertung der Versuche bestätigt unsere Hypothese nicht. Daraus müssen wir Schlussfolgerungen ziehen.*
- **Problematisieren lassen:** Eine Sache in Frage stellen, eine detaillierte Sichtweise veranlassen, Problembewusstsein schärfen. *Die Krankenkasse stimmt der Augen-OP nicht zu, obwohl sie helfen könnte. / Welches Problem zeigt sich jetzt bei der Durchführung des Experiments?*
- **Bewerten lassen:** Emotionale, subjektive Gesichtspunkte zulassen. *Blind geführt zu werden löst bestimmt unterschiedliche Gefühle aus. / Welchen Eindruck hattest du beim Beobachten?*
- **Beurteilen lassen/Argumentieren lassen:** Fordert sachgebundene Stellungnahme; Argumente dienen der Objektivierung. *Der Einsatz der Laser-OP kann durchaus unterschiedlich betrachtet werden. / Wie beurteilst du die Situation?*
- **Zusammenfassen lassen:** Zwischenbilanz ziehen, wesentliche Punkte sammeln, einen Schluss formulieren. *Einige Dinge sollten wir uns für die nächste Stunde merken. / Was waren die wesentlichen Aspekte?*

Neben den gemeinsamen Funktionen haben Frage und Impuls noch einige Besonderheiten. Um diese herauszustellen, werden Fragen und Impulse nochmals separat betrachtet.

Die Lehrerfrage

Eigentlich eine absurde Situation: Die Lehrkraft, der Experte im Unterricht, stellt eine Frage, und die Antwort soll von den Schülern, den Laien, gegeben werden. Die in der Reformpädagogik verpönte Lehrerfrage hat aber ihren Sinn. Natürlich will die Lehrkraft nicht vortäuschen, nichts zu wissen. Die didaktische Funktion der Lehrerfrage besteht vielmehr darin, den Fokus der Schüler gezielt auf etwas zu lenken, was für die Lernenden nicht automatisch ersichtlich ist, um damit den Erkenntnis- und Denkprozess anzustoßen.

Fragen lenken den Fokus

Für diese Fokussierung sind W-Fragen gut geeignet. Sie sind eng geführte Fragen mit geringem Öffnungsgrad. Gezielt eingesetzt, fordern sie die Lernenden auf, den Lerngegenstand oder eine Aussage unter präzisen Gesichtspunkten zu betrachten.

- *„Wie viele?"* fordert den Schüler auf zu zählen.
- *„Wo?"* erfordert eine präzise Angabe der Ortes oder der Lage (Beispiel: das Zählen und Lokalisieren der Druckpunkte an unterschiedlichen Körperstellen beim Untersuchen der Haut als Tastorgan).
- *„Welche Form?"* und *„Wozu?"* lenken auf den biologischen Zusammenhang von Form und Funktion (Beispiel: die Änderung der Linsenform bei der Akkomodation).

Die Frage ist stark an die Lehrerrolle und die Lehrtätigkeit geknüpft. Je mehr Fragen die Lehrkraft stellt, desto stärker lenkt sie damit das Unterrichtsgeschehen. Im Sinne der Schülerorientierung sollte der Einsatz von Fragen gezielt und dosiert geschehen.

Checkliste für die Formulierung von Fragen:

- Wurden Schlüsselfragen vor der Stunde ausformuliert?
- Wurde die Frage als Einzelfrage formuliert?
- Wird genügend Zeit zum Nachdenken eingeplant, bevor die nächste Frage gestellt wird?
- Ist die Frage präzise, eindeutig und verständlich formuliert?
- Ist daran gedacht, folgende Art des Fragens zu vermeiden?
  - Lückentextfragen (*„Der innerste Teil des Auges heißt ...?"*)
  - Ja/Nein-Fragen (*„Stimmt das?"*)
  - Bloßstellende Fragen (*„Marco, da du schwätzt, gehe ich davon aus, dass du bereits alles weißt. Also beantworte ..."*)

Impulse

Impulse können verbal, nonverbal und medial gesetzt werden

Während Fragen immer verbal sind, können Impulse auch nonverbal (durch Mimik und Gestik) und medial (durch Objekte, Texte, ein Experiment usw.) gesetzt werden. Generell haben nonverbale und mediale Impulse eine unterstützende Funktion. Der sogenannte *stumme Impuls* (meist medial) verzichtet ganz auf gesprochene Worte. Er stellt eine Handlungsaufforderung dar, die ganz unterschiedliche Reaktionen der Lernenden zulässt. Sein Einsatz ist an Stellen sinnvoll, an denen das Medium mehr aussagt, als Worte ausdrücken können. Ein stummer Impuls kann auch eine provokative Textzeile sein, die als Redeanlass dient (etwa: *„Sonnenbrand ist medizinisch gesehen eine Krankheit"*). Wichtig ist, zu bedenken, dass der stumme Impuls nicht dazu dient, auf einen bestimmten Fokus zu lenken, denn die Antworten können in ganz unterschiedliche Richtungen zielen (Beispiel oben: Entzündungsreaktionen der Haut und deren Symptome, Behandlungsmöglichkeiten, Maßnahmen zur Vorbeugung, Erlebniserzählungen, Appell an die Eigenverantwortung usw.). Er sollte daher nur dort eingesetzt werden, wo eine breite Streuung der Antworten ausdrücklich gewünscht ist und wo klar ist, wie mit der Streuung der Antworten später umgegangen werden soll.

Vom lehrerzentrierten Gespräch zum Schülergespräch
Bei einem Unterrichtsgespräch nimmt der Grad der Lehrerzentrierung ab, wenn die Lehrkraft es schafft, das Gespräch in wesentlichen Teilen den Schülern zu überlassen. Impulse, die zu einem selbstständigen Schüler-Schüler-Gespräch ermutigen, nennt man *Moderationsimpulse*. Die Lehrkraft erkennt, welche Verhaltensweisen der Fortführung des Themas dienlich oder hinderlich sind, und bedient sich verschiedener Impulse, die das Gespräch fördern. Dazu gehören auch Impulse mit einer disziplinarischen Wirkung.

Moderationsimpulse
Die Moderationsimpulse der Lehrkraft

- motivieren/aktivieren: *Es ist wichtig, eure Gedanken zu kennen.*
- interessieren: *Welcher dieser Aspekte betrifft euch persönlich?*
- ermutigen: *Ihr könnt das in euren eigenen Worten formulieren.*
- bestätigen, loben, verstärken: *Eine wichtige Frage! Der zweite Teil deiner Antwort, bringt uns weiter."* (Auch nonverbales Lob zählt.)
- kommentieren: *Eine Sache hast du vergessen. / Hier liegt ein Irrtum vor.*
- forcieren: *Das muss genauer beschrieben werden.*
- weisen zurück: *Du bist noch nicht dran. / Das kann man so nicht stehen lassen.*
- beruhigen: *Bleib sachlich! / Geduld!*
- disziplinieren: *Ich kann den Beitrag von Annette nicht hören, wenn mehrere gleichzeitig sprechen.*

Moderationsimpulse fördern das Schülergespräch

Durch Steuerungswinke zeigt man Präsenz, ohne das Gespräch zu unterbrechen

Zu viele Worte der Lehrkraft können einen guten Gesprächsverlauf auch unterbrechen. Steuerungswinke (BITTNER 2006) wie das Wiegen des Kopfes, ein Handzeichen oder ein kurzes „Aha!", „Wirklich?", „Ja?" können bereits ausreichen. Die Lernenden werden in ihrem Denkprozess nicht unterbrochen und die Lehrkraft zeigt dennoch Präsenz.

Der Umgang mit Schülerbeiträgen

Es ist ein gemeinsamer Lernprozess von Lehrenden und Lernenden, bis ein Gespräch, bei dem die Lehrkraft nur noch moderierende Funktion hat, stattfinden kann. Neben gezielt gestellten Fragen und gut gesetzten Impulsen entscheidet der Umgang mit Beiträgen der Lernenden über einen erfolgreichen Gesprächsverlauf.

Der Umgang mit den Antworten ist entscheidend für den Verlauf eines Gesprächs

Sollen Fragen oder Impulse zum Denken anregen, brauchen die Lernenden zunächst Zeit, um Antworten zu formulieren. Es ist also wichtig zu warten. Außerdem ist es ratsam, mehrere Schülerbeiträge zu hören. Eine sofortige Bestätigung, Verneinung oder Bewertung des Beitrags ist daher zu vermeiden. Je nach Funktion des Gesprächs kann überlegt werden, ob beim Aufrufen der Schüler das Motto „von den Schwachen zu den Starken" sinnvoll umzusetzen ist. Vielleicht möchte eine schwache Schülerin nicht nach dem Klassenprimus ihre Antwort preisgeben. Frustrationen sind aber auch bei den Engagierten zu vermeiden, denn allzu schnell kommt die Reaktion „Ich komme ja sowieso nicht dran". Eine gute Möglichkeit stellt das Gespräch in Kleingruppen oder in Teamarbeit dar, bevor eine Sammlung in der Klasse stattfindet. Die möglichen Antworten werden zunächst im „Schonraum"

Gespräche in der Kleingruppe beteiligen jeden Lernenden und dienen als Vorbereitung auf das Klassengespräch

der Kleingruppe diskutiert. Das hat mehrere Vorteile: Jeder in der Klasse kommt zu Wort. Liegt die Funktion des Gesprächs in der Erkenntnisgewinnung, ist es durchaus entscheidend, so viele Schüler wie möglich am Gespräch zu beteiligen. Darüber hinaus beteiligen sich auch die Schüchternen und Zaghaften, die vor der Klasse nicht sprechen möchten. Und auch die leistungsstarken und gesprächsfreudigen Schüler bekommen die ersehnte Redezeit. Nicht zuletzt lässt sich auf diese Weise das Risiko eindämmen, dass sich Einzelne ganz aus dem Unterrichtsgeschehen ausklinken.

Das Klassengespräch kann aufgrund dieser Vorbereitung stärker von den Lernenden dominiert werden und auch in eine stärkere Verarbeitungstiefe führen.

Ein Wechsel zwischen Klassen- und Kleingruppengesprächen führt folglich nicht nur zu für alle befriedigenden Gesprächssituationen, sondern auch zu einer intensiveren Förderung der kommunikativen Kompetenz im Biologieunterricht.

Alltags-, Unterrichts- und Fachsprache im Biologieunterricht

Der naturwissenschaftliche Unterricht soll die Lernenden in die Lage versetzen, mit verschiedenen Adressaten und Sprachgemeinschaften sachgerecht zu kommunizieren, sodass eine Teilhabe am öffentlichen Diskurs über naturwissenschaftliche Themen möglich ist (nach ENZINGMÜLLER ET AL. *2009; Bildungsstandards der* KMK *2004a).*

Wenn Kommunikation nach klassischen Sender-Empfänger-Modellen betrachtet wird (nachzulesen z. B. bei SCHULZ VON THUN, 2009 oder KULGEMEYER/ SCHECKER 2009), hängt ein Verständigungsprozess sowohl vom Sender als auch vom Empfänger ab. Ob der Empfänger tatsächlich Teilnehmer des kommunikativen Prozesses wird, liegt an der Attraktivität des Angebots durch den Sender und an den persönlichen sozialen Erfahrungen und Wissensstrukturen des Empfängers. Es kann nicht vorausgesetzt werden, dass das Gesagte im Sinne des Senders verstanden wird, wenn dieser die Voraussetzungen des Empfängers beim Formulieren nicht beachtet. Diese Schwierigkeit potenziert sich, wenn die Lehrkraft als Sender zu 30 Empfängern spricht. Die Planung eines Unterrichtsgesprächs muss sich demnach an den kommunikativen Fähigkeiten und dem Erfahrungshorizont der Lernenden orientieren. Dabei muss das Gesagte fachlich korrekt und konsistent bleiben.

Um diese zwei Aspekte gleichermaßen zu berücksichtigen, ist ein Wechsel zwischen Fach-, Alltags- und Unterrichtssprache notwendig.

Ausgangspunkt der Lernenden ist ihre *Alltagssprache,* in der sie ihre Vorstellungen zu einem Lerninhalt formulieren können. Aufgabe der *Unterrichtssprache* ist es, an den Alltagsvorstellungen anzuknüpfen, die Formulierungen zu schärfen und neue Begriffe auszuhandeln. Im Mittelpunkt steht dabei stets der Erkenntnisprozess. In der Unterrichtssprache wird aufgezeigt, wie das Kommunizieren über einen Inhalt durch Fachwörter erleichtert werden kann und über das Alltagsverständnis hinausführt.

Allerdings wird häufig im Unterrichtsgespräch das Beherrschen der Fachsprache in den Vordergrund gerückt. So besteht die Gefahr, dass unter dem Deckmantel von Fachtermini der Anschein erweckt wird, der Inhalt sei fachlich adäquat vermittelt, erklärt und, da die Lernenden mit entsprechenden Ausdrücken hantieren, auch verstanden. Das Beherrschen der Fachtermini wird bei einem solchen Vorgehen mit Verstehen gleichgesetzt. Den Unterricht und die darin ablaufenden Kommunikationsprozesse steuert dabei hauptsächlich die Lehrperson.

Richtig verwendete Fachwörter verweisen nicht zwingend auf ein Verständnis des Inhalts

> **Beispiel**
> L: *Wer kann erklären, was man unter Akkomodation versteht?*
> S: *Man kann Gegenstände scharf sehen, die nah am Auge sind.*
> L: *Ja, was ändert sich daher?*
> S: *Die Brechkraft?*
> L: *Gut, und was noch?*
> S: *Der Strahlengang?*
> L: *Ja, aber ich meine noch was anderes?*
> S: *Die Brennweite?*
> L: *Ja, wunderbar!*

Die Antworten der Lernenden stellen meist die Gegenfrage dar, ob das auswendig gelernte oder (zufällig) im Heft oder Buch gefundene Fachwort zur Lehrerfrage passt. Unklar bleibt bei einem solchen Vorgehen, ob Lehrkraft und Lernende den Fachwörtern die gleiche Bedeutung beimessen.

In Abgrenzung zum ersten Beispiel zeigt der folgende Dialog ein Vorgehen, bei dem Fachwörter kritisch diskutiert werden.

> **Beispiel**
> L: *Wie habt ihr es geschafft, am Augenmodell den kleinen Gegenstand scharf zu stellen?*
> S1: *Jana hat die Linse aufgepumpt. Das nennt man Akkomodation!*
> L: *Oh! Wer kann denn das Wort Akkomodation übersetzen?*
> S1: *Man kann Gegenstände scharf sehen, die nah am Auge sind.*
> S2: *Das Auge muss sich auf den Gegenstand einstellen.*
> S4: *Das ist also gewissermaßen die Scharfstellung.*
> L: *Welche Veränderungen passieren denn bei der Scharfstellung im Auge?*
> S3: *Die Brechkraft der Linse ändert sich.*
> L: *Kannst du das genauer erklären?*
> S3: *Hm, ich weiß nicht so genau, wie ich das erklären soll. Sie hat halt jetzt mehr Kraft, das Licht zu brechen.*
> L: *Was meinst du denn mit Kraft?*
> S4: *Ich glaube, Timo denkt, dass das Licht jetzt stärker in eine andere Richtung geschickt wird.*
> …

Werden von den Schülern unreflektiert und vorschnell Fachtermini verwendet, ist es die vorrangige Aufgabe der Lehrperson, Rückfragen zu stellen und den Unterrichtsgang zu bremsen. Die Schülervorstellung zum Begriff

„(Brech-)Kraft" entspricht hier nicht dem fachlichen Konzept zum Brechwert. Dass die Linse *Kraft hat* oder das Licht *geschickt wird* ist eine vermenschlichte, eine anthropomorphe Vorstellung, die fachlich nicht angemessen ist. KATTMANN (2005, 166–167) betont jedoch die positive Rolle von anthropomorphen Vorstellungen beim Lernen von Biologie. Jede Vorstellung basiert auf menschlichen Grunderfahrungen und ist damit unabdingbar anthropomorph. Nun muss bei dem Wort *Kraft* ein Wechselspiel zwischen Alltags- und Unterrichtssprache entstehen. So kann an der Vorstellung des Lerners angeknüpft und in der Diskussion eine fachlich angemessene Vorstellung erarbeitet werden. Das Denken erfolgt im Suchen nach angemessenen Formulierungen. Man stottert, sucht Worte und Vergleiche, um den Gedanken zur Sprache zu bringen. Würde die Lehrkraft auf der fachsprachlichen Ebene bleiben und den einzelnen Terminus als richtige Antwort und gute Leistung stehen lassen, anstatt zum „Übersetzen" anzuregen, würde das eigentliche „Lernen" ausbleiben (STARAUSCHEK 2006, 183–196).

> **Checkliste: Unterrichtsgespräche führen**
>
> Ziele bestimmt und Gesprächsform festgelegt?
> Ort des Unterrichtsgesprächs festgelegt?
> Aufbau und Strukturierungsmaßnahmen geplant?
> - Sozialform bestimmt?
> - Lenkungsgrad gewählt?
> - Inhaltliche Fragen und Impulse vorbereitet?
> - Moderationsimpulse gewählt?
>
> *Weitere Punkte, die zu beachten sind:*
> - Welche Funktionen sollen die Fragen oder Impulse erfüllen?
> - Welcher Öffnungsgrad ist zu wählen?
>   - Welchen Spielraum sollen die Lernenden für die Antworten haben?
>   - Sind offene Impulse geeignet?
>   - Sind Fokusfragen geeignet?
> - Durch welche Moderationsimpulse kann ein Schülergespräch gefördert werden?
> - Alltagssprache, Unterrichtssprache oder Fachsprache?
>   - Welche Sprachform ist geeignet, um sachgerecht über den Inhalt zu sprechen?
>   - Wie kann die Alltagssprache aufgegriffen werden?
>   - Welche Fachwörter sind wichtig/unwichtig?
>   - Wo könnte es Verständnisschwierigkeiten mit Fachwörtern geben?

4.4 Erkenntnisse gewinnen
Petra Baisch

In diesem Kapitel werden zentrale Methoden der Erkenntnisgewinnung im Biologieunterricht vorgestellt und deren Gemeinsamkeiten im Hinblick auf das naturwissenschaftliche Vorgehen herausgearbeitet. Anschließend werden Einsatzmöglichkeiten, mögliche Schwierigkeiten bei der unterrichtlichen Umsetzung und Unterstützungsstrategien der Lehrkraft geklärt.

Funktionen biologischer Erkenntnismethoden

In den nationalen Bildungsstandards sind die fachgemäßen Denk- und Arbeitsweisen im Kompetenzbereich Erkenntnisgewinnung zusammengefasst (vgl. KMK 2004). Die Schüler sollen sich darin mit den Wegen naturwissenschaftlicher Erkenntnisgewinnung und deren Charakteristika auseinandersetzen. Hierfür sind die drei Dimensionen „Wissenschaftsverständnis", „Wissenschaftliche Erkenntnisprozesse verfolgen" und „Arbeitstechniken beherrschen" leitend:

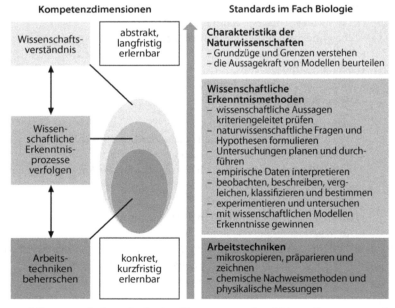

Modell wissenschaftsmethodischer Kompetenzen (nach MAYER/ZIEMEK 2006, 5)

An der Seite der Aneignung manueller Fähigkeiten und Verfahren steht die kritische Auseinandersetzung der Lernenden mit den Leistungen der naturwissenschaftlichen Erkenntnismethoden, um im Laufe der Schulzeit ein aufgeklärtes Verhältnis zu wissenschaftlichen Erkenntnissen erlangen zu können. Für die einzelne Lehrkraft stellt sich die Frage nach Möglichkeiten der konkreten unterrichtlichen Umsetzung. Sollen die Lernenden zu einem möglichst eigenständigen Erkunden und Lernen befähigt werden, ist es grundlegend notwendig, die Bedeutung der jeweiligen Arbeitsweisen für die Erkenntnisgewinnung zu verstehen, damit diese zielgerichtet und planvoll eingesetzt und bewertet werden können.

Biologische Erkenntnismethoden auswählen

Ausgangspunkt jeder wissenschaftlichen Untersuchung ist ein Problem, z. B. ein beobachtbares Phänomen, aus dem eine Fragestellung abgeleitet wird, die naturwissenschaftlich untersucht werden kann. Der Prozess der Erkenntnisgewinnung lässt sich aus diesem Grund auch als Problemlöseprozess beschreiben (vgl. MAYER 2007, 177). Als Unterrichtsproblem wird in der Regel etwas wahrgenommen, das nicht auf Anhieb erklärt werden kann, aber auch ein fachlicher Sachverhalt, der bisher nicht im Fokus der Aufmerksamkeit der Lernenden stand. Daraus werden Fragestellungen entwickelt, zu denen Lösungsansätze entworfen werden können. Beim konsequenten Formulieren und Durchdenken dieser Fragestellungen können die Lernenden erkennen, dass nicht jede interessante Fragestellung mithilfe naturwissenschaftlicher Erkenntnismethoden gelöst werden kann.

Naturwissenschaftliche Erkenntnismethoden haben ihre Grenzen

> **Beispiel** für eine Fragestellung, die nicht ohne Weiteres mit naturwissenschaftlichen Erkenntnismethoden zu beantworten ist:
>
> *Weshalb gefällt mir die Farbe Blau besser als die Farbe Grün?*

Auf Grundlage der Fragestellung wird eine empirisch überprüfbare Hypothese formuliert. Aufbauend auf der begründeten Vermutung kann eine Entscheidung für oder gegen eine Untersuchungsmethode (Beobachtung, Vergleich, Untersuchung, Experiment) erfolgen. Daran schließt sich das Formulieren von Kriterien an. Hier wird festgelegt, welche der vielfältigen Eigenschaften des Objekts beobachtet, betrachtet oder untersucht werden sollen. Abhängig von der gewählten Methode ergeben sich weitere Planungsschritte, an die sich Datenerhebung, Datenaufbereitung, Auswertung der Ergebnisse und Deutung anschließen.

Erste Schritte im Erkenntnisprozess ausgehend von der Problemstellung	Problem Fragestellung Hypothese		
Wahl der Untersuchungsmethode und Planung des Vorgehens	kriteriengeleitete Beobachtung/ Betrachtung	kriteriengeleitete Untersuchung	kriteriengeleiteter Vergleich
Verfahren anwenden und dokumentieren (eher spezifische Arbeitsweisen/-techniken)	Arbeit mit der Lupe, benennen, verbalisieren	präparieren, sezieren, mikroskopieren, Nachweise durchführen	ordnen, klassifizieren, bestimmen, sammeln
(eher unspezifische Arbeitsweisen/-techniken)	protokollieren, messen, quantifizieren, zeichnen/skizzieren		
Auswertung und Deutung der Ergebnisse im Hinblick auf die Hypothese	Grafiken, Diagramme, Zeichnungen, Tabellen, Messreihen, Ausstellungen, Präsentationen		

Zusammenfassende Darstellung biologischer Arbeitsweisen (ohne das Experiment, das in einem gesonderten Abschnitt ab. S. 89 behandelt wird)

Ab S. 79 werden zentrale biologische Arbeitsweisen vorgestellt und anhand von Beispielen in ihrer Bedeutung für den Biologieunterricht diskutiert.

Unabhängig von der gewählten Untersuchungsmethode gibt es Aspekte, die grundsätzlich bei der Planung und Durchführung zu bedenken sind. Diese werden im Folgenden dargestellt:

Checkliste: Erkenntnisse gewinnen

- Ist die Frage- oder Aufgabenstellung verständlich und eindeutig formuliert?
- Ist die Hypothese als überprüfbare Vermutung formuliert?
- Sind die Kriterien eindeutig formuliert?
- Sind die Merkmale/Eigenschaften des Objektes deutlich zu erkennen?
- Verfügen die Lernenden über die notwendigen Arbeitstechniken?

Betrachten und Beobachten

Auf den ersten Blick scheint völlig klar zu sein, was unter Betrachten bzw. Beobachten zu verstehen ist. Die Schüler sollen genau hinschauen, und nicht selten finden sich Aufgaben mit der Anweisung: „Betrachte genau!". Häufig werden die Begriffe *Betrachten* und *Beobachten* synonym gebraucht. Dass hinter diesen Arbeitsweisen mehr steckt als zunächst vermutet, wird bei folgendem Beispiel deutlich:

Betrachten und Beobachten ist mehr als Hingucken

Beispiel zur Arbeitsweise *Betrachten*
1. Betrachte dein Auge ganz genau im Spiegel.
2. Fertige eine Zeichnung aller von außen sichtbaren Strukturen an.
3. Achte bei deiner Zeichnung darauf, dass die Strukturen in den richtigen Größenverhältnissen abgebildet werden.

Beispiel zur Arbeitsweise *Beobachten*
1. Halte einen Karton zwischen deine Augen.
2. Deine Partnerin/dein Partner belichtet mit der Taschenlampe eines deiner Augen und beobachtet das Pupillenspiel beider Augen.
3. Deine Partnerin/dein Partner fertigt vor und nach der Belichtung jeweils eine Skizze beider Augen an.

In der ersten Aufgabenstellung wird ein ruhendes Objekt erfasst – es wird betrachtet, in der zweiten Aufgabe liegt der Fokus auf einem Vorgang. Da hierbei in der Regel mehrere Faktoren zeitgleich berücksichtigt werden müssen, ist das Beobachten häufig anspruchsvoller als das Betrachten (vgl. KÖHLER 2010b, 148). Beiden Arbeitsweisen gemeinsam ist aber, dass es um mehr geht als Hingucken. Die Lehrkraft muss jeweils im Vorfeld klären, nach welchem Kriterium oder nach welchen Kriterien beobachtet oder betrachtet werden soll.

Im Falle des Betrachtens wären bei obigem Beispiel die Vollständigkeit der Strukturen, die Detailliertheit und die Wiedergabe der korrekten Größenverhältnisse mögliche Kriterien. Für das Beobachten des Pupillenspiels wäre die Wahrnehmung und Darstellung der Pupillenweite bei unterschiedlicher Belichtung das zentrale Beobachtungskriterium.

Zur Auswertung und Deutung der gewonnen Daten und Ergebnisse müssen die Beobachtungen verbalisiert werden. Diese Phase sollte nicht unterschätzt werden: Treffende Formulierungen zu finden ist häufig für die Lernenden mühsam, aber unverzichtbar, da das Verbalisieren ein wichtiger

Schritt im naturwissenschaftlichen Erkenntnisprozess ist. Anknüpfend an die Deutung können neue Fragestellungen aufgeworfen werden. Bei den obigen Beispielen könnte dies z. B. die Frage nach der Funktion der jeweiligen Strukturen des Auges sein. Um diese Frage beantworten zu können, müssen andere Arbeitsweisen zum Einsatz kommen.

Checkliste Betrachten und Beobachten: Was kann schiefgehen?
- Lernende sind ungeübt im Anwenden der Arbeitstechniken (Zeichnen, Mikroskopieren), dadurch sind die Ergebnisse nicht auswertbar.
- Lernenden gelingt es nicht, sich auf die festgelegten Kriterien zu fokussieren.
- Ergebnisse können nicht im Hinblick auf die Frage- oder Aufgabenstellung gedeutet werden.

Untersuchen

Im Gegensatz zum Beobachten und Betrachten wird beim Untersuchen in den Bau des Objektes eingegriffen.

Ergänzendes Online-Material unter www.ph-weingarten.de/ biologie/ buplanen.php

Wichtige Formen des Untersuchens sind z. B. das Sezieren und Präparieren oder Nachweisuntersuchungen (vgl. GROPENGIESSER 2006, 244). Untersuchungen erfolgen kriteriengeleitet. Dadurch kann etwa die versehentliche Zerstörung von Präparaten vermieden werden. Neben einer klaren Aufgabenstellung kann eine anschauliche und verständliche Präparationsanleitung, eventuell auch mit erklärenden Abbildungen, dies verhindern. Ein ausführliches Beispiel findet sich im begleitenden Online-Material auf der Homepage der PH Weingarten.

Checkliste Untersuchen: Was kann schiefgehen?
- Lernenden gelingt es nicht, sich auf die festgelegten Kriterien zu fokussieren.
- Lernende ekeln sich vor dem zu untersuchenden Objekt.
- Ergebnisse können nicht im Hinblick auf die Frage- oder Aufgabenstellung gedeutet werden.

Vergleichen

Das Vergleichen ist ebenfalls aus dem Alltagskontext bekannt. Auch hier werden Kriterien angewandt, die der Strukturierung dienen und dem Vergleich eine Zielrichtung geben: Verglichen wird immer im Hinblick auf etwas (vgl. KÖHLER 2010b, 149). Die Auswahl der Vergleichskriterien bestimmt dabei das Ergebnis des Vergleichs.

Beispiel für einen Vergleich innerhalb einer Gruppe (Linsenaugen)

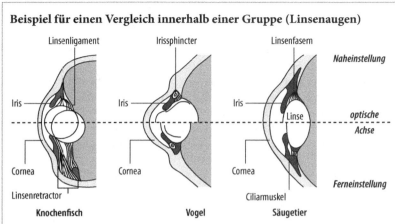

Akkommodation von Linsenaugen (nach Unterricht Biologie 130/11. Jg./Dez. 87, 8)

1. Vergleiche mithilfe der Abbildung die Vorgänge während der Akkommodation beim Knochenfisch, beim Vogel und beim Säugetier.
2. Achte dabei auf die Linse und deren Krümmung und auf die Linsenmuskeln.

Beispiel für einen Vergleich zwischen verschiedenen Gruppen

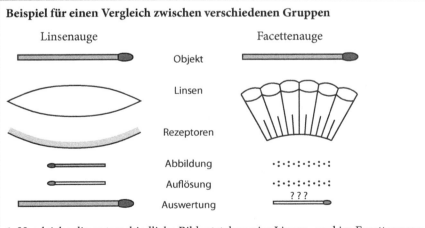

1. Vergleiche die unterschiedliche Bildentstehung im Linsen- und im Facettenauge.
2. Nenne Gemeinsamkeiten und Unterschiede der lichtbrechenden Struktur und der Reizverarbeitung.

Das Ergebnis eines Vergleichs wird stärker durch die Auswahl der Vergleichskriterien bestimmt als durch die Objekte selbst

Aufgrund der Formenvielfalt der Lebewesen dient das Vergleichen der Erkundung von Merkmalen, der Systematisierung der Vielfalt und der Einsicht in gemeinsame Bau- und Funktionsprinzipien biologischer Systeme. Ein Vergleich kann somit als Versuch verstanden werden, Gleiches im Verschiedenen zu entdecken (vgl. GROPENGIESSER 2006, 255). Objekte des Vergleichs können Organismen sein (z. B. Vergleich von Entwicklungsstadien), aber auch Stoffwechselwege (z. B. Atmung und Gärung). Verglichen werden kann innerhalb einer Gruppe von Objekten oder zwischen verschiedenen Gruppen. Die Vergleichskriterien ergeben sich aus den Eigenschaften oder Merkmalen, nach denen verglichen wird, z. B. Form, Farbe, stoffliche Beschaffenheit, Fortpflanzungs- und Entwicklungsvorgänge.

Beim Vergleich innerhalb einer Gruppe rücken vor allem die Unterschiede ins Blickfeld der Betrachtung, beim Vergleich zwischen Gruppen fallen stärker allgemeine Eigenschaften ins Auge. Im ersten der obigen Beispiele wird dabei der Fokus auf die Unterschiede des Zusammenspiels von Linsenmuskeln und Linsenkrümmung bei verschiedenen Wirbeltieren gerichtet (Abb. S. 81 oben). Im zweiten Beispiel stehen zwei grundsätzlich verschiedene optische Apparate bzw. reizverarbeitende Strukturen im Zentrum der Betrachtung (Abb. S. 81 unten). Zu beachten ist, dass die verwendeten Kriterien im Unterricht deutlich herausgearbeitet werden müssen, da Schüler häufig nicht kriterienstet vorgehen, d. h. verschiedene Kriterien mischen. Aus dem Vergleichen können sich als weitere Arbeitsweisen das Ordnen und Klassifizieren ergeben. Auch das Bestimmen ist eine Form des Vergleichens.

Checkliste Vergleichen: Was kann schiefgehen?

- Lernenden gelingt es nicht, die festgelegten Vergleichskriterien kriterienstet anzuwenden.
- Ergebnisse können nicht im Hinblick auf die Frage- oder Aufgabenstellung gedeutet werden.

Mikroskopieren planen und durchführen
Anke Meisert

Mikroskopieren stellt eine der faszinierendsten Erfahrungen des Biologieunterrichts dar. Der Blick durch das Mikroskop eröffnet Lernenden neue Dimensionen des Betrachtens und Beobachtens: Die bekannten makroskopischen Strukturen entpuppen sich in ihrer zellulären Organisation als unbekannte und oft auch rätselhafte Erscheinungen. Die zellulären Strukturen lassen die bekannte makroskopische Welt in einem neuen Licht erscheinen, indem sie vielfältige Erklärungsansätze für makroskopische Eigenschaften bieten. Das Erschließen der *histologischen und zellulären Organisationsebene* eröffnet somit eine neue Dimension des Verstehens.

Trotz seines hohen Motivations- und Lernpotenzials ist die erfolgreiche Umsetzung des Mikroskopierens keineswegs ein Selbstläufer. Daher müssen vor allem folgende Planungsaspekte berücksichtigt werden:

- Wie kann das Mikroskopieren als *Arbeitstechnik* im Unterricht sinnvoll angeleitet werden?
- Wie können durch mikroskopische Analysen Lernprozesse sinnvoll unterstützt werden?
- Welche Schwierigkeiten können beim Mikroskopieren auftreten?

Der folgende Text geht hierbei auf die eigentliche Analyse mikroskopischer Präparate ein; Anleitungen zum generellen Umgang mit dem Mikroskop und dessen Einführung im Unterricht finden sich umfangreich in der Literatur (Gropengiesser 1997, Staeck 1998, Peter 2004, Kremer 2005).

Obwohl das Mikroskopieren meist als motivierendes Unterrichtsereignis erlebt wird, sind mikroskopische Analysen mit verschiedenen Schwierigkeiten verbunden, die im Folgenden kurz umrissen werden. Der mögliche Umgang mit technischen Problemen, die zudem auftreten können, wird in Abschnitt 2 (ab S. 84) diskutiert.

Strukturen identifizieren

Zelluläre Strukturen bieten dem ungeübten Betrachter ein meist diffuses, ungeordnetes Bild: Wo in einem Gewebe die Zellgrenzen verlaufen oder wo ein Gewebe in ein anderes übergeht, lässt sich häufig nicht leicht erkennen.

Das Identifizieren zellulärer bzw. histologischer Strukturen ist somit ein intensiver Analyseprozess, der einen Modellbildungsprozess darstellt, bei dem zwischen relevanten und weniger relevanten Strukturen unterschieden wird (Abb. S. 84). Diese Unterscheidungen können Experten leicht vornehmen, da sie bekannte Muster in den Präparaten identifizieren können. Eine Hilfestellung für Neulinge besteht darin, Analysekriterien zu nutzen, die eine Fokussierung auf ausgewählte Details ermöglichen. Solche Kriterien können die Farbgebung, die Formen, erkennbare Musterunterschiede oder die auch Größenverhältnisse sein. Ein zentraler Schritt des Modellbildungsprozesses ist die Entwicklung einer dreidimensionalen Vorstellung der biologischen Strukturen. Diese Vorstellungsbildung kann dadurch unterstützt werden, dass nacheinander auf unterschiedliche Ebenen scharf gestellt wird. Unterschiede oder Ähnlichkeiten zwischen den Ebenen können dann in eine räumliche Vorstellung zusammengefügt werden.

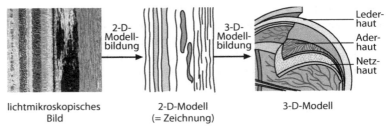

| lichtmikroskopisches Bild | 2-D-Modell (= Zeichnung) | 3-D-Modell |

Schritte der Modellbildung bei der Auswertung mikroskopischer Präparate

Mikroskopieren im Unterricht sinnvoll anleiten

Das Mikroskopieren stellt gerade durch die Handhabung des technischen Geräts hohe Anforderungen an die Lernenden. Schulbücher und Begleitmaterialien bieten eine Fülle von Anleitungen, um diesem Problem im Unterricht zu begegnen. Wesentlich für die unterrichtliche Planung ist es, den Lernenden eine schrittweise Einübung des Umgangs mit dem Mikroskop zu ermöglichen. Um das Niveau einer mikroskopischen Analyse einschätzen zu können, ist es sinnvoll, drei Anforderungsebenen zu unterscheiden:

- *Umgang mit dem Gerät,*
- *Herstellen des Präparats und*
- *Analysieren des Präparats.*

Als Einstieg in das Mikroskopieren sollte ein Gegenstand ausgewählt werden, der weder eine aufwändige Präparation noch eine komplexe Analyse erfordert. Sowohl der Präparations- als auch der Analyseaufwand kann dann im Sinne einer *sukzessiven* Kompetenzentwicklung jeweils schrittweise erhöht werden (Tabelle unten).

Unterschiedliche Niveaus zweier Teilprozesse des Mikroskopierens (Präparation und Analyse) mit entsprechenden Umsetzungsbeispielen

Niveau	Präparation	Analyse
niedrig	keine oder einfache Präparation, z. B. Pantoffeltierchen oder Zwiebelepidermis	einfache Strukturen, z. B. Mundschleimhautzellen
mittel	Schnittpräparat, z. B. Blattquerschnitt	komplexere Strukturen, z. B. Blattquerschnitt
hoch	Anfärbung, z. B. Neutralrot-Ionenfalle	vergleichende Analyse oder sich verändernde Strukturen, z. B. Plasmolyse

Trotz durchdachter Anleitungen treten beim Umgang mit dem Mikroskop immer wieder Fehler auf, die eine individuelle Betreuung erfordern. Beim Lösen entsprechender Probleme können den Lernenden durch Hilfekarten Anregungen zur Verfügung gestellt werden, welche die Lehrkraft bei der Beratungstätigkeit entlasten. Diese Hilfekarten können so angelegt sein, dass zu jeweils einem Fehlertypus mögliche Ursachen aufgeführt werden, die die Lernenden selbstständig überprüfen können (Abb. unten). Umfassende Anregungen für entsprechende Fehler, ihre Ursachen und mögliche Abhilfen finden sich bei Gropengiesser (1997).

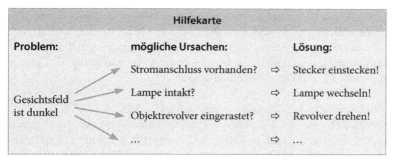

Beispiel für eine mögliche Hilfekarte beim Mikroskopieren

Lernprozesse durch Mikroskopieren sinnvoll unterstützen
In Abschnitt 1 (S. 83) wurde deutlich, dass die Analyse mikroskopischer Präparate hohe Anforderungen an den Betrachtenden stellt, da relevante Strukturen zu identifizieren sind und eine entsprechende Modellvorstellung schrittweise konstruiert werden muss. Diese Modellbildungsprozesse können durch *hinführende*, *begleitende* und *auswertende* Unterrichtsstrategien unterstützt werden; diese Strategien werden im Folgenden vorgestellt und anhand eines Unterrichtsbeispiels zur Analyse des Aufbaus von Netz-, Ader- und Lederhaut konkretisiert.

Hinführende Unterrichtsstrategien zur mikroskopischen Analyse
Die Unterscheidung zwischen relevanten und weniger relevanten Strukturen (vgl. Abschnitt 1, S. 83) wird erleichtert, wenn Lernende mit einer Fragehaltung in die mikroskopische Analyse eintreten. Wird z. B. ein Querschnitt der Hülle des Augapfels ohne eingrenzende Fragestellung analysiert, gibt es eine unüberschaubare Menge von Detailstrukturen, die betrachtet werden können. Der Analyseprozess wird dadurch schnell als willkürlich

und die Zielsetzung als diffus erlebt. Wird der Analyse jedoch die Frage vorangestellt, welche Strukturen den verschiedenen Funktionen der Reizaufnahme sowie der Stabilisierung und der Versorgung des Augapfels zugrunde liegen, kann ein Betrachten des Präparats mit dem Kriterium Kompartimentierung erfolgen. Jenseits der vielen Details kann die erkennbare Schichtung des Präparats so gezielter als relevant identifiziert werden. Diese Relevanzzuschreibung gibt Orientierung und motiviert dazu, das als relevant Eingestufte tiefergehend verstehen zu wollen.

Das vorgestellte Beispiel fragegeleiteten Mikroskopierens zeigt zudem eine bewährte Strategie zur Entwicklung hinführender Fragestellungen für mikroskopische Analysen, indem eine Funktionsweise als Anlass für die Frage nach den zugrundeliegenden Strukturen genutzt wird. Dies ermöglicht verstehensorientierte und als relevant erlebbare Fragestellungen und fördert im Sinne einer übergeordneten Kompetenzentwicklung das Denken in Struktur-Funktions-Zusammenhängen.

Zeichnen kann die mikroskopische Analyse begleiten
Um den Prozess des Mikroskopierens selbst zu unterstützen, sind neben den Hilfestellungen zum technischen Umgang (vgl. Abschnitt 2, S. 84 f.) begleitende Aufgabenformate sinnvoll, die den Modellbildungsprozess fördern. Eine typische Aufgabe hierzu stellt das Zeichnen des mikroskopischen Präparats dar. Diese altmodisch anmutende Arbeitsweise hat für mikroskopische Analysen ein kaum zu überschätzendes Potenzial. Es fordert die Lernenden dazu auf, die von ihnen als relevant identifizierten Strukturen darzustellen und somit die von ihnen entwickelte Modellvorstellung zeichnerisch zu konkretisieren. Das Zeichnen unterstützt somit produktorientiert den kognitiven Prozess, der durch die mikroskopische Analyse intendiert wird. Dieses Zeichnen wird von den Lernenden jedoch häufig als Überforderung bzw. als wenig motivierend erlebt. Einige Planungsaspekte können dabei helfen, diesen Problemen des Zeichnens entgegenzuwirken:

- **Schritt 1: Zu zeichnenden Ausschnitt und Detailgenauigkeit vorgeben**
  Das Zeichnen mikroskopischer Präparate überfordert die Lernenden meist schon dadurch, dass der zu zeichnende Umfang als zu groß erscheint. Ihnen muss daher verdeutlicht werden, welcher Ausschnitt des Präparats (z. B. 2 bis 3 Zellen) in welcher Detailgenauigkeit (z. B. nur Umrisse) zu zeichnen ist.

- **Schritt 2: Größe der Zeichnung vorgeben**
  Lernende wählen beim Zeichnen häufig einen ungeeigneten Maßstab, indem sie die Zeichnungen z. B. zu klein anfertigen. Daher sollte in Kombination mit dem Präparatausschnitt auch vorgegeben werden, wie groß die fertige Zeichnung sein soll. Für die meisten Präparate ist eine halbe DIN-A4-Seite geeignet, sodass neben der Zeichnung auch noch genug Platz für Beschriftungen verbleibt.
- **Schritt 3: Orientierung schaffen**
  Trotz hinführender Maßnahmen und Unterstützungen tritt immer wieder das Problem auf, dass es Lernenden nicht gelingt, relevante Strukturen in einem Präparat sicher zu identifizieren. Dieses Orientierungsdefizit sollte vor dem Anfertigen einer Zeichnung behoben werden. Neben den Möglichkeiten individueller Beratung kann es insbesondere bei komplexen Präparaten sinnvoll sein, durch eine Zwischensicherung erste Zugänge zur Präparatanalyse anzubieten. Dies kann in Form einer zentralen Phase erfolgen, indem ein mikroskopisches Bild durch eine Videoprojektion oder ein projiziertes Originalfoto gemeinsam betrachtet wird. So können die erkennbaren Strukturen gemeinsam diskutiert werden, um Orientierung für die darauffolgende Phase des Zeichnens herzustellen.
- **Schritt 4: Zeichnungen auswerten**
  Das weitere Nutzen der eigenständig erstellten Zeichnungen vermittelt den Lernenden Wertschätzung ihrer Produkte, lässt die zeichnerischen Bemühungen rückblickend als sinnvoll erscheinen und fördert damit ein entsprechendes Kompetenzerleben. Die angefertigten Zeichnungen sollten daher Eingang in den gemeinsamen Auswertungsprozess finden; im Folgenden werden hierzu Anregungen gegeben.

Zeichnungen auswerten
Die Qualität von Auswertungsphasen in Mikroskopierstunden zeigt sich wesentlich daran, ob die individuellen Analyseergebnisse der Lernenden für den Auswertungsprozess fruchtbar gemacht werden. Dies gelingt besonders gut mithilfe von Zeichnungen, indem beispielsweise zwei bis drei Lernende ihre Zeichnungen auf eine OHP-Folie übertragen und der Lerngruppe vorstellen. Gemeinsam kann dann diskutiert werden, inwieweit die jeweilige Zeichnung alle als wichtig erachteten Strukturen zutreffend darstellt. Daraufhin können weitere Zeichnungen vergleichend hinzugezogen werden. Nach einer Phase des Vergleichens und Wertschätzens der Zeichnungen kann eine der Zeichnungen ausgewählt werden, um daran die we-

sentlichen Interpretationsansätze zu verdeutlichen und unter Umständen Fachbegriffe einzuführen (Abb. unten, linke Teilabbildung). Bei der Einführung von Fachwörtern ist es wichtig zu beachten, dass zunächst eine ausführliche Beschreibung der Strukturen erfolgen sollte, um erst dann den entsprechenden Fachbegriff zur Verfügung zu stellen.

Erfolgt eine mikroskopische Analyse ohne das Anfertigen von Zeichnungen, so kann die Auswertung analog mithilfe eines mikroskopischen Originalfotos auf OHP-Folie erfolgen, auf der die Lernenden die relevanten Strukturen selbstständig markieren und somit gemeinsam eine Zeichnung direkt auf einer Originalvorlage entwickeln können.

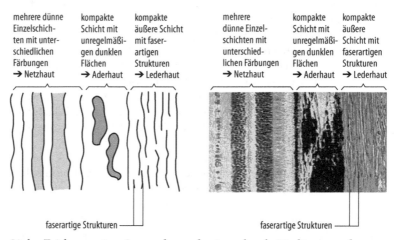

Links: Zeichnung eines Lernenden und entsprechende Markierungen bzw. Beschriftungen während einer Auswertungsphase; rechts: Originalaufnahme mit entsprechenden Eintragungen während einer Auswertungsphase

Mikroskopische Analysen liefern häufig nur unvollständige Antworten. In unserem Beispiel zur Kompartimentierung der Augapfelhülle in unterschiedliche Gewebe geben die mikroskopisch erkennbaren Schichten nur einen Hinweis auf mögliche Funktionsunterschiede, die erst durch weitergehende Analysen geklärt werden können. Im Sinne einer angemessenen *Förderung der Auswertungskompetenz* sollte daher bei der *Deutung* mikroskopischer Analysen präzisiert werden, was sich aus den Präparatanalysen schlussfolgern lässt und was nicht. Eine Deutung der mikroskopischen Analyse zu unserem Unterrichtsbeispiel könnte beispielsweise lauten:

> **Beispiel: Deutung**
> Die Hülle des Augapfels zeigt im Querschnitt eine deutliche Schichtung. Nach außen sind zwei dickere Schichten zu erkennen; nach innen liegt ein Abschnitt, der in sich wiederum mehrere dünne Schichten aufweist.
> → *Vermutung:* Die drei erkennbaren Schichten erfüllen die unterschiedlichen Funktionen wie Reizaufnahme, Stabilisierung und Versorgung.
> *Ergänzende Information:* Die Schichten heißen von außen nach innen Leder-, Ader- und Netzhaut. Die Netzhaut besteht wiederum aus verschiedenen Zellschichten.

Experimente planen und durchführen
Petra Baisch

Im alltagssprachlichen Kontext sprechen wir davon zu experimentieren, wenn wir z. B. ein Kochrezept abwandeln oder etwas Neues wagen, um unsere Erfahrungen zu erweitern. Hier wird der Begriff also im Sinne des Ausprobierens verwendet, ein planvolles Vorgehen steht nicht unbedingt dahinter. Im schulischen Kontext wird unter Experimentieren sowohl das Abarbeiten von Versuchsanleitungen mit vorgegebenen Handlungsanweisungen verstanden als auch die selbstständige Durchführung von Beobachtungsaufgaben oder Nachweisreaktionen. Der Begriff wird sehr weit gefasst und nahezu inflationär gebraucht. Wir verwenden das Wort Experimentieren im Sinne der Bildungsstandards. Danach ist unter Experimentieren ein problemorientiertes Vorgehen zu verstehen, das eng mit dem forschend-entwickelnden Unterricht (SCHMIDKUNZ/LINDEMANN 1992) und dem forschenden Lernen (MAYER/ZIEMEK 2006) verwandt ist. Bei dieser Lernaktivität eignen sich die Lernenden mittels eines wissenschaftlichen Erkenntnisprozesses zugleich Lerninhalte und Erkenntnismethoden an. Die Orientierung erfolgt an authentischen Problemstellungen und einem offenen, prozessorientierten Lernarrangement (vgl. MAYER/ZIEMEK 2006, 7). Derart verstanden sind die Kennzeichen eines Experiments:

Der Begriff „Experimentieren" wird in unterschiedlichen Kontexten gebraucht

1. die Beobachtung der Messgröße unter hergestellten Bedingungen,
2. die Isolation der Einflussgröße,
3. die systematische Variation der Einflussgröße (vgl. PIETSCH 1954/55, 197, zitiert nach GROPENGIESSER 2006, 260).

Ob ein Experiment in der Schule gelingt, hängt von mehreren Faktoren ab:
a. dem Wesen des Problems (was auch immer das ist),
b. dem Vorwissen der Lernenden,
c. den methodischen Fähigkeiten von Lehrkraft und Lernenden,
d. der Situation, in der experimentiert wird (was auch immer das ist).

„Die Prinzipien selbst einfachster experimenteller Anordnungen verstehen bis zum Ende der 8. Klasse nur etwa 10–15 % eines Jahrganges." (BAUMERT/LEHMANN 1997, 86, zitiert nach HAMMANN 2004)

Im Folgenden wird exemplarisch ein Experiment entworfen. An diesem Beispiel wird das Vorgehen bei den einzelnen Prozessschritten analysiert – sowohl hinsichtlich der Anforderungen an die Schüler als auch mit Blick auf mögliche Fehlerquellen. Dabei werden auch Möglichkeiten der Operationalisierung von Kompetenzstufen aufgezeigt.

Das naturwissenschaftliche Experiment zeichnet sich dadurch aus, dass die Bedingungen der Untersuchung planvoll verändert werden. Um die vorab formulierte Hypothese zu überprüfen, wird nur einer der beteiligten Faktoren gezielt variiert, während alle anderen Parameter konstant gehalten werden. In der folgenden Grafik wird dieses sogenannte hypothetisch-deduktive Verfahren dargestellt (nach KLAUTKE in KÖHLER 2010b, 153):

Induktion bedeutet den Schluss vom Einzelfall auf das Allgemeingültige

Deduktion bedeutet den Schluss vom Allgemeinen auf den Einzelfall

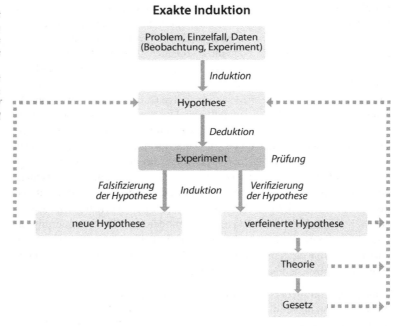

Hypothetisch-deduktives Verfahren (verändert nach KLAUTKE)

Aus diesem Modell ergeben sich die konkreten Planungsschritte (Tab. S. 91, Ablaufplan verändert nach MAYER/ZIEMEK 2006), die im weiteren Verlauf genauer erläutert werden.

Schritt 1: Entwicklung der Problemstellung	• Erfassen der Problemsituation
Schritt 2: Entwicklung der Fragestellung und der Hypothese	• Formulierung einer Forschungsfrage, die naturwissenschaftlich untersucht werden kann • Formulierung einer möglichen Antwort auf die Forschungsfrage = begründete Vermutung (Hypothese)
Schritt 3: Planung des Experiments	• Ableitung von empirisch überprüfbaren Folgerungen aus der Hypothese, also Überlegungen dazu, wie Daten und Messwerte gewonnen werden können • Identifizierung der abhängigen, unabhängigen und zu kontrollierenden Variablen, d. h., nur die Versuchsbedingung wird verändert, die nach der Vermutung einen Einfluss hat • Planung des Vorgehens zur Durchführung: Materialliste, Ablaufplan, Versuchsprotokoll, Aufgabenverteilung in der Gruppe
Schritt 4: Durchführung des Experiments	• Aufbau der Versuchsanordnung • Gewinnen und Protokollieren der Daten
Schritt 5: Auswertung, Analyse und Deutung der Daten	• Auswertung der Messergebnisse und Beobachtungen, z. B. in einer Tabelle, einer Zeichnung, einem Diagramm • Vergleich der Ergebnisse mit der Hypothese (Verifikation/Falsifikation) • Interpretation der Ergebnisse durch Bezug zur Theorie • Diskussion der Genauigkeit der Ergebnisse, d. h. möglicher Fehler bei der Durchführung

Schritt 1: Entwicklung der Problemstellung
Kontexte werden danach gewählt, ob sie Anknüpfungspunkte für Lernende anbieten (vgl. Kap. 4.7).

Mit der Konstruktion eines alltagsnahen Szenarios, in das die Problemstellung eingebunden ist, soll die Anwendung des Gelernten im Alltag leichter erfolgen. Ergebnisse aus der Forschung zeigen allerdings, dass eine komplexe Problemsituation auch zu einer kognitiven Überlastung führen kann, weil ein großer Teil der kognitiven Ressourcen durch den Problemlöseprozess gebunden ist und für die inhaltliche Durchdringung des Problems nicht zur Verfügung steht. Eine geeignete Problemstellung sollte daher für die Lernenden überschaubar und leicht zu erfassen sein. Ent-

Die Problemstellung sollte aus einem authentischen Kontext stammen und nicht zu komplex sein

scheidend ist dabei auch die Art, in der das Problem präsentiert wird, z. B. als offene, schriftliche Aufgabe oder mittels einer Grafik. Hier sind viele Varianten denkbar. Zu offene Problemlösesituationen schränken das problemorientierte, systematische Vorgehen der Lernenden beim Experimentieren ein (vgl. MAYER 2007, 182).

> **Beispiel für eine Problemstellung**
> Die Klasse 7 b hat einen spannenden Schullandheimaufenthalt im Wildniscamp hinter sich und möchte nun ihre erstellten Berichte und einige Fotos auf der Website der Schule einstellen. Annalena und Ben haben sich bereit erklärt, die Seite zu gestalten, und machen sich motiviert an die Arbeit. Sie freuen sich, dass sie einen Computer im Computerraum benutzen können, der einen besonders großen Bildschirm hat. Als Erstes diskutieren sie über das Layout und das Design der Seite. Beide finden die Farbe Grün als Hintergrund passend zum Thema Wildniscamp und testen verschiedene Grüntöne auf ihre Wirkung. So richtig zufrieden sind sie damit aber nicht. Annalena meint: „Merkwürdig – wenn ich auf die Mitte des Bildschirms schaue, sehen die Farben am oberen Rand irgendwie komisch aus – gar nicht mehr wie Grün." Auch Ben bestätigt: „Ja, das geht mir auch so! Ich dachte schon, mit meinen Augen stimmt irgendetwas nicht!" Um einen Vergleich zu haben, testen sie auch andere Farben. Hier tritt dieser Effekt aber nicht auf.

Als bedeutsame Merkmale im Hinblick auf eine erfolgreiche Problembearbeitung haben sich auf Schülerseite das bereichsspezifische Vorwissen und die Kenntnis von Problemlösestrategien erwiesen. Deshalb gilt es genau zu überlegen, zu welchem Zeitpunkt die Durchführung eines entdeckenden Experiments im Rahmen einer Unterrichtseinheit sinnvoll ist und über welche Vorkenntnisse und Vorerfahrungen die Schüler bereits verfügen sollten.

> **Checkliste: Problemstellung**
> - Ist die Problemstellung in einen authentischen, alltagsnahen Kontext eingebunden?
> - Ist die Problemsituation für die Lernenden klar verständlich und überschaubar?
> - Wie wird das Problem präsentiert? (Grafik, Zeitungsartikel ...)
>
> *Was kann schiefgehen?*
> - Lernenden fehlt das nötige Vorwissen, um die Problemstellung zu erfassen.

Schritt 2: Entwicklung der Fragestellung und der Hypothese
Aus der Problemstellung können sich verschiedene Fragen ergeben. Diese sollen zunächst generiert und gesammelt werden, bevor in einem weiteren Schritt die Fragen ausgewählt werden, die auch naturwissenschaftlich untersucht werden können.

Aus dieser weit gefassten Sammlung von Fragen gilt es nun eine Fragestellung auszuwählen, aus der eine empirisch überprüfbare Hypothese abgeleitet werden kann (Beispiel für eine Fragestellung: siehe S. 104). Diese wird als begründete Vermutung formuliert. Sie beschreibt, was beobachtet werden müsste, wenn die Hypothese zuträfe (vgl. MAYER/ZIEMEK 2006, 6). Häufig werden die vermuteten Zusammenhänge über Ursache-Wirkungs-Beziehungen auch als „Wenn-dann-Sätze" formuliert. Das Formulieren von Hypothesen bereitet den Schülern in der Regel Schwierigkeiten, und auch die Lehrperson ist hier in besonderem Maße gefordert. Nach HAMMANN (2004, 200) lassen sich folgende Kompetenzstufen bzw. -niveaus beim Formulieren von Hypothesen unterscheiden:

Eine Hypothese ist eine begründete Vermutung

Das Formulieren von Hypothesen ist anspruchsvoll

Stufe	Kompetenzniveau	Nähere Beschreibung	Alter
1	Keine Hypothesen beim Experimentieren	Es wird ohne Hypothesen experimentiert, d. h., Lernende führen Experimente aus, ohne Vermutungen über Ursache-Wirkungs-Beziehungen zu haben; sie versuchen, einen Effekt zu erzielen. Dieser Mangel an Wissen über die Notwendigkeit von Hypothesen resultiert in einem unsystematischen Durchsuchen des Experimentier-Suchraums.	Primarstufe
2	Unsystematische Suche nach Hypothesen	Es wird hypothesengeleitet experimentiert, jedoch werden nicht alle Hypothesen herangezogen, die für die Beantwortung einer Fragestellung beachtet werden müssten, oder bei der Suche nach Hypothesen werden diese nicht logisch aufeinander bezogen.	Klasse 5
3	Systematische Suche nach Hypothesen	Es werden multiple Hypothesen gebildet, die logisch aufeinander bezogen werden. Probleme bereitet jedoch die Hypothesenrevision.	Klasse 5
4	Systematische Suche nach Hypothesen und erfolgreiche Hypothesenrevision	Wie Stufe 3, jedoch gelingt auch die Hypothesenrevision in Situationen, in denen alle bereits getesteten Hypothesen falsifiziert wurden.	Klasse 7

Bezogen auf unser Beispiel zum Thema „Farbensehen" (additive Farbmischung), könnte dies Folgendes bedeuten:

- **Stufe 1:**
  Lernende experimentieren mit Taschenlampen, die jeweils mit einem farbigen Filter in den Farben Rot, Grün und Blau versehen sind. Werden zwei Taschenlampen (z. B. mit den Farben Rot, Grün) auf die gleiche Fläche gerichtet, ergibt sich ein neuer Farbeindruck (z. B. Gelb).
  → Das Vorgehen entspricht einem Ausprobieren. Dabei werden vielfältige Erfahrungen gesammelt.
- **Stufe 2:**
  Lernende stellen zum Mischen von Farben folgende Hypothesen auf:
  1. Wenn die Taschenlampen mit dem roten und dem blauen Filter auf die gleiche Fläche gerichtet werden, entsteht der Farbeindruck Lila, denn das entspricht dem Mischen von Wasserfarben.
  2. Wenn alle drei Taschenlampen auf die gleiche Fläche gerichtet werden, dann entsteht der Farbeindruck Weiß, weil sich das Licht addiert.
  → Die beiden Hypothesen werden nicht logisch aufeinander bezogen. Die Lernenden erkennen nicht, dass sich die Hypothesen widersprechen. Werden die Taschenlampen mit dem blauen und dem roten Filter auf die gleiche Fläche gerichtet, addiert sich ebenfalls das Licht, und es müsste bei der Mischung ein hellerer Farbeindruck (Pink bzw. Magenta) entstehen. Zwischen subtraktiver und additiver Farbmischung wird nicht unterschieden.
- **Stufe 3:**
  Lernende stellen zum Mischen von Farben folgende Hypothesen auf:
  1. Wenn die Taschenlampen mit dem roten und dem blauen Filter auf die gleiche Fläche gerichtet werden, entsteht der Farbeindruck Lila, denn das entspricht dem Mischen von Wasserfarben.
  2. Wenn alle drei Taschenlampen auf die gleiche Fläche gerichtet werden, dann entsteht der Farbeindruck Schwarz, denn das entspricht dem Mischen von Wasserfarben.
  → Beide Hypothesen sind logisch aufeinander bezogen. Bei der Durchführung bestätigen sich die Hypothesen nicht. Die Lernenden argumentieren, dass bei der Mischung von blauem und rotem Licht schon „so etwas Ähnliches wie Lila" entsteht. Eine Erklärung für den jeweils helleren Farbeindruck (im Gegensatz zur Mischung von Wasserfarben) wird nicht gefunden. Eine Hypothesenrevision findet nicht statt.
- **Stufe 4:**
  Lernende stellen zum Mischen von Farben folgende Hypothesen auf:
  1. Wenn die Taschenlampen mit dem roten und dem blauen Filter auf die gleiche Fläche gerichtet werden, entsteht der Farbeindruck Lila, denn das entspricht dem Mischen von Wasserfarben.

2. Wenn alle drei Taschenlampen auf die gleiche Fläche gerichtet werden, dann entsteht der Farbeindruck Schwarz, denn das entspricht dem Mischen von Wasserfarben.

→ Beide Hypothesen sind logisch aufeinander bezogen. Bei der Durchführung bestätigen sich die Hypothesen nicht. Die Lernenden erkennen, dass das Mischen von farbigem Licht nicht mit dem Mischen von Wasserfarben (Farbsubstanzen) vergleichbar ist. Sie gelangen zu dem Schluss, dass es zwei verschiedene Formen der Farbmischung gibt, und revidieren ihre Hypothesen:
1. Wenn die Taschenlampen mit dem roten und dem blauen Filter auf die gleiche Fläche gerichtet werden, entsteht der Farbeindruck Pink (Magenta), da sich das Licht addiert und ein hellerer Farbeindruck entsteht.
2. Wenn alle drei Taschenlampen auf die gleiche Fläche gerichtet werden, dann entsteht der Farbeindruck Weiß, denn weißes Licht setzt sich aus der Überlagerung verschiedener Wellenlängen zusammen.

Das Beispiel macht deutlich, dass das Formulieren und Durchdenken von Hypothesen kognitiv anspruchsvoll ist und der Übung bedarf. Deshalb müssen Lernende schrittweise an das hypothesengeleitete Experimentieren herangeführt werden (vgl. HAMMANN 2004, 200).

Beispiel für aus der Fragestellung abgeleitete Hypothese
Im Rahmen der Unterrichtseinheit erworbenes Vorwissen: Die Schüler haben im Rahmen der Unterrichtseinheit zum Thema Sehen bereits gelernt, dass

- es in der Netzhaut des menschlichen Auges zwei Typen von Sehsinneszellen, die Zapfen und die Stäbchen gibt;
- die Stäbchen für das Helligkeitssehen und die Zapfen für das Farbensehen zuständig sind;
- es drei verschiedene Zapfentypen (Blau-, Grün-, Rotzapfen) gibt;
- die Zapfentypen je nachdem, wie stark sie durch das Licht einer bestimmten Wellenlänge gereizt werden, eine bestimmte Farbwahrnehmung nach sich ziehen.

Ausgewählte Fragestellung: Weshalb verändert sich der Seh- bzw. Farbeindruck, wenn man einmal die Mitte des Bildschirms fixiert und einmal den Randbereich?
Mögliche Hypothese (auf Basis des Vorwissens): Die für die Farbwahrnehmung zuständigen Zapfen sind nicht gleichmäßig auf der Netzhaut verteilt. Die Farbe Grün wird deshalb im peripheren Gesichtsfeld nicht wahrgenommen.
Verfeinerte Hypothese (auf Basis des Vorwissens): Die Wahrnehmungsgrenzen für die Farben Rot, Grün und Blau sind unterschiedlich. Im peripheren Gesichtsfeld wird die Farbe Grün nicht wahrgenommen.

> **Checkliste: Fragestellung/Hypothesen formulieren**
> - Ist die Fragestellung verständlich und eindeutig formuliert?
> - Kann die Fragestellung durch die Durchführung eines Experiments beantwortet werden?
> - Ist die Hypothese als überprüfbare Vermutung formuliert?
> - Wie geübt sind die Lernenden im Formulieren von Hypothesen?
>
> *Was kann schiefgehen?*
> - Lernende gehen unsystematisch vor und geben sich schnell mit einer gefundenen Hypothese zufrieden, ohne weitere Möglichkeiten in Betracht zu ziehen.

Schritt 3: Planung des Experiments

Die unabhängige Variable (UV) ist die vermutete Ursache bzw. Einflussgröße

Die abhängige Variable (AV) ist die Variable, deren Abhängigkeit von der UV untersucht wird

Um Hypothesen überprüfen zu können, müssen Experimente so geplant und durchgeführt werden, dass eindeutige Aussagen möglich sind. Wesentlich ist hierbei der Umgang mit Variablen. Nur diejenige Versuchsbedingung (ursächliche Variable) wird variiert, von der eine erwartete Wirkung ausgeht, während die anderen Versuchsbedingungen konstant gehalten werden. Eine Variable ist ein Merkmal, das verschiedene Werte annehmen kann, z. B. die Körpergröße oder das Geschlecht. Die Variable, deren Veränderung infolge der unabhängigen Variablen gemessen wird, wird als abhängige Variable bezeichnet.

> **Beispiel für aus der Hypothese abgeleitet unabhängige, abhängige und Kontrollvariablen**
>
> *Hypothese:* Die Wahrnehmungsgrenzen für die Farben Rot, Grün und Blau sind unterschiedlich. Im peripheren Gesichtsfeld wird die Farbe Grün nicht wahrgenommen.
>
> *Unabhängige Variable (UV):* Farbe
>
> *Abhängige Variable (AV):* Wahrnehmung des Farbeindrucks im Gesichtsfeld
>
> *Kontrollvariablen:* Beleuchtung, Entfernung zur Tafel, Stellung des Kopfs, Form und Größe der Farbtafeln

... ihr Einfluss wird untersucht

... wird gemessen

... werden konstant gehalten

Lernende neigen dazu, die Ausprägung von Variablen ohne System zu verändern – die Variablen konfundieren, sodass keine eindeutigen Aussagen über Ursache-Wirkungs-Beziehungen möglich sind. Schwierigkeiten bereitet auch der Umgang mit Kontrollversuchen, obwohl diese zur Deutung des

Ergebnisses notwendig sind. Hier wird in einem Parallelversuch der Faktor weggelassen, der als ursächlich angenommen wird.

Beispiel für die geplante Versuchsdurchführung

Materialliste:
- Wandtafel
- Augenklappe
- Farbtäfelchen gleicher Form und Größe in Grün, Rot, Blau und Weiß
- Kreidestücke in Grün, Rot, Blau und Weiß

Geplante Versuchsdurchführung:
1. Die Versuchsperson sitzt ca. 2 m vor der Wandtafel. Das rechte Auge ist mit einer Augenklappe verdeckt, das linke Auge fixiert ein Kreuz an der Tafel.
2. Ein Mitschülerin bzw. ein Mitschüler führt nun aus verschiedenen Richtungen vom Tafelrand her ein grünes Farbtäfelchen langsam in Richtung des Tafelkreuzes. Wichtig ist, dass die Versuchsperson das Täfelchen zunächst nicht sieht.
3. Die Versuchsperson teilt mit, an welcher Stelle sie erstmals die Bewegung und an welcher sie erstmals die Farbe wahrnimmt. Die Stelle der Bewegungswahrnehmung wird mit einem weißen Kreidepunkt markiert, die Farbwahrnehmung mit einem grünen Kreidepunkt.
4. Anschließend wird der Ablauf mit dem roten und dem blauen Farbtäfelchen wiederholt.
5. Nun werden die Kreidepunkte gleicher Farbe miteinander verbunden.

Versuchsanordnung:

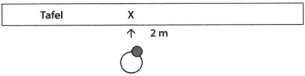

Kontrollversuch:
Führe den Versuch mit dem weißen Farbtäfelchen durch.

Auch wenn das Experiment den Anspruch hat, dass alle Kontrollvariablen konstant gehalten werden, gilt es, sich zu vergegenwärtigen, dass im Handlungsfeld Schule und Unterricht andere Voraussetzungen und Bedingungen herrschen als in einem Forschungslabor. Zum einen steht nur eine begrenzte Unterrichtsdauer und Auswahl an Materialien und Apparaturen zur Verfügung, zum anderen sind die Akteure keine spezialisierten Wissenschaftler, sondern Schüler mit unterschiedlichsten Voraussetzungen, Fähigkeiten

Schüler sind keine Wissenschaftler

und Motivationen. Zudem steht beim forschenden Lernen nicht in erster Linie das Produkt, sondern das offene, prozessorientierte Vorgehen im Vordergrund, das den Lernenden Raum für individuelle Vorgehensweisen und Interessen bietet (vgl. MAYER/ZIEMEK 2006, 8).

Stufe	Kompetenzniveau	Nähere Beschreibung	Alter
1	Unsystematischer Umgang mit Variablen	Lernende verändern die Ausprägung(en) einer oder mehrerer Variablen ohne System, sodass keine schlüssigen Aussagen über die vermuteten Ursache-Wirkung-Beziehungen möglich sind. Oft werden alle Variablen von einem Testansatz zum anderen verändert, eine Strategie, die Variablen konfundiert und mit „change all", „no plan" und „intuitive" bezeichnet wird.	Primarstufe
2	Teilweise systematischer Umgang mit Variablen	Obwohl ein gegenüber Stufe 1 systematischeres Vorgehen zu beobachten ist, liegen Defizite vor, welche die systematische Variation einer Variable und die fehlende Kontrolle der anderen Variablen betreffen. Eine für diese Entwicklungsstufe typische Vorgehensweise besteht darin, nur in einigen Versuchen einer Versuchsreihe Variablen systematisch zu kontrollieren, in den anderen aber Variablen zu konfundieren. Diese Strategie wird als „local chaining" bezeichnet. Eine andere defizitäre Denkweise besteht darin, die Ausprägung einer Variable konstant zu halten, und zwar derjenigen Variable, von der ein positiver Effekt erwartet wird, jedoch die anderen Variablen, die das Versuchsergebnis beeinflussen könnten, nicht hinreichend zu kontrollieren. Die Lernenden erwarten bei dieser Strategie, dass sich ihre Vermutungen über die Wirkung der konstanten Variable dadurch bestätigen lassen, dass diese die gleiche Wirkung in Verbindung mit anderen Variablen zeigt.	Klasse 5
3	Systematischer Umgang mit Variablen in bekannten Domänen	Lernende variieren lediglich die Ausprägung der Testvariable und halten die Ausprägungen der übrigen Variablen konstant. Diese Vorgehensweise erlaubt es, eindeutige Aussagen über die Wirkweise einer bestimmten Variable zu treffen und die Wirkung anderer Variablen auf den zu erklärenden Zusammenhang auszuschließen.	Klasse 5
4	Systematischer Umgang mit Variablen in unbekannten Domänen	Wie in Stufe 3 variieren Lernende lediglich die Ausprägung der Testvariable und halten die Ausprägungen der übrigen Variablen konstant. Jedoch gelingt die Anwendung dieser allgemeinen Strategie im Unterschied zu Stufe 3 auch in Wissensdomänen, in denen wenig oder kein Vorwissen besteht.	Klasse 6

Die Beispiele für die Beschreibung der Kompetenzstufen beim Umgang mit Variablen sind ausführlich im begleitenden Online-Material auf der Homepage der PH Weingarten zu finden.

Experimentieren im Biologieunterricht findet in der Regel im Team statt. Die Arbeit im Team hat einen positiven Einfluss auf die Entwicklung sozialer Kompetenz, da im Rahmen des Gruppenprozesses vielfältige Interaktionen in Form von Diskussionen und Reflexionen angeregt werden. Trotzdem sollte nicht unterschätzt werden, dass sich in Gruppenprozessen auch Prozessverluste aufgrund mangelhafter Koordination oder durch Motivationseinbußen ergeben können. Das passiert z. B. dann, wenn leistungsschwächere Mitglieder der Gruppe die Lernarbeit den leistungsstärkeren überlassen, die sich ihrerseits ausgebeutet fühlen können und in der Folge ihre Anstrengungsbereitschaft reduzieren (vgl. MAYER 2007, 180).

Ergänzendes Online-Material unter www.ph-weingarten.de/biologie/buplanen.php

Die Zusammensetzung und Größe der Experimentiergruppe sollte gut überlegt sein

Checkliste: Planung des Experiments
- Wie sollen die Messwerte bzw. Daten gewonnen werden?
- Wie viele Messungen bzw. Versuchswiederholungen sollen durchgeführt werden?
- Welche Geräte und Materialien werden für die Durchführung benötigt?
- Sind die Lernenden vertraut mit der Handhabung der Werkzeuge und Materialien?
- In welcher Form werden die Messergebnisse protokolliert?
- Wie werden die Aufgaben unter den Gruppenmitgliedern verteilt?

Was kann schiefgehen?
- Lernenden gelingt es nicht, alle Kontrollvariablen zu identifizieren.
- Lernende erkennen die Bedeutung des Kontrollversuchs nicht.

Schritt 4: Durchführung des Experiments

An dieser Stelle erfolgt die Durchführung des eigentlichen Experiments gemäß dem geplanten Vorgehen. Dabei werden alle Daten in Form von Zahlen, Sätzen oder Bildern im Protokollbogen notiert und festgehalten. Auch der Versuchsablauf selbst wird dokumentiert, um den gedanklichen Nachvollzug des Experiments zu ermöglichen und um eventuelle kritische Punkte später diskutieren zu können. Da es sich im Biologieunterricht bei dem Versuchsgegenstand in der Regel um ein lebendes System handelt, kann es sich wegen der unterschiedlichen Reaktion der Lebewesen als

Biologische Experimente beschäftigen sich in der Regel mit lebenden Systemen

notwendig erweisen, parallele Messungen mit verschiedenen Individuen durchzuführen (vgl. GROPENGIESSER 2006, 267). An dieser Stelle kann es sich auch anbieten, mit den Lernenden über die ethischen Grenzen der naturwissenschaftlichen Methode nachzudenken, denn lebende Versuchsobjekte können nur eingeschränkt experimentell verändert werden (vgl. MAYER/ZIEMEK 2006, 5).

In unserem konkreten Beispiel dienen jeweils zwei Gruppenmitglieder als Versuchspersonen. Das Ergebnis der Messung, die Grafik des Gesichtsfelds, wird nach der Fertigstellung fotografiert. Möglich wäre es auch, große Papierbögen zu verwenden, die mit Faserstiften beschrieben und im Anschluss von der Tafel abgenommen werden können, um einen Vergleich zu ermöglichen.

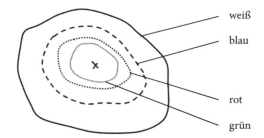

Beispiel für ein mögliches Messergebnis

Die Lehrperson hat in der Phase der Durchführung vor allem die Aufgabe, die Lernenden aufmerksam zu beobachten und eventuell unterstützend einzugreifen. Der Grad der Hilfestellung hängt dabei von der Eigenständigkeit der Schüler ab, sowohl, was die Kompetenz zur Selbststeuerung des Lernprozesses angeht als auch die Kompetenz zur Steuerung der Gruppenprozesse. Der systematische Umgang mit den Variablen bereitet den Lernenden häufig Schwierigkeiten, insbesondere dann, wenn sie nicht in den Planungsprozess eingebunden waren, wie dies beim Abarbeiten von Experimentieranleitungen im Biologieunterricht zuweilen der Fall ist. Schülergruppen neigen dann dazu, ihre Ergebnisse zu „glätten" oder an die Ergebnisse anderer Gruppen anzupassen (vgl. MAYER/ZIEMEK 2006, 10).

Checkliste: Durchführung des Experiments

- Welche Strukturierungshilfen können gegeben werden, um die Schüler bei der Durchführung zu unterstützen (z. B. Hilfskarten …)?
- Auf welche Weise erfolgt das Protokollieren der Messergebnisse?
- Beim Umgang mit lebenden Organismen mehrere Parallelmessungen durchführen!

Was kann schiefgehen?
- Lernenden gelingt es nicht, alle Kontrollvariablen zu kontrollieren.
- In den Gruppen kommt es zu Konflikten zwischen den Lernenden.

Schritt 5: Auswertung, Analyse und Deutung der Daten
Als letzter Schritt der experimentellen Methode erfolgt die Aufbereitung und Auswertung der gewonnenen Daten. Dies geschieht z. B. mithilfe von Berechnungen und Tabellen oder grafischen Darstellungen. Ziel ist es, die Ergebnisse anschaulich darzustellen und sie hinsichtlich der eingangs aufgestellten Hypothese zu bewerten, die dabei falsifiziert oder verifiziert wird. In unserem konkreten Beispiel erfolgt die Auswertung der Daten über einen Vergleich der im Rahmen der Messreihe gewonnenen Ergebnisse. Dazu können die erstellten und fotografierten Grafiken der Gesichtsfelder miteinander verglichen werden.

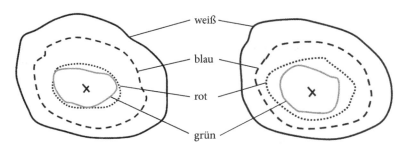

Beispiele zweier Messergebnisse

Anhand der Grafiken können sowohl Unterschiede als auch Gemeinsamkeiten beschrieben und herausgearbeitet werden. Dabei muss darauf geachtet werden, die Ergebnisse von der Deutung zu trennen.

Die Deutung ist streng von den Ergebnissen zu trennen

Beispiele möglicher Ergebnisse mit jeweiliger Deutung

Ergebnis	Deutung
• Die Werte zwischen den Personen können deutlich schwanken.	→ individuelle Ausprägung des Merkmals → Messfehler
• Das Gesichtsfeld für die Hell-Dunkel-Wahrnehmung ist größer als das für die Farbwahrnehmung.	→ Im Randbereich des Gesichtsfeldes gibt es nur Rezeptoren für die Hell-Dunkel-Wahrnehmung (Stäbchen).
• Das Gesichtsfeld für die Wahrnehmung der Farben Rot und Grün ist kleiner als das für die Wahrnehmung der Farbe Blau.	→ Die Rezeptoren für die Wahrnehmung von Rot, Grün und Blau sind nicht gleichmäßig auf der Netzhaut verteilt.
• Das Gesichtsfeld für die Wahrnehmung der Farbe Grün ist am kleinsten.	→ Die Rezeptoren für die Wahrnehmung von Grün sind auf einen zentralen Bereich der Netzhaut begrenzt.

Die Deutung hat immer vorläufigen Charakter, da sie auf der zugrundeliegenden Theorie und dem jeweiligen Stand der Wissenschaft basiert. Die Deutung umfasst neben der Interpretation der Ergebnisse auch die Diskussion der Genauigkeit der Messergebnisse und die Vertrauenswürdigkeit der Daten. Auch bei diesem Schritt ist es notwendig, die Lernenden zu unterstützen bzw. anzuleiten.

Bedeutsam ist die Neigung von Schülern (aber auch von Erwachsenen), Daten zu ignorieren, die nicht den eigenen Vermutungen oder Erwartungen entsprechen (vgl. CHINN/BREWER 1986). Als problematisch erweisen sich auch kleine Messwertunterschiede, die z. B. aufgrund von Messfehlern auftreten können und die Interpretation erschweren. Zusammenfassend lassen sich die Kompetenzstufen bei der Analyse von Daten wie in der Tabelle auf S. 103 darstellen (nach HAMMANN 2004, 202).

Ergänzendes Online-Material unter www.ph-weingarten.de/biologie/buplanen.php

Die Beispiele für die Beschreibung der Kompetenzstufen bei der Datenanalyse sind ausführlich im begleitenden Online-Material auf der Homepage der PH Weingarten zu finden.

Im Rahmen der Deutung können zur Interpretation der Ergebnisse auch weitere bzw. ähnliche Forschungsbefunde herangezogen werden.

So könnte man beispielsweise die Gesichtsfeldmessungen in der Schule mit einer Messung vergleichen, die mithilfe eines Perimeters vorgenommen wurde (vgl. Abb. S. 103). Auf dieser wäre auch der blinde Fleck verzeichnet, da aufgrund der Apparatur eine größere Messgenauigkeit erreicht werden kann, als dies im Schülerexperiment möglich ist.

Stufe	Kompetenzniveau	Nähere Beschreibung	Alter
1	Daten werden nicht auf Hypothesen bezogen	Beobachtete Effekte werden beschrieben, aber nicht Ursachen erklärt. Defizite beruhen auf einem mangelnden Verständnis der Ziele der Datenerhebung beim Experimentieren.	Primarstufe
2	Unlogische Analyse der Daten	Lernende beziehen Daten auf Hypothesen, ziehen jedoch unlogische Schlüsse, z. B. durch Nichtbeachten deutlicher Kontraste zwischen Experimentalansatz und Kontrollansatz. Beim Erklären der Ergebnisse eines Experiments treten Widersprüche auf; Hypothesen werden gewechselt bzw. beibehalten, obwohl die Datenlage dieses nicht zulässt.	Klasse 5
3	Weitgehend logische Analyse der Daten, jedoch Probleme bei der Bewertung von Daten, die den eigenen Erwartungen widersprechen	Lernende erklären Daten auf logisch konsistente Weise in den meisten experimentellen Situationen. Schwierigkeiten bereitet jedoch der Umgang mit Anomalien, also Daten, die den eigenen Erwartungen widersprechen und die häufig ignoriert oder fehlinterpretiert werden.	Klasse 6
4	Daten werden in adäquater Weise zur Überprüfung von Hypothesen herangezogen	Lernenden gelingt die Analyse von Daten selbst dann, wenn diese aufgrund inhaltlicher Erwartungen oder Bedingungen der Datenerhebung (z. B. kontinuierliche Variablen mit kleinen Unterschieden oder Messfehlern) schwierig zu interpretieren sind.	ab Klasse 7

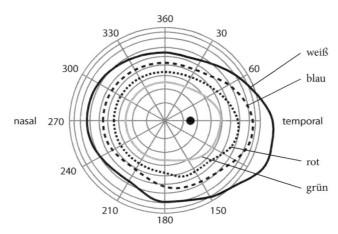

Gesichtsfeld des rechten Auges (nach THEWS ET AL. *2007, 764)*

Eine weitere Möglichkeit zur Weiterarbeit wäre, die Ergebnisse der Untersuchung mit Daten zur Verteilung von Stäbchen und Zapfen in der Netzhaut (Abb. unten) in Beziehung zu setzen.

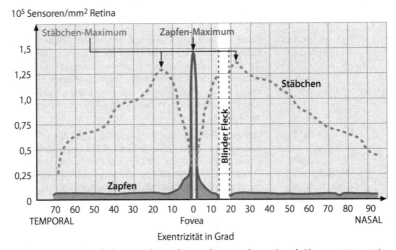

Verteilung der Stäbchen und Zapfen in der Netzhaut (nach KLINKE 2003, 21)

Mit Hilfe dieser Grafik können Aussagen darüber getroffen werden, weshalb im peripheren Gesichtsfeld nur Hell-Dunkel-Sehen möglich ist; die Frage nach der Wahrnehmungsgrenze verschiedener Farben kann allerdings auf diesem Weg nicht beantwortet werden. Generiert werden können aber weitere Anschlussfragen, z. B. zum Farbensehen in der Dämmerung.

Zum Abschluss sollte der Ausgangspunkt der Untersuchung, die eingangs gestellte Fragestellung, nochmals aufgegriffen werden.

Beispielhafte Fragestellung mit entsprechender Antwort

Fragestellung: Weshalb verändert sich der Seh- bzw. Farbeindruck, wenn man einmal die Mitte des Bildschirms fixiert und einmal den Randbereich?

Mögliche Antwort: Betrachtet man bei einem ausreichend großen Bildschirm ein Objekt in der Mitte des Monitors, so wird es mit dem Erkennen von grünen Bestandteilen am Bildrand schwierig, da die Rezeptoren für die Farbwahrnehmung „grün" auf einen zentralen Bereich der Netzhaut begrenzt sind.

Auf der Basis der gewonnenen Erkenntnisse kann diese Frage beantwortet werden, und Chancen und Grenzen des Erklärungswerts der naturwissenschaftlichen Erkenntnismethode können kritisch diskutiert werden. Darüber hinaus lassen sich Fragen zu technischen Anwendungs- und Nutzungsmöglichkeiten, z. B. bei der Gestaltung von Webseiten, anschließen.

> **Checkliste: Auswertung, Analyse und Deutung der Daten**
>
> - Wie sollen die protokollierten Messergebnisse aufbereitet, ausgewertet und interpretiert werden?
> - Diskussion der Genauigkeit der Messergebnisse und Vertrauenswürdigkeit der Daten nicht vergessen!
> - Sollen zur Interpretation der Ergebnisse weitere Forschungsbefunde herangezogen werden?
>
> *Was kann schiefgehen?*
> - Lernenden gelingt es nicht, Ergebnis und Deutung voneinander zu trennen.
> - Es kommt zu Fehlinterpretationen (Schüler ignorieren z. B. Daten, die nicht den eigenen Erwartungen entsprechen).
> - Lernenden gelingt es nicht, die Ergebnisse auf die Hypothesen zu beziehen und damit die Fragestellung zu beantworten.

Schlussbetrachtung
Die Vermittlung und Anwendung fachgemäßer Arbeitsweisen und -techniken ist eine zentrale Aufgabe des Biologieunterrichts. Das Experiment und andere Erkenntnismethoden dienen dabei der Aneignung sowohl von inhaltlichem als auch naturwissenschaftsmethodischem Wissen. Der flexible Bezug der Lern- und Untersuchungsinhalte zu alltagsnahen Kontexten wirkt sich dabei ebenso positiv auf die Motivation der Lernenden aus wie eine offene Lernumgebung, die Möglichkeiten zur Mitbestimmung bietet.

4.5 Mit Modellen arbeiten
Anke Meisert

Modelle stellen ein prägendes Element des Biologieunterrichts dar und kommen hierbei auf unterschiedlichste Weise zum Einsatz. Allein im Kontext „Sehen" begegnen sie uns in Form der originalgetreuen Nachahmung des Augapfels, als optische Bank oder als Strahlengang eines Linsenauges. Doch was sind eigentlich Modelle? Um diese Frage zu klären, werden im Folgenden zunächst die Grundzüge von Modellen und Modellarbeit diskutiert. Daran schließen sich Überlegungen zu den verschiedenen Funktionen von Modellen im Unterricht an. Abschließend werden zu unterschiedlichen Kompetenzdimensionen, die mit Modellen gefördert werden können, konkrete Unterrichtsvorschläge vorgestellt.

Modelle erkennen

Modelle sind Repräsentationen

Allen Modellen ist gemeinsam, dass sie nicht für sich allein stehen, sondern sich auf etwas anderes beziehen, dem sie mehr oder weniger ähnlich sind: Sie sind Repräsentationen von etwas! So repräsentiert ein Strahlengang den gesetzmäßigen Verlauf ausgewählter Lichtstrahlen von einer Lichtquelle durch eine Linse bis zu einem Bildschirm. Andere Modelle wie das eines Augapfels zeigen hingegen detailgenau die Strukturen eines Auges. Somit können Modelle nicht anhand konkreter Merkmale wie Dimensionalität, Materialität o. Ä. identifiziert werden; das Charakteristische liegt vielmehr darin, dass sie ein Original repräsentieren und dadurch als Modell fungieren. Zu einem Modell wird ein Gegenstand, eine Skizze oder eine Idee erst dann, wenn sie als Modell genutzt wird. Dies zeigt sich besonders deutlich am Beispiel einer optischen Bank: Physiker benutzen eine optische Bank, um durch gezielte Manipulation der Lichtstrahlen die entsprechenden Effekte zu messen. Die optische Bank stellt für sie einen typischen Versuchsaufbau dar. Im Kontext „Auge" nutzen Biologen die optische Bank hingegen dazu, die Wechselwirkungen zwischen Lichtstrahlen und den Strukturen des menschlichen Auges zu simulieren; hierdurch wird die optische Bank zum Modell. Eine entsprechende Definition des Modellbegriffs liefert STACHOWIAK:

„X ist ein Modell des Originals Y für den Verwender v in der Zeitspanne t bezüglich der Intention Z" (STACHOWIAK 1980, 29).

Modelle sind dem, was sie repräsentieren, ähnlich

Modelle werden häufig vor allem als Medien betrachtet, welche die biologischen Sachverhalte zugänglich in den Unterricht „holen". Dieses Verständnis trifft vor allem für Modelle wie den menschlichen Torso, das Skelett oder ein Zellmodell zu, die einen hohen Nachahmungsgrad zum Original erreichen. Ziel dieser „Nachahmungsmodelle" ist es, das Original möglichst genau zu „kopieren", um realistische Vorstellungen vom Original zu vermitteln. Sie bieten die Möglichkeit, nicht oder nur schwer verfügbare Originale im Unterricht weitgehend originalgetreu zu präsentieren. Damit unterstützen sie die Vorstellungsbildung zu Größenverhältnissen, räumlichen Beziehungen u. Ä.

Aus der Perspektive naturwissenschaftlicher Erkenntnisgewinnung kommt Modellen jedoch noch eine viel weiter reichende Bedeutung zu: Sie bilden den Kern wissenschaftlicher Theorieentwicklung, indem durch

Modellbildung ein Verständnis der Realität konstruiert wird (DEVELAKI 2007, MEISERT 2008). Hierzu können die als relevant eingestuften Teilaspekte der Realität, „neu" konstruiert und in einen Zusammenhang gestellt werden, der die angenommenen Beziehungen zwischen diesen Teilen repräsentiert.

Konstruieren wir z. B. einen schwarzen Pappkarton, der ein kleines Loch und gegenüber ein Pergamentpapier aufweist, haben wir den Zusammenhang zwischen Pupillenöffnung, Augenkammer und Netzhaut rekonstruiert. Damit lässt sich überprüfen, ob eine Bildentstehung auf der Netzhaut allein mithilfe dieser Strukturen möglich ist. Ziel dieses Modellierungsprozesses ist es somit nicht, das Auge möglichst detailgenau nachzuahmen, sondern jene Strukturen zu rekonstruieren, von deren Zusammenwirken wir einen bestimmten Effekt erwarten. Modelle, die als Instrumente der Erkenntnisgewinnung genutzt werden (im Folgenden als Erkenntnismodelle bezeichnet), repräsentieren somit Vorstellungen von der Realität. Sie werden genutzt, um diese Ideen zu überprüfen, und werden daher auch als „Ideentester" bezeichnet. Diese Erkenntnismodelle können sehr unterschiedlichen Charakter haben. Gegenständliche Modelle wie die einfache „Lochkamera", mit denen sogenannte Modellversuche durchgeführt werden können, zeigen den Charakter als Ideentester sehr offensichtlich.

Modelle können in Nachahmungs- und Erkenntnismodelle eingeteilt werden

Eine häufig genutzte Unterscheidung von Modellen in „Struktur-" und „Funktionsmodelle" (MEYER 1990) bezieht sich hingegen auf die Art des Ausschnittes der Realität, der durch die Modelle repräsentiert wird. Demnach ist das originalgetreue Modell des Augapfels ein Struktur- und die Lochkamera ein Funktionsmodell. Diese Unterscheidung ist nicht gleichzusetzen mit der Einteilung in Nachahmungs- und Erkenntnismodelle (vgl. Tabelle unten), da auch Strukturmodelle als Erkenntnismodelle fungieren können (z. B. Zell-Modell).

Modelle können danach eingeteilt werden, wozu sie genutzt werden oder was sie repräsentieren

Unterscheidung von Modellen nach der Art dessen, was sie repräsentieren (Struktur- oder Funktionsmodelle), und nach der Art, wozu sie genutzt werden (Nachahmungs- oder Erkenntnismodell) mit entsprechenden Beispielen

Wozu? / Was?	Funktionsmodell	Strukturmodell
Erkenntnismodell	optische Bank als Simulation der Bildentstehung im Auge	Phospholipid-Bausteine, die gemäß molekularen Wechselwirkungen zu einer Membran angeordnet werden
Nachahmungsmodell	Film-Animation zur Akkomodation	Modell des Augapfels

4.5 Mit Modellen arbeiten

Funktionen von Modellen im Unterricht
Der beschriebene Charakter von Modellen als nachahmendem Medium einerseits oder als ideengeleiteter Repräsentation der Realität mit Testfunktion andererseits bedingt, dass mit dem Einsatz von Modellen sehr unterschiedliche Zielebenen verfolgt werden können. Dies lässt sich einfach anhand zweier Modelle verdeutlichen (Abb. unten): Modell A zeigt dreidimensional den Aufbau des Auges; Größenverhältnisse und Farbgebung sind originalgetreu. Ziel des Modelleinsatzes ist die Förderung originalnaher Vorstellungen zur räumlichen Struktur des Auges. Modell B zeigt hingegen einen sogenannten Strahlengang, der zweidimensional die geometrischen Beziehungen exemplarischer Lichtstrahlenverläufe am Auge aufzeigt. Alle berücksichtigten Strukturen (Blende, Netzhaut usw.) werden hierbei durch vereinfachende Umrisse wiedergegeben. Mögliches Ziel des Modelleinsatzes ist nicht die Förderung realitätsnaher Vorstellungen, sondern die Verdeutlichung der gesetzmäßigen Beziehungen zwischen den Bestandteilen des Auges. Hieraus lässt sich ableiten, dass Nachahmungsmodelle unmittelbar auf phänomenbezogene Kenntnisse zielen, während Erkenntnismodelle auf Theorien bzw. Elemente von Theorien über bestimmte Phänomene ausgerichtet sind. Um diese beiden möglichen Zielebenen des Unterrichts zu verdeutlichen, werden im Folgenden für beide Modelltypen und Zielebenen Überlegungen zur unterrichtlichen Umsetzung vorgestellt.

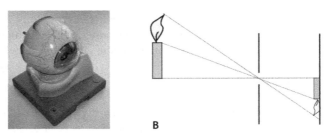

Nachahmungs- und Erkenntnismodell: Augenmodell (A) und Modell des Strahlengangs an einer Blende oder an der Pupille (B)

Nachahmungsmodelle und ihr Einsatz im Unterricht
Nachahmungsmodelle erlauben es, die begrenzten Möglichkeiten des Einsatzes von Originalen zu kompensieren. Die Begrenzungen können hierbei dadurch begründet sein, dass die Originale überhaupt nicht verfügbar (z. B. Torso), zu klein und daher gar nicht oder nur schwer erkennbar (z. B. blin-

der Fleck) oder nur mit vergleichsweise hohem Aufwand zu beschaffen sind (z. B. Auge). Beim Einsatz von Nachahmungsmodellen und Originalen stellt sich jedoch nicht die Frage des „Entweder-oder", sondern es handelt sich vielmehr um ein „Sowohl-als-auch", da gerade die Kombination von Originalbegegnung und Modellbetrachtung umfassende Zugänge zum Lerngegenstand eröffnet. Doch wie kann diese Kombination aus Original- und Modellbetrachtung im Unterricht sinnvoll umgesetzt werden?

Originale und Modelle können sich im Unterricht ergänzen

Unterrichtliche Verknüpfung von Original und Nachahmungsmodell: Wenn der Grundaufbau des Auges erarbeitet wird, ist es lohnenswert und daher auch im Aufwand angemessen, Originalaugen (vom Schwein) zu beschaffen, um die Lernenden den Grundaufbau aus Glaskörper, Linse, Pupille und Netzhaut erarbeiten zu lassen (siehe auch Kap. 2). Dennoch ist es schwer, die vielen Einzelaspekte des Aufbaus im Klassenverband zu besprechen, um die Kenntnisse zu sichern, da die Augen hierzu zu klein sind. Daher ist es für eine gemeinsame Sicherung der untersuchten Strukturen sinnvoll, ein auf die charakteristischen Merkmale reduziertes und vergrößertes Augenmodell zu nutzen. An diesem können die Lernenden die zuvor identifizierten Strukturen nochmals zuordnen, vergleichen und beispielsweise gemeinsam dokumentieren (siehe Kap. 4.6). Diese Abfolge aus Originaluntersuchung und Sicherung an einem Nachahmungsmodell hat den Vorteil, dass zunächst durch das Originalobjekt realistische Vorstellungen zur Größe und Festigkeit des Auges entwickelt werden können. Erst in einem zweiten Schritt verdeutlicht dann das in Größe und Material abweichende Modell alle wesentlichen Strukturen nochmals zugänglicher. Um dies zu ermöglichen, müssen Modelle gezielt ausgewählt werden.

Kriterien bei der Auswahl von Modellen: Die Kriterien, nach denen geeignete Modelle ausgewählt werden können, fordern sehr unterschiedliche Qualitäten: möglichst weitreichende Originalnähe bei gleichzeitiger Eignung für die unterrichtliche Umsetzung (hier: Erkennbarkeit aller relevanten Strukturen während einer Plenumsphase). Die Auswahl geeigneter Modelle stellt somit auch immer wieder einen Kompromiss zwischen der fachlich-didaktischen Adäquatheit und der methodischen Umsetzbarkeit dar. Wird z. B. eine Arbeit mit dem Modell in Einzel- oder Partnerarbeit angestrebt, muss oftmals auf zweidimensionale Modelle in Form von Abbildungen auf Arbeitsblättern zurückgegriffen werden, selbst wenn der Gegenstand adäquater über dreidimensionale Modelle repräsentiert werden könnte.

Die Auswahl von Modellen orientiert sich an sehr unterschiedlichen Kriterien

Zentrale Kriterien zur Auswahl von Nachahmungsmodellen sind daher:

- Zugänglichkeit der relevanten Merkmale durch Größe, Farbgebung und geeignete Dimensionalität,
- fachliche Adäquatheit der Nachahmung und
- mediale Eignung für die vorgesehene Arbeits- und Sozialform (siehe auch 4.6).

Modellwissen, Modellarbeit und Modellverständnis stellen unterschiedliche Kompetenzdimesionen dar

Erkenntnismodelle und ihr Einsatz im Unterricht

Mit Erkenntnismodellen lassen sich im Unterricht sehr unterschiedliche Zielebenen verfolgen. Diese Zielebenen lassen sich in drei Kompetenzdimensionen (MEISERT 2008) differenzieren (siehe Abb. unten): Modellwissen, Modellarbeit und Modellverständnis.

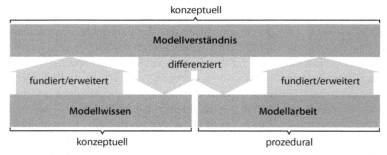

Kompetenzmodell mit den Kompetenzdimensionen Modellwissen, Modellarbeit und Modellverständnis, die sich gegenseitig beeinflussen (verändert nach MEISERT 2008)

Modellwissen umfasst die Kenntnis von Modellen, also z. B. das Wissen um die Struktur von Strahlengängen mit den gesetzmäßigen Beziehungen zwischen Blende, Linsen und Lichtstrahlen sowie ihre Bedeutung für die Bildentstehung. Modellwissen lässt sich entsprechend dem Kompetenzbereich Fachwissen zuordnen. Ein Kompetenzzuwachs entsteht dadurch, dass sich durch das Wissen um viele unterschiedliche Modelle auch das Wissen um Modellierungsarten erhöht, sodass neue Modelle zunehmend besser erschlossen werden können.

Die Kompetenzdimension *Modellarbeit* zielt hingegen auf die prozessbezogene Fähigkeit, Modelle in Erkenntnisgewinnungsprozessen nutzen zu können. Diese kann darin bestehen, bewährte Modelle zu nutzen oder Modelle selbst zu entwickeln bzw. weiterzuentwickeln. Modelle können z. B. dazu genutzt werden, Vorhersagen zu generieren.

Neben diesen konkreten Kompetenzen verweisen insbesondere höhere Stufen von Scientific literacy auf die Fähigkeit, das Wesen der Naturwissenschaften zu verstehen. Im Kontext von Modellen und Modellarbeit bedeutet dies, dass Lernende auch ein Verständnis davon entwickeln sollen, welche Bedeutung Modelle in den Naturwissenschaften einnehmen, d. h. wie und wozu sie genutzt werden. Zu den Kompetenzdimensionen Modellwissen und Modellarbeit tritt somit noch die übergeordnete Zielebene des *Modellverständnisses* hinzu. Je nachdem, welche Kompetenzdimension bei der unterrichtlichen Einbindung von Erkenntnismodellen im Vordergrund steht, ergeben sich sehr unterschiedliche Planungsschwerpunkte, die im Folgenden dargestellt werden.

Beispiele zum kompetenzorientierten Umgang mit Modellen
Anhand eines Modells werden die drei Kompetenzdimensionen Modellwissen, Modellarbeit und Modellverständnis schrittweise exemplarisch konkretisiert. Hierzu eignet sich besonders das Modell der optischen Bank, da es mittels einer Schiene das Einsetzen und Verschieben optischer Elemente wie Lichtquelle, Blende, Linsen und Bildschirm ermöglicht und somit vielfältige Einsatzmöglichkeiten im Unterricht bietet (vgl. Abb. S. 50 in Kap. 3 „Eine Unterrichtsstunde planen"). Durch das einfache Variieren relevanter Parameter wie der Abstände zwischen Lichtquelle, Linse und Bildschirm oder der Linsenart können Zusammenhänge zwischen den Eigenschaften der optischen Elemente und der Bildentstehung experimentell ermittelt werden. Die Tatsache, dass Nah- und Fernakkommodation über die Verformung der Linse möglich ist, kann hiermit als Modellversuch aufgezeigt werden.

Modellwissen im Kontext Akkommodation
Die Kompetenzdimension Modellwissen im Kontext Nah- und Fernakkommodation zielt darauf, dass die Lernenden das Modell optische Bank kennenlernen, um sich die Zusammenhänge zwischen Gegenstandsweite, Brennweite der Linse und Bildpunkt zu erschließen. Dieses Modellwissen ermöglicht eine Rückübertragung auf die komplexen biologischen Strukturen und ein entsprechendes Verständnis ihrer Bedeutung. Um diese Ziele zu erreichen, kann den Lernenden in Form eines Demonstrationsversuches die optische Bank in zwei Varianten (Nahakkommodation: geringe Brennweite; Fernakkommodation: große Brennweite) präsentiert werden, um dann die entsprechenden Beobachtungen zu erklären (siehe Abb. S. 112).

Die Kompetenzdimension „Modellwissen" zielt auf das Kennen von Modellen

Arbeitsmaterial (Modellwissen durch Beobachten und Schlussfolgern)
- *Aufgabe 1:* Notiere zu den vier gezeigten Varianten des Modellversuchs (A–D) deine Beobachtungen zur Bildentstehung!
- *Aufgabe 2:* Stelle einen Zusammenhang zwischen der Gegenstandsweite, der Linsenform und der Bildschärfe her!

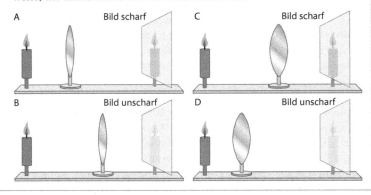

Um über die jeweilige Passung zwischen Linsenbrennweite und Gegenstandsweite auch die Abhängigkeit des jeweiligen Bildpunktes nachvollziehen zu können, muss zusätzlich zu den passenden Kombinationen aus Gegenstandsweite, Linsenbrennweite und Bildweite auch jeweils eine Kombination gezeigt werden, bei der kein scharfes Bild entsteht. Um insgesamt das Verständnis der Übertragung auf die biologischen Strukturen zu sichern, sollten Modell- und Originalelemente zudem analogisiert werden (Abb. unten).

Arbeitsmaterial
(Modellwissen durch Analogisieren der Modellelemente)
- *Aufgabe:* Ordne den Teilen des Modells „optische Bank" die realen Strukturen deines Auges zu, die durch die Teile des Modells dargestellt werden!

Modell „optische Bank"	Original „Auge"
Glaslinse	*Linse*
Lichtquelle	*belichteter Gegenstand*
Bildschirm	*Netzhaut*
Schiene	*Augapfel mit verschiedenen Festigungsstrukturen*

Modellarbeit im Kontext Akkommodation

Die Einbindung der optischen Bank in einen Unterricht, der schwerpunktmäßig auf den Umgang mit Modellen als Mittel der Erkenntnisgewinnung zielt, kann im Kontext Akkommodation die Möglichkeit nutzen, dass Lernende die optische Bank selbstständig variieren können, um selbst ein mögliches Modell der Nah- und Fernakkommodation (Variation der Linsenbrennweite) zu entwickeln. Um diese Art des Lernwegs besser verstehen zu können, ist es sinnvoll, genauer zu betrachten, welche Rolle Modellen in Erkenntnisgewinnungsprozessen zukommt.

Die Kompetenzdimension „Modellarbeit" zielt auf die Fähigkeit, Modelle nutzen zu können

Modelle in Erkenntnisgewinnungsprozessen: Naturwissenschaftliche Theorien bestehen im Kern aus Modellen, sodass naturwissenschaftliche Erkenntnisgewinnung durch das Entwickeln und Überprüfen hypothetischer Modelle charakterisiert werden kann (GILBERT 1991). Dieses Entwickeln und Überprüfen stellt zwei sehr unterschiedliche Teilschritte dar (Abb. unten):

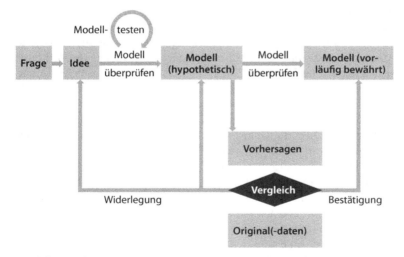

Modelle in Erkenntnisgewinnungsprozessen (verändert nach MEISERT 2009)

Das Entwickeln eines Modells beginnt mit einer Idee (hier: Variieren der Linsenbrennweite), die eine Lösung für die Fragestellung bietet. Diese Idee wird durch das Konstruieren des Modells konkretisiert; diese Konkretisierung ermöglicht es, die innere Stimmigkeit des Modells zu testen (hier: Veränderte Linsenbrennweiten erzeugen bei variierender Gegenstandsweite jeweils ein scharfes Bild). Ist die innere Stimmigkeit des Modells gegeben, so ist mit diesem „Ideentest" jedoch noch nicht belegt, dass das biologische System Auge auch tatsächlich so funktioniert. In einem weiteren Schritt muss entsprechend überprüft werden, ob das in sich stimmige Modell auch tatsächlich der realen Funktionsweise entspricht. Hierzu können aus dem Modell Vorhersagen abgeleitet werden (hier: Veränderungen der Linsenwölbung bei Nah- und Fernakkommodation) und mit Beobachtungen des biologischen Systems verglichen werden. Stimmen die Vorhersagen mit den beobachteten Daten überein, gilt das Modell als vorläufig bestätigt; stimmen sie nicht überein, bedarf es einer Revision des Modells bzw. der Entwicklung einer neuen Idee.

Modelle als Mittel und Ziel der Erkenntnisgewinnung im Unterricht:
Erkenntnisgewinnung durch Modellentwicklung und -überprüfung entfaltet als Lehr-Lern-Konzept ein hohes Potenzial. Die Entwicklung eines Modells bietet für Lernende in der Regel eine höhere Motivation und Zugänglichkeit als das Generieren sprachbasierter Hypothesen; die Möglichkeiten des Modelltestens erlauben zudem eine vertiefte Auseinandersetzung mit der zugrundeliegenden Idee und darüber hieraus explorativ-spielerische Momente der Ausprobierens. Durch die enge Verknüpfung der vorhergesagten mit den beobachteten Daten ist der Schritt der Modellüberprüfung für Lernende gut nachvollziehbar. Insbesondere Diskussionen um die Gültigkeit konkurrierender Alternativmodelle können die Bedeutung empirischer Daten zur Beurteilung eines Modells verdeutlichen. Im Zuge dieser Diskussionen über die Gültigkeit von Modellen können zudem gezielt Kompetenzen im Argumentieren gefördert werden (vgl. BÖTTCHER/MEISERT 2011). Die eigenständige Entwicklung von Modellen birgt somit ein hohes Potenzial für Lernprozesse, stellt aber zugleich auch eine Gefahr der Überforderung dar. Würden Lernende zu der Frage, wie Akkommodation funktioniert, ohne weiteres Vorwissen den schlichten Auftrag bekommen, ein erklärendes Modell zu entwickeln, könnten sicher viele diese Aufgabe nicht lösen. Ist ihnen jedoch die optische Bank als Modell der Bildentstehung bekannt, können sie dieses nutzen, um das Modell weiterzuentwickeln.

Der Schwierigkeitsgrad von Modellarbeit kann leicht variiert werden

Modelle entwickeln lassen oder Modelle vorgeben:
Die Entscheidung, wie viel Eigenkonstruktion Lernenden einerseits möglich ist und wie viel Hilfestellungen und Anregungen andererseits nötig erscheinen, ist genau auf den Kenntnisstand der Lerngruppe abzustimmen. Dabei kann den Lernenden im Extremfall entweder ein vollständiges Mo-

dell vorgegeben werden oder sie können völlig frei ein Modell entwickeln. Zwischen diesen Extremformen bietet sich ein weites Spektrum von Zwischenformen, das an die Lernenden angepasst werden kann.

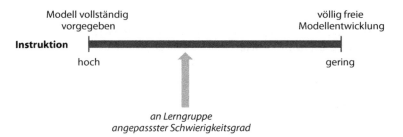

Schwierigkeitsgrad der Modellarbeit als Spektrum zwischen hoher und geringer Instruktion

Zwei bewährte Strategien stellen die Modellweiterentwicklung und der Einsatz alternativer Modelle dar:

1. Eine *Modellweiterentwicklung* erfolgt dadurch, dass ein Modell vorgegeben wird (oder, wie im oben beschriebenen Beispiel dargelegt, bereits aus dem Vorunterricht bekannt ist), welches ein im Unterricht neu ermitteltes Phänomen nicht vollständig erklären kann. Dies führt zu einer Weiterentwicklung des Modells (hier: Variation der Linse), bis dessen Erklärungskraft auch das neue Phänomen zu erschließen vermag.
2. Ein anderes Aufgabenformat mit mittlerem Instruktionsgrad ist der Einsatz von *multiplen Modellen,* d. h. von Modellen, die das zu klärende Problem auf unterschiedliche Weise lösen. So kann das Phänomen der Nah- und Fernakkommodation auf der Ebene des Modells sowohl durch eine Formveränderung der Linse als auch durch deren Verschiebung gelöst werden.

Beide Varianten stellen an sich plausible Lösungsansätze dar, die somit vorgegeben werden. Die Aufgabe der Lernenden besteht dann entsprechend darin, die Gültigkeit der Modelle zu überprüfen, indem sie Strukturdaten zur Position und Gestalt der menschlichen Linse bei Nah- und Fernakkommodation analysieren. Die eigenständige Erkenntnisleistung beim Einsatz multipler Modelle besteht somit nicht in der eigenen Modellentwicklung, sondern in der eigenständigen Gültigkeitsüberprüfung (vgl. Abb. S. 113).

Modellverständnis im Kontext Akkommodation
Lernende verstehen unter Modellen vielfach Nachahmungsmodelle im oben beschriebenen Sinne (vgl. GROSSLIGHT ET AL. 1991); dieses Verständnis ist dadurch gekennzeichnet, dass sie Modelle überwiegend als 1:1-Kopien der Realität einordnen (MEISERT 2009). Eine Förderung der Kompetenzdimension Modellverständnis sollte daher darauf zielen, das Wesen von Erkenntnismodellen explizit zu erschließen. Hierbei zeigt sich, dass sich Lernende die Erkenntnisfunktion von Modellen durchaus selbstständig erschließen, wenn sie sich mit Erkenntnismodellen auseinandersetzen (PENNER ET AL. 1997, MEISERT 2008). Dies kann über sukzessiv abstraktere und miteinander verknüpfte Lernschritte erfolgen.

- **Schritt 1: Modellkritik**

Modellkritik soll unter anderem das Entstehen von Fehlvorstellungen verhindern

Der erste Lernschritt bezieht sich auf einen kritischen Vergleich zwischen Modell und realem Bezugssystem, um ein Bewusstsein dafür zu schaffen, dass Erkenntnismodelle gezielt ausgewählte Teilaspekte rekonstruieren und andere nicht. So zeigt eine optische Bank z. B. nicht die Übergänge einer realen Linsenverformung. Durch das Einsetzen unterschiedlicher Linsen werden nur gestufte Übergänge simuliert, während die menschliche Linse stufenlos akkommodieren kann. Diese als „Modellkritik" bezeichnete Analyse bietet auf der Grundlage einer vergleichenden Betrachtung konkrete Hinweise darauf, dass Erkenntnismodelle keiner 1:1-Nachahmung entsprechen. Ziel der Modellkritik ist somit auch keine Bewertung des Modells als unzureichend, da es von einer 1:1-Kopie abweicht, sondern ein explizites Feststellen von intendierten (und natürlich auch konstruktionsbedingten) Differenzen, um beispielsweise das Entstehen von Fehlvorstellungen zu verhindern. Dieses Feststellen von Differenzen dient dann als Plateau, um auf einer abstrakteren Ebene über die Ziele der Modellentwicklung und -arbeit zu reflektieren. Zwar lehnen UPMEIER ZU BELZEN/KRÜGER (2010, 47) das Verfahren der Modellkritik ab, indem sie argumentieren, ein Vergleich mit Originalen verstärke die Ansicht, „dass Modell und Original vergleichbar sind und dass ein Modell möglichst korrekt und vollständig das Original repräsentieren sollte". Unserer Ansicht nach unterstützt Modellkritik jedoch nicht die Vorstellung einer 1:1-Nachahmung, sondern macht bewusst, dass die Differenzen zwischen Modell und Original gerade das Potenzial des Modells ausmachen.

- **Schritt 2: Bedeutung von Modellen**

Reflexionen über die Bedeutung der Modellarbeit können methodisch z. B. durch eine Kartenabfrage initiiert werden (*„Wir entwickeln Modelle, um ..."* oder *„Wir arbeiten mit Modellen, um ..."*). Durch eigenständiges Sortieren der Karten werden die unterschiedlichen Ideen der Lernenden identifiziert und kategorisiert. Diese Ideen lassen sich dann zu den zuvor analysierten Differenzen zwischen Modell und realem System in Beziehung setzen, sodass die reine Nachahmung als Funktion ausgeschlossen werden kann. Durch eine Rückschau auf die eigene Arbeit mit der optischen Bank können die Lernenden dann ihre Vorstellungen zur Funktion von Modellen in Erkenntnisprozessen weiter ausdifferenzieren. Kontrastierende Thesen wie *„Modelle sind Ideentester"* und *„Modelle sind Nachahmer"* können genutzt werden, um die vielfältigen Überlegungen zu akzentuieren und zu bündeln.

- **Schritt 3: Modell-Modellierer-Original-Verhältnis**
Ein weiterführendes Nachdenken über die Beziehungen zwischen dem Modellierer, dem Modell und dem Original lässt sich durch eine einfache Skizze initiieren (Abb. unten). Die Beziehungen zwischen diesen Elementen des Modellbildungsprozesses können dann von den Lernenden in Form eines offenen Aufgabenformats selbst konkretisiert werden. Dieses Verständnisniveau lässt sich jedoch auf diese Weise nur erfolgreich erschließen, wenn die Lernenden eigene Modellentwicklungsprozesse durchlaufen haben, da ihnen in der Regel nur dann entsprechende Erfahrungen für diesen Abstraktionsschritt zur Verfügung stehen. Hinsichtlich des Instruktionsgrades lässt sich dieses Material variieren, indem z. B. alternativ Musterbeschriftungen für die vorgegebenen Pfeile ungeordnet vorgegeben werden, um diese von den Lernenden zuordnen zu lassen. Der Schwierigkeitsgrad dieses hohen Abstraktionsniveaus kann so variabel an unterschiedliche Lernsituationen angepasst werden.

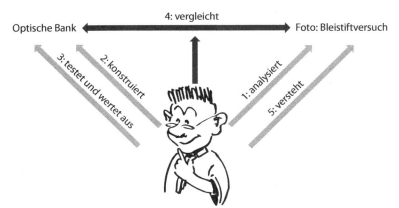

Materialvorschlag zum Modellverständnis durch Analyse der Beziehungen zwischen Modell, Modellierer und Original (1–5: mögliche Ergebnisse)

4.6 Die Arbeit mit Medien planen
Steffen Schaal

Die Ausführungen in diesem Kapitel helfen dabei, für Unterrichtsinhalte geeignete Medienentscheidungen zu treffen. Die Eigenschaften von Unterrichtsmedien werden dabei ebenso beschrieben wie deren Nutzungsmöglichkeiten im Lehr-Lern-Prozess. Das Kapitel schließt mit einer Übersicht über den Einsatz von Lebewesen und deren Teilen, Texten, ruhenden und bewegten Bildern, Text-Bild-Kombinationen und kombinierten Medien.

Viele Phänomene in der (belebten) Natur sind so komplex, dass sie durch das gesprochene Wort allein nicht angemessen durchdrungen werden, und grundlegende (fachliche) Konzepte können nur unzureichend aufgebaut werden. Daher sind insbesondere im naturwissenschaftlichen Unterricht weitere Darstellungsformen und Erkenntnishilfen nötig, um die Lernenden beim Erfassen und Durchdringen von Phänomenen und Zusammenhängen in der Natur zu unterstützen.

Nicht selten lassen sich Lehrkräfte bei der Unterrichtsplanung sogar weniger von den zuvor angestellten didaktischen Überlegungen als von den zur Verfügung stehenden Medien und Materialien (Schulbüchern, Arbeitsblättern, Filmen) leiten, und Fortbildung führen dann zu allgemeiner Zufriedenheit, wenn *etwas mitgenommen werden* kann. Doch der Einsatz von Medien sollte nicht nur vom verfügbaren Angebot bestimmt sein, sondern vor allem didaktischen Überlegungen folgen und auf die Ziele des Biologieunterrichts hin reflektiert sein. Medien sind quasi als Werkzeuge zu verstehen, die bei der planvollen Gestaltung von Lehr-Lern-Umgebungen sowohl die Voraussetzungen der Lernenden berücksichtigen als auch die fachspezifischen Arbeitsweisen und Erkenntnismethoden unterstützen.

In diesem Abschnitt werden – entgegen der sonst üblichen Praxis – nur sehr eingeschränkt einzelne Medienarten wie die Wandtafel, der Computer oder lebende Organismen im Detail beschrieben und hinsichtlich ihrer spezifischen Stärken im Unterricht reflektiert. Vielmehr werden zunächst die Aufgabe und die Stellung der Medien in der Planung kompetenzorientierten Biologieunterrichts beleuchtet. Der Schwerpunkt liegt dabei auf der Erarbeitung von Kriterien, die die Lehrkraft bei einer begründeten Medienauswahl für einen erfolgreichen Lehr-Lern-Prozess unterstützen sollen.

Dabei können die folgenden drei Kernfragen die Medienauswahl strukturieren und unterstützen:

- Welche Funktionen soll ein Medium im Lehr-Lern-Prozess des Biologieunterrichts übernehmen?

- Welche Eigenschaften von Unterrichtsmedien sind wesentlich, um Zielsetzungen eines geplanten Biologieunterrichts zu unterstützen?
- Auf welche Weise können Unterrichtsmedien eingesetzt werden, um den Lehr-Lern-Prozess im Biologieunterricht zu unterstützen?

Funktionen der Medien im Lehr-Lern-Prozess

In der biologiedidaktischen Literatur gibt es eine Reihe von Versuchen, den Begriff *Medien* greifbar zu machen und zu definieren (vgl. KÖHLER 2010c u. a.). Dabei wird deutlich, dass Medien im Allgemeinen und Unterrichtsmedien für den Biologieunterricht im Speziellen anhand verschiedener Kriterien strukturiert werden können. Unbestritten ist dabei zunächst die Tatsache, dass Medien eine spezifische Funktion im Unterricht übernehmen.

Die didaktisch begründete Medienauswahl setzt also zunächst voraus, dass die Funktion eines Mediums bereits bei der Planung von Biologieunterricht festgelegt wird.

Grundsätzlich dienen Medien im Biologieunterricht als (erweitert nach GROPENGIESSER/KATTMANN 2006)

- Erlebnis- und Erfahrungshilfen (z. B. Lebewesen, Naturfilme, Geräte zur Beobachtung),
- Erkenntnishilfen (z. B. Modelle, Experimentiermaterial, Computersimulationen, Schemata),
- Informationshilfen (z. B. Texte, Bilder, Computeranimationen) und als
- Kommunikations- und Produktionshilfen (z. B. Anregen des gemeinsamen Austauschs im Unterrichtsgespräch, Web 2.0, soziale Netzwerke).

Damit kann man Unterrichtsmedien in Anlehnung an VON MARTIAL (2005) auch als *Lernobjekte* bezeichnen, die Lernenden helfen, Erkenntnisse zu biologierelevanten Inhalten zu gewinnen, Unterrichtsziele zu erreichen oder aber den Erkenntnisweg zu unterstützen. Medien als Lernobjekte, die den Lernprozess begleiten, sind damit entweder Träger von Informationen und/oder Vermittler im Lernprozess zwischen dem Gestalter einer Lernumgebung, einem Lerngegenstand und den Lernenden.

Unterrichtsmedien sind apersonale Träger von Informationen und Mittler im Lernprozess in planvoll gestalteten Lernumgebungen (nach STAECK 1995)

Entscheidend ist dabei, dass die Lernenden kognitiv aktiviert werden und handelnd mit diesen Lernobjekten umgehen. Auf diese Weise können Medien die aktive Auseinandersetzung mit Lerninhalten initiieren, moderieren oder dazu motivieren, sich einem Lerngegenstand zuzuwenden (z. B. können optische Täuschungen als Bilder die Frage aufwerfen, wie diese Wahrnehmungen mithilfe der Anatomie und Physiologie erklärt werden können).

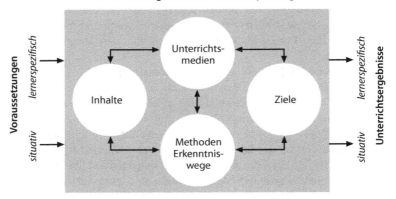

Entscheidungsrahmen bei der Planung von Biologieunterricht (verändert nach STAECK 1995)

Beispiel: Wie die Zielsetzung die Medienauswahl bestimmt

1. Förderung des Kompetenzbereichs Erkenntnisgewinnung:
Wie in den vorangegangenen Kapiteln beschrieben, können sich die Zielsetzungen des Unterrichts bei ein und demselben Inhalt maßgeblich unterscheiden. Steht beispielsweise die Förderung des Kompetenzbereichs *Erkenntnisgewinnung* im Vordergrund der Unterrichtsplanung, so werden schwerpunktmäßig die fachgemäßen Arbeitsweisen zur Erkenntnisgewinnung angewandt. In diesem Fall bietet sich das Originalobjekt – beispielsweise ein Schweineauge – als Medium an. Dessen Betrachtung und Präparation liefert den Lernenden Einsichten in den Bau eines Säugetierauges und lässt die Funktion verschiedener Bestandteile deutlich werden. Die formerhaltende Funktion des Glaskörpers beispielsweise oder die Robustheit von Horn- und Lederhaut sowie die Austrittsstelle des Sehnervs zeigen bei der Arbeit am echten Auge den Bau-Funktions-Zusammenhang deutlich auf.

2. Förderung des Kompetenzbereichs Kommunikation:
Ist demgegenüber die Zielsetzung der Unterrichtsstunde eher im Kompetenzbereich *Kommunikation* verortet, so könnte das Beschreiben eines Augenmodells und dessen zeichnerische Umsetzung stärker im Fokus stehen. Wenn es sich um ein analoges Modell handelt, dann können wesentliche Bestandteile durch farbige Abgrenzung, Vergrößerung oder durch eine bessere Zugänglichkeit als beim Original hervorgehoben werden und damit den Einsatz begründen.

Unterrichtsmedien beeinflussen grundlegend die Unterrichtsplanung: Die Mediennutzung steht mit den ausgewählten Erkenntniswegen und -methoden der Biologie ebenso in Wechselwirkung wie die zur Verfügung stehenden Medien mit den Zielen des Unterrichts. Aber auch die Ziel- und Schwerpunktsetzung des Unterrichts beeinflusst wiederum die Medienauswahl. Wenn für einen komplexen Sachverhalt im Unterricht keine für die Zielgruppe angemessenen Medien zu finden sind oder erstellt werden können, dann darf auch der Erfolg des Lehr-Lern-Prozesses in Frage gestellt werden. Diese Überlegungen machen deutlich, dass die Verfügbarkeit von Medien und deren zielgerichteter Einsatz die Unterrichtsplanung maßgeblich beeinflussen. Dies wird in folgendem Beispiel deutlich:

> **Beispiel: Wie die schulische Ausstattung die Medienauswahl beeinflusst**
> An einer Schule steht nur ein Augenmodell zur Verfügung. Im Rahmen der Unterrichtsplanung wird eine Stationenarbeit zum Bau des menschlichen Auges so geplant, dass andere Medien wie Texte, Bilder oder kurze Filmsequenzen die Arbeit mit dem Modell ergänzen. Auf diese Weise werden Methoden und Erkenntniswege mit Medienunterstützung ausgewählt, die in ihrer Gesamtheit zu einer aktiven Auseinandersetzung mit dem Lerngegenstand führen.

Medien übernehmen oberflächlich betrachtet verschiedene grundlegende Funktionen im Lehr-Lern-Prozess (vgl. auch GRAF 2004, VON MARTIAL 2005, TULODZIECKI/HERZIG 2010):

- *Prozesse* und *Sachverhalte veranschaulichen* und/oder *sichtbar machen* sowie *strukturieren,*
- *indirekte Erfahrungen ermöglichen,* wenn direkte Erfahrungen nicht möglich, zu teuer, zu zeitaufwändig oder zu gefährlich sind,
- *Kommunikation vereinfachen,* wenn unmittelbare persönliche Kontakte schwer möglich sind (z. B. Experten im Unterricht via Chat oder Twitter) oder wenn ein längerfristiger, zeit-/raumunabhängiger Austausch sinnvoll ist (z. B. kooperative Arbeit an einem digitalen Tagebuch wie einem Weblog oder Austausch mit anderen Werkzeugen des Web 2.0),
- *Interesse wecken* und motivieren, indem Phänomene und Sachverhalte so dargestellt werden, dass sie an die Erfahrungswelt der Zielgruppe angebunden werden können; damit helfen Medien, eine Beziehung zwischen dem Lerngegenstand und den Lernenden herzustellen,
- *flexible, bedarfsgerechte Lehr-Lern-Arrangements* ermöglichen (Differenzierung nach Lernenden, Auflösen des Klassenunterrichts durch Me-

diennutzung in Gruppen, Entlastung von Routinearbeiten wie Datenaufnahme und -verarbeitung),
- *Herstellen eigener Medien* dient der Anwendung des Gelernten, der Dokumentation und Reflexion (z. B. Herstellung eines Funktionsmodells des Auges, einer einfachen Computeranimation/-simulation zur Akkomodation oder eines Wikis zur visuellen Wahrnehmung).

Darauf folgt die konkrete Auswahl des Unterrichtsmediums, welches für die jeweils festgelegte Funktion am besten geeignet erscheint. Dafür ist es nötig, zunächst die Eigenschaften der Unterrichtsmedien näher zu betrachten.

Medieneigenschaften, die den Lehr-Lern-Prozess unterstützen
Medien im Biologieunterricht werden bislang vorwiegend anhand ihrer *Oberflächenmerkmale* strukturiert (z. B. Original versus Abbild, vgl. Abb. unten). Alternativ können Unterrichtsmedien allerdings auch nach kognitions- und medienpsychologischen Gesichtspunkten (z. B. Wahrnehmung und Verarbeitung der angebotenen Informationen und Lerngegenstände) oder wie bereits beschrieben nach ihrer Funktion im Unterrichtsverlauf eingeteilt werden.

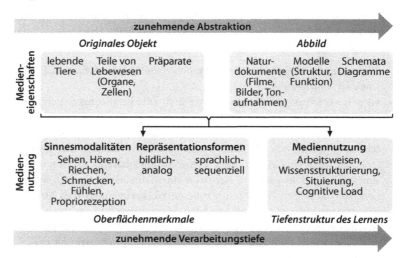

Strukturierung der Unterrichtsmedien im Spannungsfeld zwischen Medieneigenschaften und Mediennutzung

Oberflächenmerkmale von Medien

Zu den Oberflächenmerkmalen der Medien im Biologieunterricht zählen:

- Abstraktionsgrad (Original: Lebewesen, Teile von Lebewesen, Präparate; Abbild: Film, Modell, Bild, Symbol, Text)
- Sinnesmodalität (Sehen, Hören, Riechen, Schmecken, Fühlen)

Vom Konkreten zum Abstrakten – das gilt auch für die Medienauswahl

Beides ist dann von Relevanz, wenn die Medienauswahl an der Zielgruppe ausgerichtet wird. Haben Lernende beispielsweise noch keinerlei Erfahrungen mit einem Lerngegenstand, so ist es durchaus sinnvoll, authentische Erfahrungen zu ermöglichen oder mit der Medienauswahl an lebensweltliche Erfahrungen anzuknüpfen (z. B. dient eine Bildkarte zum Nachweis des blinden Flecks als *Erlebnishilfe,* bevor ein Augenmodell als *Erkenntnishilfe* verwendet wird). Im Laufe eines Lehr-Lern-Prozesses werden diese ursprünglich originalen Begegnungen in abstraktere Darstellungsformen überführt, Versuchsergebnisse werden beispielsweise zur Veranschaulichung in Diagrammen dargestellt oder Prozessabläufe letztlich sprachlich beschrieben.

Können bei den Lernenden dagegen bereits grundlegende Erfahrungen mit einem Lerngegenstand vorausgesetzt werden, dann ist eine originale Begegnung mit dem Lerngegenstand nicht zwingend nötig und es können zunehmend abstrakte Medien verwendet werden.

Im Biologieunterricht werden Lebewesen oder Phänomene mit mehreren Sinnen *(multimodal)* wahrgenommen, beispielsweise bei Verhaltensversuchen mit Tieren, bei der Präparation von Organen oder bei Versuchen zur Geschmacks- oder Geruchsschwelle. Im Gegensatz zur Darbietung in einem Naturfilm oder mit Bild-Text-Kombinationen bietet die Arbeit mit Originalen zusätzliche Informationen wie Tasteindrücke oder Geruchs- und Geschmackswahrnehmungen. Bei der didaktisch begründeten Auswahl von Medien ist demnach zu diskutieren, ob diese zusätzlichen Sinnesmodalitäten auch Vorteile ergeben, etwa für das konzeptuelle Verständnis eines Lerninhalts (z. B. äußern Schüler beim Berühren einer Schlange häufig: „Die Schlangenhaut ist ja gar nicht glitschig!") oder im motivational-affektiven Bereich (z. B. Abbau von Ekel). Falls dies nicht der Fall sein sollte, so ist deren Einsatz vor dem Hintergrund begrenzter Zeit- und finanzieller Ressourcen kritisch zu bewerten.

Zu den Oberflächenmerkmalen zählt auch die Repräsentationsform eines Mediums. Die Grundannahme hierbei ist, dass bildhafte und sprachliche Darstellungen im Gedächtnis auf unterschiedlichen Wegen verarbeitet werden („Theorie der dualen Codierung", PAIVIO 1977). Dabei entstehen entweder *Vorstellungsbilder,* die Merkmale und Eigenschaften eines Gegenstands beinhalten (z. B. mentales Modell der Strahlengänge beim fehlsichtigen Auge). Oder es entstehen im Gedächtnis sprachlich-lineare Repräsentationen (z. B. „Licht verändert die räumliche Anordnung des Retinals. Dadurch wird das Transducin aktiviert, welches seinerseits das Enzym PDE aktiviert. Letztendlich sorgt dieses dann für ein Schließen der Na$^+$-Kanäle und damit zu einer Hyperpolaristion der Sehsinneszelle"). Eine Berücksichtigung beider Repräsentationsformen verspricht dann gute Behaltensleistungen, wenn bildhafte und textuelle Informationen ohne großen kognitiven Aufwand miteinander in Beziehung gesetzt werden können (siehe Abb. unten; Weiteres unter „Text-Bild-Kombinationen", S. 129).

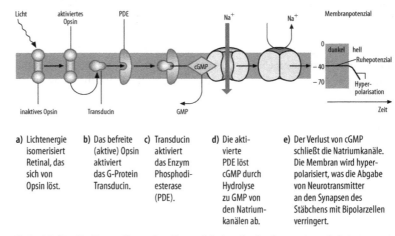

a) Lichtenergie isomerisiert Retinal, das sich von Opsin löst.

b) Das befreite (aktive) Opsin aktiviert das G-Protein Transducin.

c) Transducin aktiviert das Enzym Phosphodiesterase (PDE).

d) Die aktivierte PDE löst cGMP durch Hydrolyse zu GMP von den Natriumkanälen ab.

e) Der Verlust von cGMP schließt die Natriumkanäle. Die Membran wird hyperpolarisiert, was die Abgabe von Neurotransmitter an den Synapsen des Stäbchens mit Bipolarzellen verringert.

Beispiel für die Darstellung der Transduktionskaskade an einer Sehsinneszelle durch geeignete Text-Bild-Kombinationen

Es ist bei der Medienauswahl daher zu berücksichtigen, ob der behandelte Inhalt eher

- zu einem Wissen über Eigenschaften oder
- zu einem Wissen über Prozesse oder
- zu Handlungswissen

führen soll.

Mit Unterrichtsmedien gezielt Lehr-Lern-Prozesse stützen
Den Oberflächenmerkmalen stehen *Tiefenstrukturen des Lernens* gegenüber, welche die Medien in ihrer Wirkung in Lehr-Lern-Prozessen be-

schreiben. Hier gilt die Annahme, dass Medien die aktive Auseinandersetzung mit Lerngegenständen unterstützen sollen und damit auch die Fähigkeit, angeeignetes Wissen unter wechselnden Bedingungen flexibel anzuwenden. Die folgenden Punkte erläutern auf Grundlage anerkannter lernpsychologischer und mediendidaktischer Theorien die Unterstützung von Lehr-Lern-Prozessen durch Unterrichtsmedien und begründen deren gezielte Auswahl.

- Als *Hilfsmittel* unterstützen Medien die Erkenntnisgewinnung bei der Anwendung und Auswertung naturwissenschaftlicher Arbeitsweisen (z. B. beim Betrachten, Beobachten und Untersuchen von Organen oder Präparaten mithilfe von Lupe, Binokular oder Mikroskop). Damit schaffen die Unterrichtsmedien als Hilfsmittel Raum für die aktive Auseinandersetzung mit dem Lerngegenstand, indem sie beispielsweise durch das Übernehmen von Routineaufgaben kognitive Ressourcen sparen (z. B. bei der Dokumentation und Darstellung von Versuchsergebnissen mittels Tabellen, Grafiken, Diagrammen). Diese Ressourcen können schließlich für lernrelevante Aktivitäten genutzt werden.
- Medien stellen *verschiedene Repräsentationsformen* zur Verfügung, die einen Lerngegenstand aus unterschiedlichen Perspektiven beleuchten und damit unterschiedliche, flexible Zugänge zum Lerngegenstand erlauben (z. B. Bau und Funktion des Säugerauges: durch echtes Schweineauge, Mikropräparat Mausauge, gegenständliches oder digitales Augenmodell, Querschnittszeichnung, Tabelle mit Bestandteilen des Auges). Damit werden Voraussetzungen für eine *kognitive Flexibilität* (vgl. SPIRO ET AL. 1988) geschaffen.
- Unterrichtsmedien helfen, Lerngegenstände in *authentische Kontexte* einzubinden (z. B. Film über die Fehlsichtigkeit oder Augenerkrankungen einer Person; über Behandlungsmethoden, beispielsweise durch Sehhilfen oder Lasik). Damit wird bei der Auseinandersetzung mit dem Lerngegenstand dessen Anwendungsmöglichkeit verdeutlicht.
- Mit Hilfe von Unterrichtsmedien können *(komplexe) Sachverhalte strukturiert* dargeboten (z. B. Transduktionskaskade in aufeinander folgenden Filmsequenzen) oder insgesamt strukturiert werden (z. B. Verwendung und/oder Erstellung von Mindmaps oder Concept Maps).
- Die *kognitiven Kapazitäten* eines Menschen sind begrenzt (Cognitive-Load-Theorie nach CHANDLER und SWELLER, vgl. SWELLER ET AL. 1998). Jeder Lerngegenstand hat eine gewisse inhaltliche Komplexität. Die Wahrnehmung, das Verständnis und die Nutzung von Unterrichtsmedien ihrerseits sind ebenfalls mit einem gewissen kognitiven Aufwand verbunden.

Unterrichtsmedien sollen die aktive Auseinandersetzung mit einem Lerngegenstand vertiefen und erleichtern. Dabei werden Unterrichtsmedien so dargeboten, dass für deren Entschlüsselung und Verständnis möglichst wenige kognitive Ressourcen notwendig sind. Auf diese Weise bleibt mehr Raum für die lernwirksame Auseinandersetzung mit dem Lerngegenstand (z. B. bei der Verwendung von digitalen Medien sollte die Bedienung möglichst intuitiv und an alltäglichen Gewohnheiten ausgerichtet sein).

Aus der Zusammenschau von Oberflächenmerkmalen und Funktionen im Lehr-Lern-Prozess kann nun eine exemplarische Übersicht als Hilfe zur zielgerichteten Medienauswahl bei der Unterrichtsplanung zusammengestellt werden.

Wie Unterrichtsmedien gezielt ausgewählt werden
Um Medien für den Biologieunterricht gezielt auszuwählen, können folgende Punkte handlungsleitend sein:

Checkliste: Medien
1. Welche Ziele werden mit dem Medieneinsatz verfolgt:
   Worauf zielt der Medieneinsatz in der konkreten Unterrichtssituation ab?
   Sollen Medien genutzt oder selbstständig erstellt werden?
   Handelt es sich bei kognitiven Lernzielen um deklaratives oder um prozedurales Wissen? Welches Unterrichtsmedium ist zur Unterstützung dieses Ziels geeignet?
   Dient der Medieneinsatz zur Veranschaulichung, als Kommunikationsmittel, oder unterstützt er den Erkenntnisprozess?
2. Sind geeignete Medienressourcen verfügbar, oder müssen Unterrichtsmedien speziell erstellt werden?
3. Auf welche Weise ist der Medieneinsatz in den Unterrichtsverlauf eingebunden: Dient er beispielsweise als Einstieg, zur aktiven Erarbeitung des Lerngegenstands oder zur Ergebnissicherung?
4. Mit welchen Vorerfahrungen, Alltagsvorstellungen und Gewohnheiten ist bei den Lernenden zu rechnen (z. B.: wie vertraut sind die Lernenden mit spezifischen Medien, wie ist die Abstraktionsfähigkeit entwicklungsbedingt einzuschätzen, sind alle verwendeten Symbolsysteme bekannt)?
5. Welche räumlichen, technischen oder zeitlichen Voraussetzungen sind mit dem Medieneinsatz verbunden (z. B. Ausstattung des Lehrraums, Zeitaufwand für den Medieneinsatz und/oder die Medienbeschaffung, Zugänglichkeit der Medien)?

Unterrichtsmedien im Biologieunterricht – den Überblick behalten

Im Folgenden werden überblicksartig die verschiedenen Medienarten im Biologieunterricht und deren mögliche Funktion dargestellt (ausführlich bei SPÖRHASE-EICHMANN/RUPPERT 2010, BERCK 2005, GROPENGIESSER/KATTMANN 2006). Modelle im Biologieunterricht werden in Kap. 4.5 intensiver behandelt und bleiben hier deshalb ohne Berücksichtigung.

1. Lebewesen und Teile von Lebewesen

Eigenschaften:	• sprechen mehrere Sinnesmodalitäten an • bieten unmittelbare Erfahrungsmöglichkeiten
Begründung für die Auswahl:	• wenn ein „Mehrwert" besteht (z. B. zusätzlicher Sinneseindruck, emotionale Wirkung, Abbau von Ekel) oder • eigene Erfahrungen der Lernenden (noch) fehlen
zu berücksichtigen:	• kritische Reflexion der Zeit-Kosten-Nutzen-Relation vor dem Hintergrund der formulierten Lernziele nötig • Ekel, unerwartetes Verhalten oder übermäßige Zuwendung („Ach, sind die süß!!") können zielgerichtetes Arbeiten erschweren

2. Präparate von (Teilen von) Lebewesen

Eigenschaften:	• sprechen mehrere Sinnesmodalitäten an • bieten unmittelbare Erfahrungsmöglichkeiten • weisen im Vergleich zu lebenden Organismen durch die Art der Aufbereitung bereits eine reduzierte Komplexität auf
Begründung für die Auswahl:	• wenn ein „Mehrwert" gegenüber Abbildern besteht (z. B. im Vergleich zu einem Bild) oder • wenn durch sie die aktive Auseinandersetzung mit dem Lerngegenstand (z. B. durch fachgemäße Erkenntnismethoden wie Mikroskopieren) in besonderem Maße gefördert wird
zu berücksichtigen:	• kritische Reflexion der Zeit-Kosten-Nutzen-Relation, • in den Vordergrund zu stellen sind entweder die kognitive Aktivierung (leistet ein Abbild womöglich dasselbe wie ein Präparat?) oder aber • das Einüben von Arbeitsweisen

3. Bewegte Bilder (Film, Computeranimation)

Eigenschaften:	• zeigen zeitabhängige Prozesse auf • bieten einfache Möglichkeiten, Sachverhalte auf verschiedenen Organisationsstufen und deren Übergänge ohne Brüche darzustellen (vom Makro- in den Mikrokosmos) • können bildhafte und sprachliche Informationen zusammenhängend darstellen (bewegtes Bild mit gesprochenem Text)

Begründung für die Auswahl:	• bei zeitabhängigen, sequenziellen und/oder komplexen Sachverhalten • oft sinnvoll, um beispielsweise Lebensräume, verborgene und langfristige Abläufe oder komplexe Verfahren erfahrbar zu machen (z. B. durch Zeitraffer, Vergrößerung usw.)
zu berücksichtigen:	• eine zielgerichtete kognitive Aktivierung durch Aufgabenstellungen vermeidet eine nur oberflächliche Verarbeitung des Lerngegenstands • der Mehrwert des bewegten Bildes gegenüber dem ruhenden Bild sollte deutlich herausgestellt werden

4. Ruhende Bilder (Foto, Zeichnung, Skizze, Schema, Diagramm, Symbol)

Eigenschaften:	• zeigen Eigenschaften von Objekten, Situationen, Abläufe, Prozesse, (Wirk- oder begriffliche) Zusammenhänge oder Abläufe auf • können analog (dem wirklichen Gegenstand ähnlich), symbolisch (wesentliche Merkmale darstellend), abstrakt oder als logische Bilder (z. B. Flussdiagramm) vorliegen • visualisieren qualitative (z. B. Funktionsdiagramm) oder quantitative Zusammenhänge (z. B. Balkendiagramme)
Begründung für die Auswahl:	• Kernidee eines Lerngegenstands wird bildhaft veranschaulicht und lässt sich damit leicht an individuelle Erfahrungen und Alltagsvorstellungen anbinden • lenken die Aufmerksamkeit der Betrachtenden und können somit den Wahrnehmungsprozess gezielt beeinflussen • dienen der Situierung (Einbettung in einen Kontext) eines Lerngegenstands • visualisieren Handlungszusammenhänge und Vorgänge
zu berücksichtigen:	• Wahrnehmungs- und Darstellungsgewohnheiten sowie Vorerfahrungen der Lernenden im Umgang mit Bildern sind zu berücksichtigen (z. B. bei Vergrößerungen und Detailaufnahmen, Farbwahl oder Leserichtung bei der Darstellung zeitabhängiger Prozesse) • je komplexer ein Lerngegenstand ist, desto besser sind vereinfachte Abbildungen im Vergleich zu realitätsnahen • unüberlegter Bildeinsatz (Verzierungen, unnötige Illustrationen) bindet kognitive Ressourcen, die für eine aktive Auseinandersetzung mit dem Lerngegenstand fehlen

5. Texte (gesprochene und geschriebene Sprache)

Eigenschaften:	• können in Alltags-, Unterrichts- und Fachsprache differenziert werden • können erstellt oder analysiert werden • dienen dem Begriffslernen und/oder der Beschreibung von Eigenschaften, Prozessen und Abläufen • sind stets abstrakt und nutzen im Idealfall Metaphern, Analogien oder gedankliche Bilder • Sprache im Biologieunterricht dient vorwiegend der Verständigung

Begründung für die Auswahl:	• Kernidee eines Lerngegenstands wird sprachlich beschrieben und führt entweder zu Wissen über einen Lerngegenstand oder zu Verständnis von Abläufen und Prozessen • können lineare Sachverhalte darstellen • erlauben Differenzierung durch individuelle Bearbeitungszeit und unterschiedliche Komplexitätsgrade • können als Quellen genutzt werden, wenn keine anderen Medien zur Verfügung stehen (z. B. Entdeckung der roten Blutkörperchen) oder zur vertiefenden Auseinandersetzung mit Lerngegenständen
zu berücksichtigen:	• Textkomplexität dem Entwicklungsstand der Lernenden anpassen (sprachliche Einfachheit, Gliederung – Ordnung, Kürze – Prägnanz, zusätzliche Anregungen) • aktiver Umgang mit Texten kann Erkenntniswege unterstützen, Textarbeit im Biologieunterricht ist nicht Selbstzweck • recht geringe Motivation bei der Textarbeit („Papierbiologie") • alternative und/oder ergänzende Wege zur ausschließlich sprachlichen Repräsentation bedenken

6. Text-Bild-Kombinationen (Wandtafel, Schulbuch, digitales Lehr-Lern-Angebot)

Eigenschaften:	• die kognitive Verarbeitung von Text-Bild-Kombinationen führt zu verschiedenen mentalen Repräsentationen (verbale/piktorale Modelle) • die aktive Integration von verbalen und piktoralen Modellen kann die Verarbeitungstiefe des Lerngegenstands und/oder die Behaltensleistung verbessern • ergänzen sich gegenseitig durch unterschiedlichen Informationsgehalt von Text und Bild (Gestaltungsprinzipien siehe MAYER 2009) • besonders geeignet für Lernende mit geringem Vorwissen • Bilder ergänzen Textinformation emotional-affektiv und lenken bei entsprechendem Einsatz die Aufmerksamkeit während der Textarbeit
Begründung für die Auswahl:	• Kernidee eines Lerngegenstands kann durch die gegenseitige Ergänzung von Bild und Text besser dargestellt werden als mit einer Repräsentationsform alleine • Verbindung zwischen begrifflichen und prozesshaften Einheiten notwendig • zur effizienten Informationsentnahme (z. B. Abbildung des Auges mit Beschriftungen und kurzen Funktionserläuterungen), um den dargestellten Lerngegenstand auf Grundlage des neuen Wissens aktiv bearbeiten zu können
zu berücksichtigen:	• Text (gesprochen oder geschrieben) sollte möglichst kurz und in räumlicher/zeitlicher Nähe zum Bild stehen • Verbindung zwischen gesprochenem und geschriebenem Text vermeiden • Wörter und Bilder, die lediglich unterhalten sollen, lenken ab und können den Lernprozess beeinträchtigen (z. B. Buchverzierungen, Sprechblasen im Text usw.)

4.6 Die Arbeit mit Medien planen

7. kombinierte, komplexe und digitale Medien (Hypermedia, Simulationen, Web 2.0)	
Eigenschaften:	• Text-Bild-Kombinationen, bewegte Bilder und akustische Informationen können in sinnvollen Kombinationen dargestellt werden • bieten die Möglichkeit zur Interaktion mit Personen und/oder dem Lerngegenstand an sich (z. B. Simulation der Akkomodation) • ermöglichen nichtlineare Lernwege (z. B. mit Hypermedien) • ermöglichen die kooperative Nutzung und Erstellung von Lehr-Lern-Materialien unabhängig von Zeit und Raum (z. B. Erstellung eines Wikis, Weblog, Experimentieren in einem virtuellen Labor)
Begründung für die Auswahl:	• Kernidee eines Lerngegenstands ist vielschichtig und wird am besten mit einem nichtlinearen Medium dargestellt (z. B. interaktives Lernangebot mit Simulationen, Animationen, Text-Bild-Kombinationen und Filmen zur visuellen Wahrnehmung) • Lerngegenstand lässt sich schlecht mit anderen Medien darstellen oder bearbeiten, weil er sich der direkten Wahrnehmung entzieht, zu große Zeitspannen umfasst oder in seiner Komplexität auf wenige Einflussfaktoren reduziert werden muss (z. B. Simulation der visuellen Wahrnehmung verschiedener Tiere oder der additiven/subtraktiven Farbmischung) • Lernenden kann durch den flexiblen Zugriff auf das Medium ein hohes Maß an Selbst- und Mitbestimmung im Lernprozess gegeben werden
zu berücksichtigen:	• Mehrwert des komplexen Mediums muss deutlich herausgestellt werden • Lernende müssen über eine entsprechende Medien-Kompetenz verfügen. Es droht sonst die Gefahr, dass allein für die Handhabung des Mediums wesentliche kognitive Ressourcen verwandt werden müssen und Lernende im schlimmsten Fall überfordert werden • Vorerfahrungen im Umgang mit digitalen Medien und Alltagskonzepte der Lernenden zur Nutzung der verwendeten Technologien müssen berücksichtigt werden • komplexe Medien sollten die (kognitiv) aktive Nutzung und Auseinandersetzung mit dem Lerngegenstand fördern

Beispiel eines begründeten Medieneinsatzes

Im Folgenden wird ein Tafelbild als Ergebnissicherung einer Unterrichtsstunde zur Untersuchung eines Schweineauges dargestellt (Abb. auf der folgenden Seite). Es handelt sich dabei bewusst um ein Beispiel aus der täglichen Praxis, an dem die didaktisch begründeten Überlegungen zum Medieneinsatz dieses Abschnitts verdeutlicht werden.

Im Tafelbild sind die Aussagen der Lernenden als Ergebnis der Untersuchung am Schweineauge zusammengestellt. Eine weiterführende Aufgabe für die Lernenden ist nun, die zunächst nur beschreibenden Aussagen zu den „entdeckten" Strukturen mithilfe des Schulbuches weiter auszudifferenzieren und tabellarisch festzuhalten. Damit wird ein Struktur-Funktions-Zusammenhang hergestellt, der später auch experimentell vertieft und/oder ergänzt werden kann (vgl. dazu auch Kap. 4.4).

Tafelbild als Ergebnissicherung

Überlegungen zur Auswahl der Tafel

Ziel des Medieneinsatzes und Einbindung in den Unterrichtsverlauf	• Ergebnissicherung • Aufbau strukturierten, deklarativen Wissens über den Bau des Säugetierauges • Erkenntnis von Struktur-Funktions-Zusammenhängen
Medienressourcen	Die Wandtafel ermöglicht die Entwicklung einer geeigneten Bild-Text-Kombination, um im Unterrichtsgespräch die Erkenntnisse der Erarbeitungsphase zu sammeln. Ausgearbeitete Unterrichtsmedien liegen nicht vor.
Lernervoraussetzungen	Die Lernenden sind mit dem Einsatz der Wandtafel vertraut. Es ist darauf zu achten, dass die Abstraktion vom Originalobjekt zur Zeichnung des Augenquerschnitts explizit erläutert wird.

4.7 Aufgaben entwickeln und einsetzen
Holger Weitzel

Aufgaben sind auf einen Inhalt bezogene Appelle zum Denken und Handeln, die mündlich oder schriftlich, als Aufforderung („Beschreibe den Aufbau des Auges.") oder als Frage („Wie heißen die von außen sichtbaren Bestandteile des Auges?") gestellt werden können. Sie haben mindestens eine Lösung und sind in einer überschaubaren Zeit zu bearbeiten. Aufgaben können im Unterricht genutzt werden, um neue Lerninhalte zu erarbeiten (Lernaufgaben), um Lerninhalte zu wiederholen, anzuwenden und damit zu festigen und zu vertiefen (Anwendungsaufgaben) oder um Lernergebnisse zu überprüfen (Leistungsaufgaben). In diesem Kapitel wird dargestellt, wie Aufgaben entwickelt werden können. Die Messung von Lernergebnissen durch Leistungsaufgaben wird in Kap. 5 beschrieben.

Jede Lehrkraft setzt in jeder Unterrichtsstunde in irgendeiner Form Aufgaben ein; die bewusste Anwendung und damit Übung, Festigung und Vertiefung von Unterrichtsinhalten nimmt im Biologieunterricht hingegen nur wenig Raum ein. Zu diesem Zweck eingesetzte Aufgaben gelten jedoch als wichtiges Werkzeug zur Steigerung der Qualität des Biologieunterrichts. Dies ist nicht zuletzt deswegen der Fall, weil über die intensive Beschäftigung mit Aufgaben Lernende dazu gebracht werden können, sich kognitiv aktiv, also denkend, mit dem Lernstoff auseinanderzusetzen. Eine weitere Stärke von Aufgaben ist in der möglichen Differenzierung des Lehrangebots zu sehen, sei es im Grad der Komplexität oder der verwendeten Kontexte (siehe S. 134). Nicht zuletzt kann über die im Unterricht eingesetzten Aufgaben gegenüber den Lernenden transparent gemacht werden, welche Unterrichtsziele sie erreichen sollen, um Leistungsaufgaben z. B. in einer Klassenarbeit erfolgreich bearbeiten zu können. Nicht alle Aufgaben müssen von der Lehrkraft neu entwickelt werden. Viele Aufgaben, die ursprünglich für Klassenarbeiten entworfen worden sind, können mit vertretbarem Aufwand in Aufgaben zum Lernen und Anwenden umgewandelt werden.

Beispiel für häufige Aufgabenstellungen

- Welche Typen von Sehsinneszellen gibt es in der Netzhaut?
- Beschreibe, wie im menschlichen Auge Licht in Erregungen umgewandelt wird.

Den Aufbau von Aufgaben verstehen
Aufgaben können aus bis zu vier Teilen zusammengesetzt sein:

- Der *Aufgabenkontext* legt eine Situation dar, auf deren Grundlage die Aufgabenstellung entfaltet wird. Zusätzlich kann der Aufgabenkontext Hinweise auf die Art der Lösungstätigkeit oder die Lösungswege enthalten.
- Die *Aufgabenstellung* beinhaltet die Arbeitsanweisungen für die Lernenden.
- Der *Unterstützungsteil* führt Materialien und/oder Hilfestellungen zur Lösungsfindung ein. Unterstützungselemente können im Aufgabenkontext und der Aufgabenstellung eingebunden sein oder als eigenständige Hilfen angeboten werden.
- Der *Rückmeldungsteil* gibt ein Feedback zur Qualität der beschrittenen Lösungswege oder gefundenen Lösungen.

Aufgaben entwickeln
Die Entwicklung von Aufgaben lässt sich durch eine Aufschlüsselung in fünf Teilfragen erleichtern, die den Fragen bei der Planung einer Unterrichtsstunde ähneln (vgl. Kap. 3). Nachfolgend werden die Teilfragen schrittweise durchlaufen. Ist der Ablauf erst einmal eingespielt, lassen sich Aufgaben recht schnell und effektiv entwickeln!

Die Unterteilung in Teilfragen hilft bei der Aufgabenentwicklung

1. Welche Kompetenz(en) soll(en) durch die Bearbeitung der Aufgabe gefördert werden?
2. Welcher Kontext eignet sich, um mit der Aufgabe die gewählte(n) Kompetenz(en) zu fördern?
3. Wie sollte die Aufgabenstellung im Hinblick auf die zu fördernde(n) Kompetenz(en) formuliert und in welcher Reihenfolge sollten mögliche Teilaufgabenstellungen angeordnet werden?
4. Welche Kompetenzen sind bei Lernenden vorauszusetzen, um die Aufgabe lösen zu können? Welche Unterstützungselemente müssten eventuell zur Beantwortung eingeplant werden?
5. Wie soll eine Rückmeldung zu den Aufgabenlösungen erfolgen?

1. Welche Kompetenzen sollen durch die Aufgabe gefördert werden?
Die Entwicklung einer Aufgabe beginnt mit der Festlegung der Kompetenz(en), die mit einer Aufgabe gefördert werden soll(en). Die Festlegung der zu fördernden Kompetenz(en) erfolgt während der Planung von Unterrichtseinheit und Unterrichtsstunde (Kap. 1 und 2).

> **Beispiel**
> Wir wählen exemplarisch und an dieser Stelle ohne weitere Begründung für unser Beispiel folgende Kompetenzen aus:
>
> *Die Schülerinnen und Schüler ...*
> „F2.4 – beschreiben und erklären Struktur und Funktion von Organen und Organsystemen, z. B. bei der Stoff- und Energieumwandlung, Steuerung und Regelung, Informationsverarbeitung, Vererbung und Reproduktion",
> „E7 – wenden Schritte aus dem experimentellen Weg der Erkenntnisgewinnung zur Erklärung an" und
> „K6 – stellen Ergebnisse und Methoden biologischer Untersuchung dar und argumentieren damit" (KMK 2004a). Die Kompetenzen sollen am Beispiel der additiven (physiologischen) Farbmischung erarbeitet werden.

Der Kontext bestimmt stärker als der fachliche Inhalt, wie interessant eine Aufgabe ist

Alltagsnahe Kontexte sind für Lerner interessanter

2. Welcher Kontext eignet sich, die gewählten Kompetenzen zu fördern?
Die sorgfältige Auswahl eines Aufgabenkontextes ist in zweifacher Hinsicht von besonderer Bedeutung: Erstens ist es im Hinblick auf die Anwendungsfähigkeit der im Unterricht erlernten Kompetenzen wichtig, wo immer möglich nach alltagsnahen Kontexten zu suchen. Zweitens ist aus der fachdidaktischen Forschung bekannt, dass der Kontext stärker als der fachliche Inhalt einer Aufgabe darüber bestimmt, wie interessant eine Aufgabe für Lernende ist und wie bereitwillig und mit welcher Intensität Aufgaben bearbeitet werden. Auch unter diesem Blickwinkel sind es insbesondere alltagsnahe Kontexte, die bei Lernenden in der Regel auf ein stärkeres Interesse stoßen als rein fachliche Kontexte (vgl. HÄUSSLER ET AL. 1998).

Alltagsnahe Kontexte lassen sich vier inhaltlichen Kategorien zuordnen (vgl. HAMMANN 2006):

- Alltagsleben und Gesundheit (z. B. Zuhause, Schule, Hobbys, Freunde, körperliche Entwicklung, Einkaufen, Ernährung, Gesunderhaltung, Krankheitsentstehung)
- Erde und Umwelt (z. B. Erhalt und Gefährdung von Umwelt, Wetter und Klima)
- Technologie (z. B. Biotechnik, Gentechnik)
- Forschung (z. B. historische und aktuelle Forschungen)

Jeder Kontext aus einer der inhaltlichen Kategorien kann sich auf den persönlichen Bereich (das Individuum), den sozialen Bereich (die Gesellschaft) oder den globalen Bereich (die Welt) beziehen. Kategorie und Bereich können je nach Thema und Klasse frei gewählt werden. Entscheidend ist es, die

Auswahlkriterien bei der Wahl des Kontextes zu bedenken. Wir entscheiden uns für einen Kontext aus der Kategorie „Alltagsleben und Gesundheit", der auf den persönlichen Bereich bezogen wird:

> **Beispiel für einen Aufgabenkontext: Rot-Grün-Schwäche**
> Für viele Berufe (z. B. Ärztin, Frisör, Kosmetikerin, Maler, Köchin, Pilot) sind nur Menschen geeignet, die in der Lage sind, Farben differenziert wahrzunehmen. Menschen mit einer Farbsehschwäche können einen Teil der Farben des für einen Gesunden sichtbaren Lichtspektrums nicht sicher oder gar nicht unterscheiden. Die häufigste Form der Farbsehschwäche ist die sogenannte Rot-Grün-Schwäche, weil die Betroffenen einen Teil der für einen Farbgesunden unterscheidbaren Farben leicht miteinander verwechseln. Verursacht wird die Farbsehschwäche durch das Fehlen oder die verringerte Leistungsfähigkeit eines Zapfentyps.

— Wahl eines alltagsnahen Kontextes aus der Kategorie Gesundheit

Aufgabenkontext

Hinweise auf eine mögliche Lösung als Unterstützung bereits bei der Beschreibung des Kontextes

3. Wie sollte die Aufgabenstellung im Hinblick auf die zu fördernde(n) Kompetenz(en) formuliert und in welcher Reihenfolge sollten mögliche Teil-Aufgabenstellungen angeordnet werden?

Die Aufgabenstellung legt die Art der Lösungstätigkeit und den Umfang der Lösung fest. Sie wird sich in der Regel auf biologische Fakten, Methoden oder Konzepte beziehen. Je nach Leistungsfähigkeit der Lernenden kann die Aufgabenstellung mehr oder weniger ausführliche Unterstützungselemente enthalten (vgl. Abb. S. 141).

Im vorliegenden Beispiel (Abb. S. 136) sind die Arbeitsanweisungen in der Aufgabenstellung so strukturiert, dass in den Teilaufgaben 3 und 4 die Anwendung eines bereits im Unterricht behandelten Inhalts („additive Farbmischung") gefordert wird. Die Arbeitsanweisungen in den Aufgaben 1 und 2 sind als Unterstützungselemente geplant, indem in Aufgabe 1 zum einen für die Lernenden der Bezug zum Unterrichtsinhalt aus der vorhergehenden Unterrichtsstunde hergestellt wird und zum anderen auf ein eigenständiges Unterstützungselement verwiesen wird, das gegenüber der Unterrichtsmitschrift weitergehende Informationen liefert (Abb. S. 141). Aufgabe 2 ergänzt Aufgabe 1 durch die Aufforderung zur Anwendung des vorherigen Lerninhalts auf einen einfachen Fall, der in fast identischer Form zuvor im Unterricht behandelt wurde. Damit wird bereits – vorbereitend auf Teilaufgabe 3 – ein möglicher Lösungsweg gezeichnet. Ziel der Teilaufgaben 1 und 2 ist es, über die Entwicklung und das Angebot von Unterstützungselementen einer (hier recht rudimentären) Differenzierung von Aufgaben nach der Leistungsstärke der Lernenden Rechnung zu tragen.

Die Aufgabenstellung unterhalb der Darstellung des Aufgabenkontextes erfolgt nicht zufällig, sondern trägt den Ergebnissen fachdidaktischer Forschung Rechnung. Gerade wenn der Text in die Lösungsfindung mit einbezogen werden muss, sollten die Aufgaben unter dem Text stehen, da die Aufgabenstellung dann zu einem erneuten Durchdenken des Textes herausfordert und die Wahrscheinlichkeit einer vertieften Bearbeitung des Materials erhöht wird.

Operatoren (jeweils unterstrichen) legen fest, welche Antwort erwartet wird

Unterstützung 1: Verweis auf bereits erarbeitete Inhalte

Unterstützung 2: Zusatzmaterial für Lernschwache

Unterstützung 3: Arbeitsanweisung, die nahen Transfer erfordert

Beispiel Aufgabenstellung

1. <u>Stelle</u> mithilfe der Unterrichtsmitschrift in deinem Heft das Prinzip der additiven Farbmischung in eigenen Worten <u>dar</u>. Wenn dir die Information im Heft nicht ausreicht, darfst du auf Material 1 zurückgreifen.
2. <u>Markiere</u> in der unten stehenden Abbildung, welche Zapfentypen im Wellenbereich von 550 nm erregt werden, und <u>beschreibe</u>, welchen Seheindruck ein gesunder Mensch haben wird.
3. <u>Formuliere eine Hypothese</u>, mit der erklärt werden kann, wie das Fehlen eines Zapfentyps zur Verwechslung von Rot-Grün-Tönen führen kann.
4. Farbsehschwache werden im Alltag oft als farbenblind bezeichnet. <u>Erläutere</u> einem Freund/einer Freundin, warum es falsch ist, Rot-Grün-Schwäche farbenblind zu nennen.

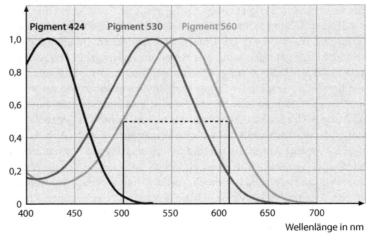

Abb.: Empfindlichkeit dreier Zapfentypen für Licht verschiedener Wellenlängen

Formulierung von Arbeitsanweisungen in Aufgabenstellungen: Die erfolgreiche Bearbeitung einer Aufgabe hängt wesentlich davon ab, ob die Arbeitsanweisungen für die Lernenden verständlich sind. Deren Verständlichkeit kann erhöht werden, indem im Unterricht eine überschaubare Zahl von Formulierungen für Arbeitsanweisungen eingeführt wird. Für jede dieser Formulierungen muss die jeweils unterschiedliche Zielsetzung geklärt werden (Tab. unten), um diese dann immer wieder in unterschiedlichen Kontexten und bei unterschiedlichen Themen zu üben.

Tipp: Operatoren können in einem Buch zusammengestellt werden

Die in einer Schule verwendeten Formulierungen können beispielsweise in einem kleinen Buch zusammengefasst und dann schrittweise über eines oder mehrere Schuljahre (von unterschiedlichen Kolleginnen und Kollegen bindend für das ganze Fach) eingeführt werden. Ganz nebenbei stellen verständliche Arbeitsanweisungen zudem Transparenz im Lernprozess her und haben damit auch eine wichtige Funktion für die Ausbildung einer positiven Schüler-Lehrer-Beziehung.

Für die Sekundarstufe entwickelte Erläuterung des Operators „Formulierung von Hypothesen"

Formulieren von Hypothesen	
Damit ist gemeint, begründete Vermutungen aufzustellen. Die Begründung kann durch Beobachtungen, Untersuchungen, Experimente oder Aussagen erfolgen.	
Ablauf	**Verkürztes Beispiel**
Schritt 1: Erfasse den Sachverhalt entweder durch genaue Beobachtung oder Lesen und formuliere das Problem.	Es soll eine Hypothese dazu aufgestellt werden, wie das Fehlen eines Zapfentyps zur Verwechslung von Rot und Grün führen kann.
Schritt 2: Beschreibe die für die Hypothesenfindung notwendigen Elemente des Sachverhaltes.	Es gibt 3 verschiedene Zapfentypen. Jeder Zapfentyp hat sein Absorptionsmaximum in einem unterschiedlichen Wellenlängenbereich.
Schritt 3: Überlege, welche der dir bekannten Modelle zur Begründung einer Hypothese herangezogen werden können.	additive Farbmischung
Schritt 4: Wende das Modell zur Formulierung der Hypothese an. Achte darauf, dass deine Hypothese immer einen Aussagesatz darstellt.	Im Bereich roten Lichts absorbieren nur noch die Pigmente 530 und 560. Nach dem Prinzip der additiven Farbmischung müsste der Eindruck rot dadurch zustandekommen, dass …

Operatoren erleichtern die Formulierung präziser Aufgabenstellungen. Ihre Anwendung muss geübt werden

Die Prädikate, die in der Aufgabenstellung im Beispiel zu Handlungen herausfordern („stelle dar", „beschreibe", „formuliere eine Hypothese", „erläutere"), werden als Operatoren bezeichnet. In den einheitlichen Prüfungsanforderungen für das Abitur (KMK 2004b) sind mehr als 20 Operatoren zur Formulierung von Arbeitsanweisungen mit unterschiedlicher Bedeutung für den Biologieunterricht aufgeführt. Die einzelnen Operatoren erlauben eine grobe Orientierung bezüglich des Kompetenzbereichs, auf den sich die Arbeitsanweisung bezieht. Eine eindeutige Zuordnung ist jedoch nicht in jedem Fall möglich, da viele Operatoren unterschiedliche Kompetenzbereiche ansprechen können („erörtern", „erklären", „darstellen", …). Der Operator „erläutere" wird in Teilaufgabe 4 (siehe S. 136) beispielsweise im Rahmen des Kompetenzbereichs Kommunikation verwendet, da eine „Übersetzung" des Lerninhalts in eine für Laien verständliche Alltagssprache verlangt ist. In der Aufgabe auf S. 140 wird der gleiche Operator verwendet, um einen Struktur-Funktions-Zusammenhang zu erklären. Er wird folglich im Kompetenzbereich Fachwissen eingesetzt.

Auswahl häufiger Operatoren zur Beschreibung von Tätigkeiten bei der Bearbeitung von Aufgaben (verändert nach KMK 2004b)

Operator	Beschreibung der erwarteten Leistung
Ableiten	Auf der Grundlage wesentlicher Merkmale sachgerechte Schlüsse ziehen
Analysieren und Untersuchen	Wichtige Bestandteile oder Eigenschaften auf eine bestimmte Fragestellung hin (auch praktisch) herausarbeiten
Auswerten	Daten, Einzelergebnisse oder andere Elemente in einen Zusammenhang stellen und ggf. zu einer Gesamtaussage zusammenführen
Begründen	Sachverhalte auf Regeln und Gesetzmäßigkeiten bzw. kausale Beziehungen von Ursachen und Wirkung zurückführen
Beschreiben	Strukturen, Sachverhalte oder Zusammenhänge strukturiert und fachsprachlich richtig mit eigenen Worten wiedergeben
Beurteilen/Stellung nehmen	Zu einem Sachverhalt ein selbstständiges Urteil unter Verwendung von Fachwissen und Fachmethoden formulieren und begründen

Operator	Beschreibung der erwarteten Leistung
Bewerten/Stellung nehmen	Einen Gegenstand an erkennbaren Wertkategorien oder an bekannten Beurteilungskriterien messen
Darstellen	Sachverhalte, Zusammenhänge, Methoden usw. strukturiert und ggf. fachsprachlich wiedergeben
Deuten/Interpretieren	Fachspezifische Zusammenhänge in Hinblick auf eine gegebene Fragestellung begründet darstellen
Diskutieren/Erörtern	Argumente und Beispiel zu einer Aussage oder These einander gegenüberstellen und abwägen
Erklären	Einen Sachverhalt auf Regeln und Gesetzmäßigkeiten zurückführen sowie ihn nachvollziehbar und verständlich machen
Erläutern	Einen Sachverhalt veranschaulichend darstellen und durch zusätzliche Informationen verständlich machen
Hypothese aufstellen/entwickeln	Begründete Vermutung auf der Grundlage von Beobachtungen, Untersuchungen, Experimenten oder Aussagen formulieren
Nennen/angeben	Elemente, Sachverhalte, Begriffe, Daten ohne Erläuterungen aufzählen
Protokollieren	Beobachtungen oder die Durchführung von Experimenten detailgenau zeichnerisch einwandfrei bzw. fachsprachlich richtig wiedergeben
Skizzieren	Sachverhalte, Strukturen oder Ergebnisse auf das Wesentliche reduziert übersichtlich grafisch darstellen
Überprüfen	Sachverhalte oder Aussagen an Fakten oder innerer Logik messen und eventuelle Widersprüche aufdecken
Vergleichen	Gemeinsamkeiten, Ähnlichkeiten und Unterschiede ermitteln
Zeichnen	Eine möglichst exakte grafische Darstellung beobachtbarer oder gegebener Strukturen anfertigen
Zusammenfassen	Das Wesentliche in konzentrierter Form herausstellen

Operator ist hier dem Kompetenzbereich Fachwissen zuzuordnen

Beim fiktiven Lebewesen X konnte nur ein Zapfentyp nachgewiesen werden. Erläutere anhand der Abbildung, welches Problem das Tier hat, wenn Licht von zwei verschiedenen Wellenlängen auf das Auge trifft, die die gleiche relative Absorption aufweisen.

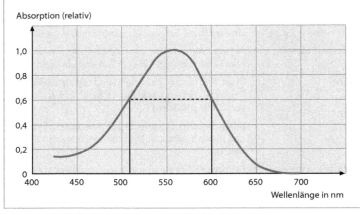

Operatoren können unterschiedliche Kompetenzbereiche ansprechen

4. Welche Kompetenzen sind bei Lernenden vorauszusetzen, um die Aufgabe lösen zu können? Welche Unterstützungselemente müssten eventuell zur Beantwortung eingeplant werden?

Neben der Arbeitsanweisung entscheidet über eine erfolgreiche Aufgabenlösung unter anderem das Wissen des Lehrenden über die Voraussetzungen, die die Lernenden zur Lösung einer Aufgabe benötigen. Die Lernvoraussetzungen betreffen mögliche vorunterrichtliche Vorstellungen der Lernenden und die für die Lösungsfindung notwendigen Kompetenzen. Gerade zu Beginn der Lehrtätigkeit ist es sinnvoll, die Voraussetzungen für die Aufgabenlösung zumindest stichwortartig bei der Planung der Aufgabe festzuhalten, um sie auf der Grundlage der Unterrichtsziele des vorangegangenen Unterrichts zu überprüfen. Im hier vorgestellten Fall müsste davon ausgegangen werden, dass die Lernenden

- das Prinzip der additiven Farbmischung in seinen Grundzügen verstanden haben,
- möglicherweise aber noch immer über lebensweltliche Vorstellungen zur Farbmischung (Wasserfarben) verfügen könnten,
- wissen, dass Menschen im Normalfall drei Zapfentypen mit unterschiedlichen Absorptionsverläufen besitzen.

Die Kenntnis der Lösungsvoraussetzungen ist notwendige Grundlage für die Konstruktion von Unterstützungselementen, weil sie dem Lehrenden ersten Aufschluss über die Aufgabenschwierigkeit gibt. Für die Entwicklung der Unterstützungselemente muss zusätzlich die in jeder Klasse vorhandene Leistungsheterogenität bedacht werden. Es ist daher sinnvoll, an Unterstützungselemente für jede der notwendigen Voraussetzungen zur Lösung der Aufgabe zu denken.

Bei hoher Aufgabenschwierigkeit oder großer Leistungsheterogenität erscheint es sinnvoll, zusätzlich zu den Unterstützungselementen in Aufgabenkontext und Aufgabenstellung eigenständige Hilfestellungen zu planen. Über diese können inhaltliche Impulse oder Bearbeitungshinweise gegeben werden. Das unten gezeigte „Material 1" stellt ein Beispiel dafür dar, wie durch eine inhaltliche Hilfe eine Leistungsdifferenzierung möglich wird. Unterschiedlich schwierige Aufgaben können sich also in der Zahl der Hilfen unterscheiden. Alternativ dazu ist es aber auch möglich, alle Aufgaben mit der gleichen (geringen) Zahl an Hilfen auszustatten und den Schwierigkeitsgrad stattdessen durch eine andere Symbolik (z. B. durch die Wahl unterschiedlicher Farben) hervorzuheben und damit unterschiedliche Schülergruppen einer Klasse anzusprechen.

Unterschiedlich schwierige Aufgaben können entweder farbkodiert werden oder mit einer unterschiedlichen Zahl von Hilfestellungen versehen werden

Hilfen können sich in Anzahl oder Schwierigkeitsgrad unterscheiden

---

Material 1:
Um die Farbe eines Lichtreizes zu bestimmen, wird das Verhältnis der Erregung aller drei Zapfentypen herangezogen. Der Farbeindruck Blau entsteht, wenn die K-Zapfen stark, M-Zapfen wenig und die L-Zapfen gar nicht erregt werden ...

Beispiel für ein Unterstützungselement in Form eines zusätzlichen Informationsblatts

Wie schwierig ist eine Aufgabe? Zu einer groben Bestimmung der Aufgabenschwierigkeit kann auf das zweidimensionale Kompetenzstrukturmodell der Bildungsstandards zurückgegriffen werden (siehe Abb. S. 142). Auf der X-Achse sind darin die vier Kompetenzbereiche aufgetragen, auf der Y-Achse sogenannte Anforderungsbereiche. Die Anforderungsbereiche beschreiben ein normativ festgelegtes Maß für die kognitive Anforderung, die zum Lösen der Aufgabe notwendig erscheint. Sie sind seit langem im Gebrauch und werden im Alltag häufig mit *Reproduktion, Anwendung* und *Transfer* umschrieben. Reproduktion verlangt den Abruf von Wissen und/oder Methoden und Fertigkeiten aus dem Langzeitgedächtnis in unveränderter Form (siehe Aufgabenstellungen auf S. 132).

		Kompetenzbereiche			
		Fachwissen	Erkenntnisgewinnung/ Fachmethoden	Kommunikation	Bewertung/ Reflexion
Anforderungsbereiche	I	Kenntnisse und Konzepte zielgerichtet wiedergeben	bekannte Untersuchungsmethoden und Modelle beschreiben, Untersuchungen nach Anleitung durchführen	bekannte Informationen in verschiedenen fachlich relevanten Darstellungsformen erfassen und wiedergeben	vorgegebene Argumente zur Bewertung eines Sachverhalts erkennen und wiedergeben
	II	Kenntnisse und Konzepte auswählen und anwenden	geeignete Untersuchungsmethoden und Modelle zur Bearbeitung überschaubarer Sachverhalte auswählen und anpassen	Informationen erfassen und in geeigneten Darstellungsformen situations- und adressatengerecht veranschaulichen	geeignete Argumente zur Bewertung eines Sachverhalts auswählen und nutzen
	III	komplexere Fragestellungen auf der Grundlage von Kenntnissen und Konzepten planmäßig und konstruktiv bearbeiten	geeignete Untersuchungsmethoden und Modelle zur Bearbeitung unbekannter Sachverhalte begründet auswählen und anpassen	Informationen auswerten, reflektieren und für eigene Argumentationen nutzen	Argumente zur Bewertung eines Sachverhalts aus verschiedenen Perspektiven abwägen und Entscheidungsprozesse reflektieren

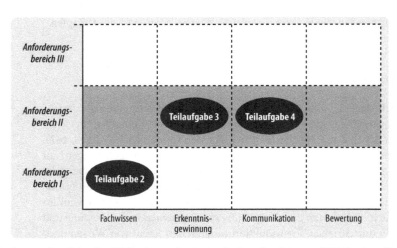

Anforderungsbereiche der Bildungsstandards, verändert durch LEISEN *(2006), eingefügt Kompetenz- und Anforderungsbereiche für die Teilaufgaben 2–4 der Beispielaufgabe*

Aufgaben, die eine Anwendung erfordern, liegen dann vor, wenn der Kontext der Aufgabe Hinweise darauf enthält, welche der bereits erlernten Kompetenzen zur Anwendung kommen sollen. Die Anwendung von Kompetenzen in neuen, unbekannten Kontexten charakterisiert Transfer. Dazu zählt auch die Planung eigenständiger Lösungen (z. B. die Entwicklung eigenständiger Versuchsplanungen).

Teilaufgabe 2 aus der vorliegenden Beispielaufgabe („beschreibe, welchen Seheindruck ein gesunder Mensch haben wird") wäre dann dem Kompetenzbereich Fachwissen und dem niedrigsten Anforderungsbereich I zuzuordnen, weil ausschließlich Kenntnisse wiedergegeben werden sollen (siehe S. 142 unten). Teilaufgabe 3 wäre dem zweiten Anforderungsbereich aus dem Kompetenzbereich Erkenntnisgewinnung zugehörig, da eine Hypothese auf Grundlage des verfügbaren Wissens formuliert werden soll. Auch Teilaufgabe 4 wäre dem Anforderungsbereich II, aber dem Kompetenzbereich Kommunikation zuzurechnen, weil für die Aufgabenstellung eine Übersetzung der Fachsprache in die Alltagssprache verlangt wird.

Aufgaben mit hoher Lösungsrate sind auf Dauer am lernwirksamsten

Die Anforderungsbereiche bilden die Schwierigkeit einer Aufgabe stellenweise aber nur unzureichend ab. So wird beispielsweise die Kompetenz „Kenntnisse und Konzepte zielgerichtet wiedergeben und mit Konzepten verknüpfen" (KMK 2004a, S. 17) dem Anforderungsbereich I zugerechnet, obwohl darin zwei unterschiedlich komplexe Anforderungen enthalten sind. Es ist daher sinnvoll, das Kompetenzstrukturmodell der Bildungsstandards um das für Aufgaben grundlegende Merkmal der Komplexität zu ergänzen. Komplexität beschreibt den Grad der inhaltlichen Vernetztheit einer Aufgabe. KAUERTZ ET AL. (2010) stellen hierfür fünf (Kompetenz-)Stufen aufsteigender Komplexität vor:

1. Nennen eines Fakts,
2. Nennen von zwei Fakten,
3. Herstellung eines Zusammenhangs,
4. Verknüpfung von Zusammenhängen,
5. Anwendung eines Konzepts.

Die vorliegende Beispielaufgabe erfordert in Teilaufgabe 3 die Berücksichtigung mehrerer Fakten (Existenz von drei Zapfentypen; unterschiedlicher Absorptionsverlauf der Zapfentypen; Addition der Erregungen der einzelnen Zapfentypen). Diese Fakten müssen zueinander und mit einem Konzept (additive Farbmischung) in Beziehung gesetzt werden, um eine geeignete Hypothese zur Erklärung der verschobenen Farbwahrnehmung bei Rot-Grün-Schwäche aufstellen zu können. Es handelt sich in unserem Beispiel um eine Aufgabe von hoher Komplexität, deren Beantwortung für die

Eher leichte Aufgaben mit hoher Erfolgsrate sind auf Dauer am erfolgreichsten

Lernenden schwierig sein wird und daher durch Unterstützungselemente unterfüttert werden muss. Im Hinblick auf die Wirksamkeit von Aufgaben für den Lernprozess gilt, dass eher leichte Aufgaben, die den Lernenden eine hohe Erfolgsrate ermöglichen, auf Dauer am erfolgreichsten sind (vgl. JATZWAUK 2007).

5. Wie soll eine Rückmeldung zu den Aufgabenlösungen erfolgen?

Da die Bearbeitung von Aufgaben im kompetenzorientierten Unterricht breiteren Raum einnimmt, als das im Biologieunterricht über lange Zeit der Fall gewesen ist, gilt dies auch für die Rückmeldung zu den erarbeiteten Lösungen. Rückmeldungen dürfen nicht auf den Vermerk richtig oder falsch beschränkt bleiben, sondern müssen zumindest über die richtige Lösung informieren. Noch besser ist es, wenn Lösungen diskutiert, kommentiert, hinterfragt und für den weiteren Unterrichtsverlauf genutzt werden. Rückmeldungen zu Aufgabenlösungen können mündlich wie schriftlich erfolgen. Lösungen können zwischen den Lernenden diskutiert, kommentiert und zur Nachbearbeitung zurückgegeben werden. Sie können mit Beispiellösungen der Lehrkraft verglichen und überarbeitet werden (weitere Methoden in SPÖRHASE 2010a). Mit Ausnahme von Leistungsphasen ist es besonders wichtig, dass Fehler, die bei der Bearbeitung der Aufgabe auftreten, nicht gebrandmarkt, sondern als Schwerpunkt für weitere Aufgabenstellungen herangezogen werden. Wenn in unserem Beispiel Lernende Schwierigkeiten haben, geeignete Hypothesen zu formulieren, kann dies als Anlass genommen werden, auch in künftigen Unterrichtsstunden hierauf einen Schwerpunkt zu legen.

Sinnvolle Lehrerrückmeldungen geben keine Lösung vor, sondern helfen, einen Lösungsweg zu finden

Während der Arbeit an den Aufgaben gilt: Ein Eingriff kommt nur dann in Frage, wenn die Lernenden erstens Hilfe wollen und die Lehrkraft zweitens den Eindruck hat, dass die Lernenden ohne Unterstützung in der Bearbeitung nicht weiterkommen werden. Wenn nur die erste Bedingung erfüllt ist, genügt eine wohlwollende Aufforderung zur Weiterarbeit vonseiten der Lehrkraft. Die Unterstützung sollte dem *Prinzip der minimalen Lernhilfe* folgen, das bedeutet, dass die Lehrkraft Hinweise zu einem sinnvollen Lösungsweg gibt, sich mit Hinweisen zu Lösungen aber zurückhält. Lernende empfinden lösungsorientierte Rückmeldungen eher als eine Bedrohung, die den weiteren Bearbeitungsprozess hemmen kann (vgl. HASCHER/HOFMANN 2008).

Aufgaben variieren

Aufgaben müssen nicht immer gleich aussehen. Je nach Zielsetzung können Aufgaben unterschiedliche Formen annehmen. Nachfolgend ist dies für den Kompetenzbereich Erkenntnisgewinnung gezeigt. So experimentieren in der von uns vorgestellten Unterrichtseinheit die Lernenden zur Erarbeitung der optischen Eigenschaften des Auges mit einer optischen Bank (vgl. Kap. 2, 3 und 4.5). Eine mögliche Aufgabe könnte lauten:

> **Beispiel: Einfach gestaltete Lernaufgabe**
> Aishe und Daniel haben eine Hypothese aufgestellt, um zu erfahren, wie wir es schaffen, Gegenstände sowohl in großer als auch in sehr geringer Entfernung scharf zu sehen.
> *Hypothese:* Die Linse kann ihre Form und damit ihre Brechkraft verändern.
> *Aufgabe:* Entwickelt an der optischen Bank einen Versuchsansatz, mit dem ihr die Hypothese der beiden überprüfen könnt.

Es handelt sich hierbei um eine einfach gestaltete, recht offene Lernaufgabe, die zur selbstständigen Erarbeitung des Unterrichtsinhalts herausfordert. Die Aufgabe kann dahingehend variiert werden, dass Hypothesen und/oder Versuchsansätze vorgegeben werden, die von den Lernenden auf ihre Richtigkeit überprüft werden können. Hierfür ist festzuhalten, dass es Lernenden gerade am Anfang leichter fällt, sich mit Fehlern fiktiver Personen produktiv auseinanderzusetzen als mit Fehlern von Mitschülern oder möglichen eigenen Fehlern.

> **Beispiel: Aufgabenvariation „Fehler erklären und verbessern"**
> Um zu erfahren, wie wir es schaffen, Gegenstände sowohl in großer und sehr geringer Entfernung scharf zu sehen, entwickeln Alex und Chiara folgende Hypothese: Das Auge stellt sich auf die unterschiedliche Entfernung eines Gegenstands ein, indem es die Öffnungsweite der Pupille verändert.
> Sie planen zur Überprüfung ihrer Hypothese folgenden Modellversuch mit einer optischen Bank. Sie benutzen einen Vorsatz mit kleiner Blendenöffnung, stellen den abzubildenden Gegenstand sehr weit von der Projektionsfläche entfernt auf und notieren ihre Beobachtung. Anschließend benutzen sie einen Vorsatz mit großer Blendenöffnung und stellen den Gegenstand nah an die Projektionsfläche.
> *Aufgabe:*
> 1. Formuliert eine geeignete Fragestellung für das von Alex und Chiara durchgeführte Modellexperiment.
> 2. Alex' und Chiaras Hypothese ist nicht geeignet, deren Fragestellung zu beantworten. Erklärt, warum die Hypothese sich nicht zur Beantwortung eignet.
> 3. Entwickelt eine eigene Hypothese, mit der ihr die Fragestellung beantworten könnt.

Analog zum gezeigten Beispiel kann mit allen Teilschritten des Experimentierens verfahren werden. In der Summe können

- Fragestellungen zu einer Hypothese entwickelt,
- Hypothesen zu einer gegebenen Fragestellung entwickelt,
- Fragestellungen zu einem vorgestellten Ergebnis eines Experiments entwickelt,
- Planungen zu Hypothesen entwickelt,
- Deutungen zu gegebenen Protokollen formuliert,
- vorgelegte Deutungen auf ihre Richtigkeit überprüft (Beispiel S. 147) oder
- unterschiedliche Deutungen im Hinblick auf ihr Zutreffen verglichen

werden.

Das alles kann zu Real-, Modell- und Gedankenexperimenten geschehen, teilweise können die Ergebnisse der Aufgaben in Dialoge oder Rollenspiele umgesetzt werden und vieles mehr. Der Wechsel der Darstellungsform (Übersetzung eines Textes in ein Diagramm oder umgekehrt, Anfertigung eines Comics zu einem Versuchsablauf, Verfassen einer Erläuterung oder Begründung für eine bestimmte Zielgruppe) ist ein hilfreiches Werkzeug, um Kompetenzen im Bereich Kommunikation zu erlernen. Ein breites Angebot an Ideen hierzu findet sich beispielsweise bei SPÖRHASE (2010a).

Unterschiedliche Aufgabenformate nutzen
Während die bisher angesprochenen Aufgabenvariationen die zu fördernde(n) Kompetenz(en) in den Blick genommen haben, dient die Variation des Aufgabenformats vornehmlich einer abwechslungsreichen Gestaltung von Aufgaben. Unterschieden werden drei Formate (vgl. GRAF 2001):

1. Offene Aufgaben sind dadurch gekennzeichnet, dass weder Lehrkraft noch Lernende alle möglichen Aufgabenlösungen kennen. Beispiele hierfür sind die Aufgabe auf S. 145 oben oder Aufgabe 1 auf S. 145 unten sowie Aufgabe a) auf S. 147.
2. Bei halboffenen Aufgaben sind die Aufgabenlösungen der Lehrkraft bekannt, nicht aber den Lernenden. Hierzu zählen alle anderen Aufgabenbeispiele bis hierhin.
3. Bei geschlossenen Aufgaben kennt die Lehrkraft die Aufgabenlösungen und den Lernenden sind alle zur Lösung notwendigen Fakten im Rahmen der Aufgabe gegeben. Dazu zählen z. B. Rätselaufgaben (Kreuzworträtsel, Wortsalate), Lückentexte (sofern die einzusetzenden Wörter beigefügt werden, aus denen die Lernenden die zutreffenden auswäh-

len müssen; auch als Ergänzungswahlaufgaben bezeichnet), Multiple-Choice-Aufgaben (bei denen aus einer vorgegebenen Anzahl von Antworten eine oder mehrere zutreffende ausgewählt werden müssen), Zu- und Umordnungsaufgaben, bei denen vorgegebene Elemente zugeordnet oder in eine korrekte Reihenfolge gebracht werden müssen.

Auf einer allgemeinen Ebene lässt sich festhalten, dass Lernende Aufgaben, die eine freie Antwort erfordern, als schwieriger empfinden als geschlossene Aufgaben, bei denen die Antwortmöglichkeiten vorgegeben sind.

Beispiel: Aufgaben mit unterschiedlichem Antwortformat
a: offene Aufgabe, b: Antwortauswahlaufgabe (Multiple Choice),
c: Ergänzungswahlaufgabe, d: Umordnungsaufgabe

Aufgabe a: Einige Jahrhunderte vor Christus stellte man sich in Griechenland Sehen so vor: Da Gegenstände außerhalb des Auges liegen, muss auch das Sehen außerhalb des Auges stattfinden. Um etwas zu sehen, sendet daher das Auge lichtartige Strahlen aus; das Auge wäre also mit einer Lichtquelle vergleichbar. Die Strahlen berühren dann einen Gegenstand und lassen ihn auf diese Weise sichtbar werden.

Überprüft in der Gruppe die Erklärung der alten Griechen für den Sehvorgang auf ihre Richtigkeit, indem ihr euch ein Experiment überlegt, mit dem diese Erklärung hinterfragt werden kann.

Diese Aufgabe greift eine verbreitete Schülervorstellung auf, wonach Sehen vom Auge ausgeht

Aufgabe b: Welche der Aussagen ist/sind korrekt?
- Stäbchen dienen dem Sehen im Dunkeln
- Stäbchen dienen dem Sehen im Hellen
- Mit den Stäbchen können nur wenige Farben unterschieden werden.
- Mit den Stäbchen können nur Grautöne unterschieden werden.

Aufgabe c: Die Netzhaut des Menschen enthält verschiedene Zelltypen. _____ und _____ ermöglichen erst die Wahrnehmung von Lichtreizen. Die Lichtsinneszellen unterscheiden sich im Bau ihres _____.
Setze richtig ein: Opsin, Stäbchen, Zapfen.

Aufgabe d: Reiz, Erregung und mentales Erlebnis stehen in einem bestimmten Verhältnis zueinander. Ordne die gegebenen Kästen in einer sinnvollen Reihenfolge.

| mentales Erlebnis | Transduktion | Konstruktion | neuronale Erregung | physikalischer Reiz |

Checkliste zur Entwicklung von Aufgaben

1. Ablauf
- Welche Kompetenz(en) soll(en) durch die Bearbeitung der Aufgabe gefördert werden?
- Welcher Kontext eignet sich, um mit der Aufgabe die gewählte(n) Kompetenz(en) zu fördern?
- Wie sollte die Aufgabenstellung im Hinblick auf die zu fördernde(n) Kompetenz(en) formuliert und in welcher Reihenfolge sollten mögliche Teilaufgabenstellungen angeordnet werden?
- Welche Kompetenzen sind bei Lernenden vorauszusetzen, um die Aufgabe lösen zu können? Welche Unterstützungselemente müssten eventuell zur Beantwortung eingeplant werden?
- Wie soll eine Rückmeldung zu den Aufgabenlösungen erfolgen?

2. Fachliche Richtigkeit
- Ist die Aufgabe fachlich korrekt?

3. Textverständlichkeit
- Sind den Lernenden die verwendeten Fach- oder Fremdwörter bekannt?
- Sind die Fach- oder Fremdwörter grundlegend und notwendig oder lassen sie sich durch zugänglichere Formulierungen ersetzen?
- Sie die Informationen im Aufgabenkontext notwendig oder erhöhen sie möglicherweise die Schwierigkeit der Aufgabe?
- Wurde auf sprachliche Einfachheit geachtet (kurze Sätze mit klarem Satzaufbau)?
- Wurden Operatoren verwendet, die den Lernenden hinreichend bekannt sind?
- Wird aus der Aufgabenstellung klar, welche Arbeitsschritte in welcher Reihenfolge zu bearbeiten sind?

4. Organisation
- Wird aus der Aufgabenstellung klar, wie die Ergebnisse dargestellt werden sollen? (Bei Gruppenarbeiten: Wird klar, wer welche Funktion übernehmen soll?)
- Wurde eine sinnvolle Abschätzung der Bearbeitungszeit der Aufgabe vorgenommen?

Biologieunterricht reflektieren
Ulrike Spörhase

Eine Reflexion und Evaluation des Unterrichts betrachtet die Lernleistung der Lernenden und die Lehrleistung der Lehrkräfte. Die Lernleistung der Lernenden umfasst, was diese durch den Unterricht gelernt haben. Die Lehrleistung der Lehrperson bezieht sich auf die Planung und Durchführung von Unterricht. Ihre Reflexion dient somit der Überprüfung, was Lernende gelernt haben, welche Aspekte des geplanten Unterrichts gelungen sind, welche verändert werden sollten und wie man es hätte besser machen können. Eine Grundlage für die Reflexion ist die Evaluation des Unterrichts. Als Evaluation wird eine Bewertung des Unterrichts durch Lernende und Fachkollegen bezeichnet. Reflexion und Evaluation fördern die Kompetenzentwicklung der Lernenden und Lehrenden und sind notwendig für eine Qualitätssicherung von Unterricht.

5.1 Lernen begleiten und bewerten

Der von uns hier dargestellte Biologieunterricht basiert auf einer konstruktivistischen und neurobiologischen Sicht auf Lernen. Er stellt die Vorstellungen der Lernenden, ein nachhaltiges Verstehen von Begriffen, Basiskonzepten und die Anwendung und Reflexion von biologischen Denk- und Arbeitsweisen ins Zentrum des Unterrichts (vgl. SPÖRHASE 2012). Ziel ist es dabei, die Lernenden in ihren individuellen Lernprozessen zu begleiten und zu unterstützen. Ein solcher Unterricht muss klar zwischen *Ergebniskontrollen* und *Leistungsbeurteilungen* unterscheiden und benotungsfreie Lernräume schaffen. Denn nur so ist es möglich, dass Lernende Fehler machen können, ohne durch schlechte Noten für diese bestraft zu werden. Auch können nur so Verstehensprobleme produktiv für den weiteren Unterrichtsverlauf genutzt werden, z. B. durch gezielte Aufgabenstellungen (vgl. Kap. 4.7, Beispiel S. 145 unten).

Unterricht braucht benotungsfreie Lernräume

Ergebniskontrollen begleiten das Lernen, indem sie Lehrpersonen ein Feedback über ihren *Lehr*erfolg und den Lernenden über ihren *Lern*erfolg geben. Der *Lehrperson* wird durch diese Kontrollen bewusst, was von den zuvor gesetzten Lehrzielen und Kompetenzen erreicht worden ist und wo noch Lücken im Wissen und Können vorhanden sind. Hieraus ergeben sich Hinweise für mögliche Konsequenzen für die weitere Unterrichtsplanung.

Ergebniskontrollen fördern Lernen

Die *Lernenden* erfahren durch Ergebniskontrollen ihren Kompetenzzuwachs, indem sie erkennen, was sie bereits können und was sie noch lernen müssen, um ihre Lücken zu schließen. Dafür sind spezielle Rückmel-

Lernen durch differenzierte Rückmeldungen fördern

dungsformen nötig. In der Zusammenarbeit mit Lehrern haben wir deshalb inhaltsunspezifische Rückmeldungen vor dem Hintergrund der Bildungsstandards erarbeitet (Tab. unten). Natürlich ist auch diese Liste nicht vollständig, aber sie erlaubt der Lehrkraft zeitsparend, eine differenzierte Rückmeldung zu geben und Lernen zu individualisieren. Lernende können entsprechend dieser Rückmeldung gezielt an ihren Schwächen arbeiten und bei wiederholtem Einsatz ihr Kompetenzwachstum erfahren.

Lernen begleiten: Lernerfolge und Lernschwierigkeiten rückmelden (Tabellenentwurf: W. Feller/U. Spörhase)

	Das macht dir Schwierigkeiten, du solltest verstärkt daran arbeiten.	Das macht dir gelegentlich Schwierigkeiten, du solltest daran arbeiten.	Das beherrschst du recht gut, kannst dich aber noch verbessern.	Das beherrschst du sehr gut – weiter so!
Textverständnis und Nutzung von Information				
• Du verstehst Arbeitsaufträge richtig und setzt sie korrekt um (Operatoren und Signalwörter).				
• Du kannst die Bedeutung von Fakten und Zusammenhängen erkennen.				
• Du kannst wichtige Aussagen in einem Text erkennen.				
• Du kannst Zusammenhänge erkennen und richtig umsetzen.				
• Du kannst Begriffe richtig anwenden.				
• Du kannst dir eigenständig Information beschaffen und nutzen.				
Fachwissen				
• Du kannst naturwissenschaftliche Phänomene genau beschreiben.				
• Du kannst naturwissenschaftliche Prinzipien erkennen und erklären.				
• Du erkennst Bezüge, Abläufe und Zusammenhänge.				
• Du kannst biologische Inhalte sachgerecht wiedergeben (schriftlich/mündlich).				
• Du kannst Gelerntes anwenden und übertragen.				
• Du kannst Gesetzmäßigkeiten und Prinzipien erkennen.				

	Das macht dir Schwierigkeiten, du solltest verstärkt daran arbeiten.	Das macht dir gelegentlich Schwierigkeiten, du solltest daran arbeiten.	Das beherrschst du recht gut, kannst dich aber noch verbessern.	Das beherrschst du sehr gut – weiter so!
Denk- und Arbeitsweisen				
• Du setzt Arbeitsweisen sinnvoll und richtig ein.				
• Du betrachtest genau.				
• Du kannst Dinge gut vergleichen.				
• Du beobachtest genau.				
• Deine Untersuchungen sind sachgerecht.				
• Du hast das Wesentliche des Experimentierens verstanden.				
• Du kannst die fachgemäßen Arbeitsweisen voneinander unterscheiden.				
• Du kannst den Einsatz von Arbeitsweisen protokollieren.				
• Du kannst Ergebnisse richtig interpretieren.				
• Du kannst Modelle interpretieren, beurteilen und für Erklärungen heranziehen.				
• Du kannst Originalabbildungen (Zeichnungen, Schemata, Abdrücke) beschreiben und interpretieren.				
• Du kannst Abbildungen, Diagramme, Tabellen lesen und auswerten.				
• Du kannst Abbildungen, Diagramme, Tabellen richtig beschriften und anfertigen.				
• Du kannst Ergebnisse erkennen, erarbeiten, veranschaulichen und mit ihnen argumentieren.				
Bewertung				
Du kannst Sachverhalte erläutern und bewerten.				
Du kannst Sachverhalte in neuen Zusammenhängen erklären und bewerten.				
Du kannst eigenständig und begründet Stellung nehmen				

Prinzipiell sollte der Unterricht dafür Raum schaffen, dass Lernende selbst ihre Ergebnisse überprüfen können. Dies müssen die Lernenden jedoch zunächst schrittweise erlernen, dabei sollten im Unterricht das Vorgehen und die Probleme bei der Selbstkontrolle thematisiert werden. So können die zu kontrollierenden Ergebnisse im Laufe der Zeit immer komplexer werden. Bei Papier-und-Bleistift-Aufgaben kann die Selbstkontrolle anhand von begründeten Musterlösungen oder bei Präsentationen und projektartigem Arbeiten anhand von Checklisten zur Durchführung erfolgen (z. B. FRICKE/SPÖRHASE 2010, FRICKE 2010). Rückmeldungen und Checklisten sollten in der Klasse diskutiert und ggf. überarbeitet werden (vgl. Kap. 4.7, S. 144). Die Selbstkontrolle der Lernergebnisse durch die Lernenden unterstützt deren individuellen Kompetenzaufbau, schafft private bewertungsfreie Räume, fördert die Übernahme von Verantwortung für den eigenen Lernprozess und damit das selbstgesteuerte Lernen. Gleichzeitig werden die erwarteten Leistungen transparent. Anhand der *Ergebniskontrollen* sollte es den Lernenden möglich sein, ihren Leistungsstand einzuschätzen, damit sie sich Ziele für anstehende Leistungsbeurteilungen setzen können.

Leistungsbewertungen erfüllen verschiedene Funktionen

In diesem Kontext ist es wichtig, sich zu vergegenwärtigen, dass *Leistungsbewertungen* – im Gegensatz zu den Ergebniskontrollen – über die Feedback-Funktion hinaus weitere Funktionen erfüllen. Sie

- prognostizieren den weiteren Lernerfolg,
- berichten über den Kompetenzstand,
- motivieren zum Weiterlernen,
- legitimieren Versetzungen und Schulabschlüsse,
- dienen der Selbstdarstellung, Kontrolle, Disziplinierung und
- stabilisieren das System Schule (vgl. BECKER 2007).

Bezüglich allgemeiner Anforderungen an Leistungsüberprüfungen verweisen wir auf SPÖRHASE (2012b, 276 f.).

Mit Lernaufgaben für Prüfaufgaben üben

Auch wenn *Leistungsbewertungen* und *Ergebniskontrollen* im Unterricht getrennt voneinander durchgeführt werden, dürfen die Aufgabentypen zur Leistungsmessung keine Überraschung für die Lernenden sein, sondern sie sollten mit diesen vertraut sein. Mit anderen Worten: Mit Lernaufgaben, die verschiedenartige Unterstützungen haben können, wird gezielt für Prüfaufgaben geübt.

Schauen Sie sich hierfür noch einmal die Lernaufgabe zum Farbensehen an (Kap. 4.7, S. 136). Durch Weglassen der Unterstützungen und kleine Umformulierungen der Teilaufgaben 1 und 2 kann daraus leicht eine Prüfaufgabe konstruiert werden (siehe unten). Die Teilaufgaben 3 und 4 können dabei in der ursprünglichen Form erhalten bleiben (siehe S. 136).

> **Prüfaufgabe**
>
> 1. Erkläre das Prinzip der additiven Farbmischung.
> 2. Beschreibe, welchen Seheindruck ein gesunder Mensch im Wellenbereich von 550 nm haben wird.

Aus einer Lernaufgabe eine Prüfaufgabe konstruieren

Bezugsnormen der Leistungsmessung

Soll die Leistung der Lernenden z. B. in einer Klassenarbeit beurteilt werden, bedarf es eines Standards, an dem die Leistung gemessen wird. Diese Standards werden nach HECKHAUSEN (1974) *Bezugsnormen* genannt. Bei dieser Leistungsbewertung können drei unterschiedliche Bezugsnormen unterschieden werden: die *sachliche,* die *individuelle* und die *soziale Bezugsnorm* (RHEINBERG 2008).

Die *sachliche Bezugsnorm* bezieht sich darauf, was bewertet wird, und ist für den Biologieunterricht durch die von der KMK vorgegeben Standards für die Abschlüsse in der Sekundarstufe I (KMK 2004a) und das Abitur (KMK 2004b) vorgegeben. Diese Standards weisen Kompetenzbereiche und *Anforderungsbereiche* aus (siehe Kap. 4.7, S. 142). Mit den verschiedenen Kompetenzbereichen werden verschiedene Bereiche des Wissens und Könnens beschrieben, die unterschiedliche Lernprozesse mit verschiedenartigen Aufgabenstellungen erfordern. Ebenso wie bei Lernaufgaben (siehe Kap. 4.7) müssen bei Prüfaufgaben zur Leistungsmessung spezifische Aufgaben für die jeweiligen vier Kompetenz- und drei Anforderungsbereiche konstruiert werden.

Es kann niemals alles abgeprüft werden

Eine gleichzeitige intensive Förderung aller Kompetenz- und Anforderungsbereiche ist eine Illusion. Denn im Unterricht werden themenabhängig die jeweiligen Kompetenzbereiche mit verschiedener Intensität gefördert. Zudem müssen die Lernenden zunächst die Fakten, Konventionen, Benennungen, Begriffe und Prinzipien kennen, ehe sie diese verstehen, anwenden und auf andere Kontexte übertragen können. Das führt dazu, dass in der Unterrichtspraxis die meisten Aufgaben dem Anforderungsbereich I, etwa 30 % dem Anforderungsbereich II und meist weniger als 20 % dem Anforderungsbereich III zuzuordnen sind.

Verschiedene Kompetenz- und Anforderungsbereiche abprüfen

Die *soziale Bezugsnorm* bezieht sich auf das Resultat. Sie vergleicht das Resultat eines oder einer einzelnen Lernenden mit der Bezugsgruppe, d. h. der jeweiligen Klasse oder bei Vergleichsarbeiten der jeweiligen Jahrgangsstufe einer Schulform.

> *Überprüfen Sie jeweils, was in der konkreten Situation wichtiger ist: soziale oder individuelle Bezugsnorm*

Die *individuelle Bezugsnorm* vergleicht das jetzige Resultat eines Individuums mit seinem zu einem vorherigen Zeitpunkt erzielten Ergebnis. Sie beschreibt also den individuellen Lernfortschritt, der gut durch eine Selbstevaluation der Lernenden, z. B. in Form eines Lerntagebuches, dokumentiert werden kann. Eine Zunahme des individuellen Lernfortschritts sollte insbesondere bei leistungsschwachen Lernenden beachtet und wertschätzend unterstützt werden, da ein großer Lernzuwachs, der ggf. mit viel Anstrengung verbunden ist, nicht per se zu einer besseren Note in den Klassenarbeiten führt. Neben den Bezugsnormen gibt es weitere Anforderungen an Testverfahren. Hier verweisen wir auf SPÖRHASE (2012b).

Zusammensetzung der Zeugnisnote

Die Leistungsbewertung im Biologieunterricht bezieht sich auf mündliche Äußerungen und beobachtetes komplexes Verhalten sowie auf schriftliche Äußerungen der Lernenden, wobei entweder der aktuelle Leistungsstand (z. B. Projektprüfung, Klassenarbeit) oder der Lernprozess (z. B. mündliche Beteiligung im Unterricht, Facharbeit) bewertet wird (SPÖRHASE 2012b). Entsprechend der Vorgabe durch die Richtlinien wird traditionell zwischen der mündlichen und schriftlichen *Mitarbeit im Unterricht* und der *schriftlichen Leistung*, die sich z. B. aus Tests, Klassenarbeiten und Facharbeiten zusammensetzt, unterschieden. Die Gewichtung der mündlichen und schriftlichen Mitarbeit und der schriftlichen Leistung zur Ermittlung der Gesamtnote für den Unterricht ist nicht bundeseinheitlich geregelt. Hier gilt es, sich vor Ort genau zu informieren und die entsprechenden Beschlüsse der Fachkonferenzen zu beachten.

Bewertung der Mitarbeit im Unterricht

> *Bewertungskriterien für die Selbsteinschätzung der Lernenden nutzen*

Insbesondere die Mitarbeit im Unterricht, die sich aus mündlichen und schriftlichen Beiträgen (z. B. Unterrichtsmitschrift, Hausaufgaben) zusammensetzt, ist aus mehreren Gründen schwierig zu bewerten: So kann z. B. Lernenden nicht angesehen werden, ob sie tatsächlich aufmerksam sind oder Aufmerksamkeit vortäuschen. Auch können nicht immer alle Meldungen und alle schriftlichen Beiträge berücksichtigt werden. Selbst wenn sich die Lehrkraft regelmäßig nach jeder Stunde Notizen über die Mitarbeit macht, kann sie meist nur die allgemeine Qualität der Mitarbeit einschätzen. Zudem können vorgelesene Hausarbeiten abgeschrieben oder das Werk z. B. der Eltern sein. Hinzu kommt das Problem der sogenannten stillen Lernenden. Diese folgen dem Unterrichtsprozess aufmerksam und antworten nach Ansprache qualifiziert, melden sich aber nicht von allein zu einem mündlichen Beitrag.

Bei all den Schwierigkeiten wird deutlich, dass die Einschätzung der Mitarbeit differenzierter Kriterien bedarf. Eine mögliche Liste von Beurteilungskriterien finden Sie online auf der Homepage der PH Weingarten. Die Zusammenstellung der Kriterien orientiert sich an den obengenannten Schwierigkeiten. Kriterien zur Qualität der Beiträge wurden in Anlehnung an DUIT ET AL. (2001) formuliert. Die Kriterien sollten mit den Lernenden besprochen werden und können von ihnen auch für eine Selbsteinschätzung genutzt werden. Damit die Lernenden ihre Mitarbeit verbessern können, ist es wichtig, dass sie eine regelmäßige Rückmeldung bezüglich ihres Leistungsstands erfahren (z. B. alle vier Wochen oder nach jeder Unterrichtseinheit).

Ergänzendes Online-Material unter www.ph-weingarten.de/biologie/buplanen.php

Regelmäßig Rückmeldungen geben

Eine Zusammenstellung wichtiger Aspekte zur Begleitung und Bewertung von Lernprozessen zeigt die nachfolgende Checkliste.

Checkliste: Lernen begleiten und bewerten

1. Werden die allgemeinen Anforderungen an Leistungsüberprüfungen beachtet? (siehe SPÖRHASE 2012b)
2. Werden Ergebniskontrollen von Leistungsbeurteilungen getrennt?
3. Werden Ergebniskontrollen für differenzierte Rückmeldungen zum Lernerfolg genutzt?
4. Ist eine Selbstevaluation der Ergebnisse durch die Lernenden im Unterricht verankert?
5. Sind die Bezugsnormen der Leistungsmessung genau bestimmt, bewusst gewählt und den Lernenden und Eltern transparent gemacht worden?
6. Werden möglichst viele Kompetenzbereiche und alle Anforderungsbereiche mit Lern- und Prüfaufgaben abgedeckt?
7. Sind die Vorgaben durch Richtlinien und Fachkonferenzbeschlüsse beachtet worden?
8. Wird mit Lernaufgaben gezielt für Prüfaufgaben geübt?
9. Werden individuelle Leistungszuwächse wertgeschätzt?
10. Wird die Mitarbeit im Unterricht regelmäßig bewertet und dokumentiert?
11. Wird die Selbstevaluation der Lernenden für die Bewertung von Leistungen genutzt?
12. Werden die Leistungen der mündlichen und schriftlichen Mitarbeit regelmäßig (nach jeder Unterrichtseinheit) rückgemeldet und mit der Klasse besprochen?
13. Wird die Bewertung von mündlichen (z. B. Präsentationen, Rollenspiele) und schriftlichen Arbeiten (z. B. Tests, Klassenarbeiten, Vorträge) exemplarisch in der Klasse besprochen?

5.2 Die Lehrleistung reflektieren und bewerten

Die Situation ist vertraut: Im Rahmen der schulpraktischen Ausbildung werden Unterrichtsstunden von einzelnen Teilnehmern gehalten, während alle anderen Seminarteilnehmer diese zusammen mit der Dozentin bzw. dem Dozenten beobachten. Anschließend kommt es zur Besprechung der Stunde. Dabei wird über die Planung oder das unterrichtliche Handeln aus biologiedidaktischer Perspektive nachgedacht, dieses wird bewertet und es werden Vorschläge gemacht, was anders hätte gemacht werden können. Nicht immer ist für die Teilnehmenden nachvollziehbar, warum gerade bei dieser Stunde dieser Aspekt angesprochen wurde, verlief doch bei der letzten Stunde die Diskussion ganz anders. Zudem kritisieren verschiedene Betreuer manchmal unterschiedliche Aspekte. Und vor allem bleibt unklar, wie die Kritik genutzt werden kann, damit die nächste Stunde, in der wieder ganz andere Inhalte vermittelt werden müssen, besser wird.

Voraussetzungen für eine sachgerechte Reflexion

Schnell wird an dem Beispiel klar: Wenn durch das Reflektieren über Unterricht etwas gelernt werden soll,

- wird erstens fachwissenschaftliches und fachdidaktisches Wissen und Können benötigt,
- sollte zweitens die Reflexion transparent, d. h. systematisch und nach bestimmten Kriterien, erfolgen,
- ist drittens eine kritische Distanz hilfreich,
- sollte viertens genau festgelegt werden, worauf sich die Reflexion bezieht.

Unterrichtsreflexion erfordert fachliches Wissen und Können
Voraussetzung jeder sachgerechten Reflexion des Unterrichts ist fundiertes *fachwissenschaftliches* und *fachdidaktisches Wissen und Können*. Nur wer die biologischen Inhalte verstanden hat, kann z. B. beurteilen, ob diese für den Unterricht adäquat ausgewählt wurden, was im Unterricht fachlich richtig präsentiert wurde und was nicht. Nur wenn fundiertes fachdidaktisches Wissen verfügbar ist, können die Elemente der didaktischen und methodischen Konstruktion identifiziert und deren Wert sowie ihre Vernetzung im Rahmen einer Unterrichtseinheit beurteilt werden. Wichtige Aspekte des fachwissenschaftlichen und fachdidaktischen Wissens und Könnens sind:

- das Verstehen von Begriffen und Konzepten (z. B. Basiskonzepte),
- deren Verknüpfungen sowie
- das Verstehen und Anwenden von Denk- und Arbeitsweisen der Biologie und ihrer Didaktik (vgl. Kap. 1).

Unterrichtsreflexion erfordert geeignete fachspezifische Kriterien
Ziel jeder Reflexion über die Qualität von Unterricht ist, ein möglichst großes Maß an Objektivität zu erlangen, d. h., die Reflexionsergebnisse sollen möglichst unabhängig von den Einflüssen der Untersucher oder der Untersuchungssituation sein. Deshalb werden in der Praxis oft fertige Beobachtungs- und Rückmeldebögen im Rahmen der Qualitätsentwicklung von Schule verwendet (z. B. IFS-Schulbarometer, SEISS o. J., ALTRICHTER/POSCH 2007); fachspezifische Aspekte werden dabei wenig berücksichtigt.

Fachspezifische Kriterien für die Reflexion von Biologieunterricht identifizieren

Qualitätsmerkmale des Biologieunterrichts
So bleibt die Frage, wie werden geeignete und gültige Kriterien für die Bewertung der Qualität von Biologieunterricht identifiziert? Schauen wir hierzu auf das dargestellte Rahmenmodell für Unterrichtsqualität im Biologieunterricht (Kap. 1; Abb. S. 9). Wir befinden uns bei der Identifizierung unserer Qualitätskriterien für den Biologieunterricht im Rahmenmodell nur bei der Rubrik Unterricht, d. h., wir befassen uns mit Unterrichtsqualität im engeren Sinne. In Kap. 1 werden wichtige Qualitätsmerkmale des Biologieunterrichts im engeren Sinne dargestellt (Checkliste guter Biologieunterricht).

Die dort vorgelegte Checkliste für guten Biologieunterricht enthält fachspezifische Merkmale. Diese erste Checkliste für guten Biologieunterricht enthält fachspezifische Merkmale und ist sicherlich nicht vollständig, so wurden allgemeindidaktische Aspekte wie die der Klassenführung, die natürlich auch für die Qualität des Biologieunterrichts relevant ist, nicht berücksichtigt. Auch ist die Checkliste nicht allgemeingültig für den Biologieunterricht, denn nach 40 Jahren Unterrichtsqualitätsforschung gibt es keine allgemeingültige Auffassung von *dem* guten Unterricht. Vielmehr spiegelt diese Checkliste unsere Auffassung von gutem Biologieunterricht wider. Die von uns formulierten Merkmale für guten Unterricht basieren auf dem Theorie- und Erfahrungswissen sowie den empirischen Befunden der Biologiedidaktik und unserer konstruktivistischen Sicht auf Lehren und Lernen (SPÖRHASE 2012). Darüber hinaus sind unsere Kriterien anschlussfähig an die Befunde der allgemeinen Didaktik, die ebenfalls Merkmalslisten für Unterrichtsqualität vorgelegt hat (z. B. Helmke 2007, Helmke und Schrader 2010, Meyer 2004). Empirisch belegt sind diese Listen von Unterrichtsqualitätsmerkmalen allerdings nicht.

Empirisch belegte Qualitätsfaktoren

Eine empirische Fundierung ist allerdings wichtig, denn durch sie wird die Wirksamkeit der Kriterien zur Qualitätssicherung belegt. Auch können die Kriterienkataloge für guten Unterricht schnell endlos werden, weil Unterrichten so ein komplexes Feld ist. Deshalb kommt es darauf an, die wichtigsten Merkmale für die Unterrichtsqualität zu identifizieren, die empirisch belegt, d. h. nachweisbar sind. Wesentliche Hinweise darauf geben für den Biologieunterricht relevante Übersichtsarbeiten zur Unterrichtsqualität (Zusammenstellung in Neuhaus 2007). Eine aktuelle Übersichtsarbeit stellt die Metaanalyse von Seidel und Shavelson (2007) dar, die den Forschungsstand zum naturwissenschaftlichen Unterricht von zehn Jahren (1994 bis 2004) aufarbeiteten und dabei den Einfluss theoretischer Modelle des Lehrens und Lernens sowie den Einfluss von Forschungsdesigns und -methoden auf die Resultate berücksichtigen. Sie fanden heraus, dass fachspezifische Lernaktivitäten die größten Effekte (kognitiv, motivational, affektiv) auf den Lernprozess zeigen. Fachspezifische Unterrichtsmerkmale des Biologieunterrichts sind leider bisher empirisch wenig untersucht.

Fachgemäße Arbeitsweisen fördern die Unterrichtsqualität

Ausgehend von dem fachdidaktischen Theoriewissen über die Unterrichtsqualität identifizierten Wüsten et al. (2008, 2010) anhand von Videoanalysen als fachspezifische Unterrichtsqualitätsmerkmale unter anderem:

- den Umgang mit Modellen,
- den Einsatz realer Objekte,
- die Berücksichtigung von Lernervorstellungen,
- die Herstellung des Alltagsbezugs,
- die inhaltliche Klarheit und Strukturiertheit und
- eine angemessene Komplexität.

Weiterführende Analysen des Theorie- und Erfahrungswissens der allgemeinen Didaktik und der Befunde der empirischen Bildungsforschung zeigen, dass folgende drei Aspekte für Unterrichtsqualität wesentlich sind: ein *lernerorientiertes Sozialklima,* eine *klare Strukturierung* und eine *kognitive Aktivierung* unter besonderer Berücksichtigung fachspezifischer Arbeitsweisen (Feicke/Spörhase 2012 und Abb. S. 159).

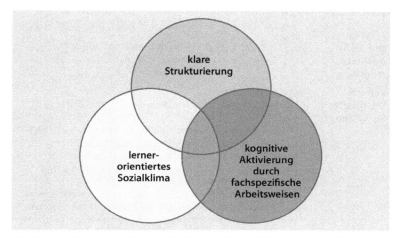

Die drei wichtigsten Merkmale für Unterrichtsqualität im engeren Sinne

Das Merkmal *lernerorientiertes Sozialklima* umfasst Aspekte der Klassenführung und allgemeine Aspekte des Umgangs miteinander, z. B. gegenseitige Wertschätzung, Vereinbarung von Regeln, die Prävention von und den Umgang mit Störungen. Die Lernerorientierung kann durch Ziele, Inhalte, Methoden und das Instruktionsverhalten der Lehrperson gefördert werden.

Das Merkmal *klare Strukturierung* umfasst erstens die Strukturierung auf der Verhaltensebene (z. B. Klarheit der Rollen), zweitens eine Strukturierung aus Sicht der Kognitionspsychologie, die den Aufbau einer geordneten und komplexen Wissensstruktur durch Einsatz von Lernstrategien fördert, und drittens eine Strukturierung aus Sicht der Didaktik. Im Rahmen der didaktischen und methodischen Konstruktion von Unterricht werden alle drei Aspekte der Strukturierung berücksichtigt.

Das Merkmal *kognitive Aktivierung* umfasst alle Aspekte des Handelns der Lehrperson, die auf ein eigenaktives und anspruchsvolles Lernen zielen und ein vertieftes Nachdenken über die Sache ermöglichen. Hierzu gehören eine Auseinandersetzung mit anspruchsvollen Aufgaben, Unterrichtsgespräche mit substanzieller Lernerbeteiligung und eine inhaltliche Kohärenz und Transparenz (vgl. Clausen et al. 2003, Pauli et al. 2008, Lipowski 2009, Kleinknecht 2010), die auch von Wüsten et al. (2008) gefordert wird. Eine Konkretisierung dieser drei wichtigsten Merkmale der Unterrichtsqualität wurde von Feicke/Spörhase (2012) vorgenommen. Diese Konkretisierungen liefern Untermerkmale, die für eine systematische Beurteilung der Unterrichtsqualität genutzt werden können.

Qualitätsmerkmale für den Biologieunterricht

Allgemeine Unterrichts-qualitäts-merkmale	Konkretisierte Qualitätsmerkmale für den Biologieunterricht
Lerner-orientiertes Sozialklima	Wichtige Aspekte sind: • Das Sozialklima ist durch gegenseitige Wertschätzung geprägt. • Der Umgang mit konsistenten und gemeinsam ausgehandelten Verhaltensregeln und Ritualen gelingt (z. B. Umgang mit und Prävention von Störungen; Pausen; Hausaufgaben). • Die Lehrperson schafft Transparenz durch Formulierung ihrer Ziele und Erwartungen. • Die Lehrperson macht ihre Rolle im Lernprozess transparent. • Die Lernenden setzen sich selbstständig mit Inhalten auseinander, können eigenständig Handeln und über eine partizipative Entscheidungsfindung auf das Unterrichtsgeschehen einwirken.
Klare Strukturierung	Die Planung und Durchführung des Unterrichts basiert auf einer sachlich korrekten didaktischen und methodischen Konstruktion; insbesondere • wird eine Vernetzung des Detailwissens durch Basiskonzepte und Rückblicke auf bereits Gelerntes sowie Ausblicke auf weitere Inhalte gefördert, • werden fachgemäße Denk- und Arbeitsweisen sachgerecht angewendet, • wird an das Vorwissen der Lernenden angeknüpft, • werden Interventionen zu Fehlvorstellungen eingesetzt, • wird eindeutig (Aufgabenklarheit) und sinnstiftend kommuniziert, • entstammen die Unterrichtskontexte dem Erfahrungsraum der Lernenden, • werden Fehler als Lernchance genutzt, • wird Gelerntes ausreichend geübt, • ist der Unterricht durch eine methodische Variabilität und Phasierung (Einstiegs-, Erarbeitungs-, Vertiefungs- und Ergebnissicherungsphasen) gekennzeichnet, • werden Fachbegriffe überlegt und sparsam eingeführt, • sind Ziele, Inhalte, Methoden und Medien auf einander abgestimmt, • wird das Wichtigste zusammengefasst, • werden Selbstkontroll- und Selbstregulationsstrategien eingesetzt (z. B. Rückmeldungen zur Lernleistung, Lerntagebuch), • werden die Lernenden gemäß ihrem individuellen Leistungsstand gefördert.

Allgemeine Unterrichtsqualitätsmerkmale	Konkretisierte Qualitätsmerkmale für den Biologieunterricht
Kognitive Aktivierung	• Es findet eine Auseinandersetzung mit anspruchsvollen Aufgaben statt, z. B. durch Sichtbarmachen von Verständnisschwierigkeiten, Erbringen von Übertragungsleistungen, Anwenden der Basiskonzepte und einen handelnden Umgang mit Fachwissen in variablen Situationen. • Das Unterrichtsgespräch zeigt eine substanzielle Lernerbeteiligung, fordert zum Nachdenken auf und fördert ein vertieftes Verständnis, z. B. durch Fragen nach Beziehungen, den Umgang mit Modellen, den Einsatz realer Objekte, die Anwendung fachgemäßer Denk- und Arbeitsweisen sowie das Einfordern von Argumenten und Erklärungen. • Inhaltliche Kohärenz und Transparenz und eine angemessene Komplexität sind gegeben.

Qualitätsmerkmale für die Unterrichtsreflexion: Auf Basis der drei empirisch belegten Qualitätsmerkmale und ihrer Konkretisierungen für den naturwissenschaftlichen Unterricht können fachspezifische Qualitätsmerkmale systematisiert und durch relevante Aspekte erweitert werden. Resultat ist eine Zusammenstellung von konkretisierten Unterrichtsqualitätsmerkmalen für den Biologieunterricht (siehe Tab. S. 160 f.). Viele Konkretisierungen der Qualitätsmerkmale *klare Strukturierung* und *kognitive Aktivierung* können anhand der Planung einschließlich der Unterrichtsmaterialien beurteilt werden. Auch Aspekte des Merkmals *lernerorientiertes Sozialklima*, wie z. B. eine transparente Unterrichtsgestaltung, Selbstständigkeit, Eigenständigkeit und die partizipative Teilhabe der Lernenden am Unterrichtsgeschehen, sind ebenfalls aus der Planung ersichtlich.

Aufgabe: Eigene Qualitätskriterien identifizieren

Die vorgelegte Liste der Unterrichtsqualitätskriterien ist lang. Kreuzen Sie zunächst an, welche Kriterien Sie für sinnvoll halten. Stellen Sie sich eine Liste der Kriterien zusammen, die Sie derzeit für Ihren Unterricht als am relevantesten erachten. Berücksichtigen Sie dabei alle drei Bereiche: klare Strukturierung, kognitive Aktivierung und lernerorientiertes Sozialklima. Es ist gut, wenn die Liste kurz ist (drei bis acht Kriterien), denn um ein Kompetenzwachstum zu spüren, ist es wichtig, sich nicht zu viel vorzunehmen. Dann kann man sich damit beschäftigen, warum man etwas tut, und kann es fachdidaktisch sachgerecht begründen.

Unterrichtsreflexion erfordert eine kritische Distanz

Reflexion braucht nicht nur Wissen und Können sowie theoretisch fundierte und evidenzbasierte Kriterien, sondern auch die nötige Distanz. Schließlich soll ein geplanter oder durchgeführter Unterricht unter die Lupe genommen und kritisiert werden. Dafür braucht es einen Blick von außen, ein gewisses Nicht-verstehen-Wollen als Motor, um z. B. zu prüfen, ob die vorliegende Konstruktion sinnvoll ist, wo ihre Schwächen und Stärken liegen.

Bei der Beurteilung einer fremden Planung oder der Beobachtung fremden Unterrichts ist schon eine gewisse Distanz vorhanden, denn wir versuchen, zu verstehen und Sinn in die Konstruktion zu bringen. Zudem sind damit auch keine eigenen Anstrengungen und kein eigenes „Herzblut" verbunden, wodurch das Kritisieren leichter fällt. Die Beobachtung des eigenen Unterrichts hingegen ist aufgrund der Gleichzeitigkeit von Unterrichten und Beobachten besonders schwierig (siehe S. 168 ff.).

Das Annehmen einer anderen Rolle erleichtert den Perspektivwechsel

Perspektivwechsel: Um die nötige Distanz herzustellen, hilft es, einen Perspektivwechsel vorzunehmen und sich in die Situation der Lernenden zu versetzen, sich also z. B. zu fragen: Was wird aufgrund der unterrichtlichen Maßnahme gelernt? Sind Inhalt und Vorgehen interessant und machen sie Spaß? Wird etwas Neues entdeckt? Wird Kompetenzzuwachs erlebt?

Unterrichtsreflexion benötigt eine Fokussierung

Ziele und methodische Umsetzung prüfen

Sinn jeder Reflexion ist es, etwas in Frage zu stellen und dadurch etwas Neues zu lernen, wodurch die nächste Aufgabe besser bewältigt werden kann. Da nicht alles zugleich gelernt werden kann, ist es wichtig, sich jeweils auf wesentliche Punkte zu beschränken und nicht alles in Frage zu stellen. In der Ausbildung hat es sich als praktikabel erwiesen, die im Rahmen der *didaktischen Konstruktion* konstruierten Lehrziele und deren Umsetzung im Rahmen der *methodischen Konstruktion* kritisch zu überprüfen und dabei auf die Stimmigkeit von Zielen, Inhalten, Methoden und Medien zu achten. Dies geht am einfachsten, wenn dafür die Stundenplanung unter die Lupe genommen und diese möglichst vor der zu haltenden Stunde optimiert wird. Auch ist die Kritik zur Planung leichter anzunehmen als zur Durchführung des Unterrichts, denn anders als beim Unterrichten, wo immer Persönlichkeitsmerkmale eine Rolle spielen, kann man bei der Planung viel leichter auf der sachlichen Ebene bleiben, was die persönliche Privatsphäre schützt.

Unterricht vorbesprechen

Wir alle haben erfahren: Etwas zu wissen ist das eine, das Wissen korrekt in eine Handlung zu überführen, etwas anderes. Denken Sie nur an so einfache Aufgaben, wie eine Schrittfolge beim Tanzen zu erlernen. Beim Unterrichten ist das noch viel schwieriger, denn Unterrichten ist eine sehr komplexe Handlung, und es braucht Übung und Zeit, sein fachwissenschaftliches und fachdidaktisches Wissen in Können zu überführen. Deshalb ist es ganz normal, dass auch bei einer exzellent geplanten Stunde die Durchführung Mängel aufweisen kann. Um den Schritt vom Wissen zum Können zu befördern, ist es hilfreich, den Fokus jeweils auf verschiedene Lehrziele oder Aspekte des Handelns zu richten, die Sie besonders gut machen möchten, und diese gezielt zu üben. Diese können dann später zentrale Elemente der Reflexion des durchgeführten Unterrichts darstellen.

Umsetzungen gezielt üben

Betrachten wir das Unterrichtsqualitätsmerkmal *lernerorientiertes Sozialklima*, so können hier einfache Rituale helfen. Um z. B. Transparenz im Unterricht zu schaffen, können Sie jede neue Lehr-Lern-Sequenz beginnen, indem Sie sagen: „Wir haben bisher das und das gemacht, unser nächstes Ziel ist jetzt dieses." Um die Lernenden in den weiteren Unterrichtsgang einzubeziehen, können sie regelmäßig nach ihren Vorschlägen für die weitere Arbeit gefragt werden. Diese sollten dann natürlich auch im Unterrichtsgang berücksichtigt werden. Lernförderlich ist, sich zu fokussieren und zu den gewählten Aspekten durch die Reflexion eine Rückmeldung zu bekommen – und diese Aspekte zu perfektionieren. Fordern Sie gezielt von Ihren Betreuern mögliche Umsetzungen und üben Sie diese.

Auch bei einer Unterrichtsreflexion, die auf einer gemeinsamen Unterrichtsbeobachtung z. B. im Rahmen von Unterrichtsbesuchen erfolgt, ist es wichtig, zu fokussieren, denn nicht alles kann beobachtet werden.

Leitfragen für die Reflexion

Allgemeine Leitfragen für eine Reflexion sind:

- Was ist gut gelungen? (z. B.: gesetzte Kompetenzen, Lehrziele und methodische Umsetzung sinnvoll und erreicht?)
- Welches sind Gründe für das Gelingen?
- Hätte es auch noch Handlungsalternativen gegeben?
- Was ist nicht so gut gelungen?
- Welches sind Gründe für die auftretenden Probleme?
- Wie muss ich vorgehen, damit es das nächste Mal besser gelingt?
- Welche Hilfen brauche ich noch dafür?

Bei der Beantwortung der Leitfragen sind das Theorie- und Erfahrungswissen der *didaktischen* und *methodischen Konstruktion* sowie die *Qualitätsmerkmale des Biologieunterrichts* (vgl. S. 161) von zentraler Bedeutung.

Eine sachliche und ergebnisorientiere Fokussierung der Unterrichtsreflexion im oben beschriebenen Sinne liefert einen wichtigen Beitrag zur Qualität der Lernbedingungen angehender Lehrkräfte. Denn weil man sich beim Unterrichten stets mit seiner ganzen Person einbringt, besteht immer die Gefahr, dass die Kritik zu persönlich ausfällt oder zumindest so empfunden wird. Deshalb ist es wichtig – ganz entsprechend dem Qualitätsmerkmal *lernerorientiertes Sozialklima* – auch bei der Reflexion von Unterricht eine Atmosphäre der gegenseitigen Wertschätzung zu schaffen und auf die Wahrung der Privatsphäre aller zu achten.

Ablauf einer Unterrichtsreflexion

Reflexion in vier Schritten

ALTRICHTER/POSCH (2007) haben ein Modell entworfen, mit dem Unterricht, d. h. Handlungen in komplexen Situationen, reflektiert werden kann. Nach diesem Modell besteht eine systematische Unterrichtsreflexion aus vier Schritten (siehe Randspalte).

1. Vorbereiten

2. Daten erheben/ vorliegende Daten verwenden

3. Daten interpretieren

4. Konsequenzen formulieren

Schritt 1: Reflexion vorbereiten
Bei der Vorbereitung geht es darum, die Bedingungen der Reflexion sorgfältig zu klären (siehe Kap. 5.1, S. 149 f.). Hierzu gehören insbesondere

- die Klärung der fachlichen und fachdidaktischen Aspekte des Unterrichts (didaktische und methodische Konstruktion),
- das Setzen von Schwerpunkten für die Reflexion, z. B. ausgewählt aus den Unterrichtsqualitätsmerkmalen (siehe Tab. S. 160 f.),
- die Entwicklung von Fragestellungen. Wie z. B. findet eine Vernetzung von Detailwissen durch Basiskonzepte statt? Sind die Aufgaben den Lernenden klar geworden? Findet eine kognitive Aktivierung der Lernenden statt? Sind Ziele, Inhalte, Methoden und Medien aufeinander abgestimmt?

Wichtige Schwerpunkte können sich natürlich auch aus den eigenen Erfahrungen ergeben.

Zum Beispiel könnte es Ihnen beim letzten Mal passiert sein, dass nicht alle Lernenden beim Mikroskopieren das zu untersuchende Präparat selbst einstellen konnten und dass viele Probleme bei der Erstellung einer Zeichnung hatten. Hier kann im Rahmen der methodischen Konstruktion ein bestimmtes Vorgehen ausgewählt und Hilfen für die Lernenden können vorbereitet werden. Eine Forschungsfrage wäre dann: Inwiefern war die methodische Konstruktion dafür geeignet, dass die Lernenden eigenständig das zu untersuchende Präparat mikroskopieren und dokumentieren konnten? Wenn die Schwerpunkte gesetzt und Fragestellungen formuliert sind, kommen wir zu Schritt 2.

Schritt 2: Vorliegende Daten verwenden, Unterricht durchführen und Daten erheben
Vor der Durchführung des Unterrichts liegen dessen Planung und die einzusetzenden Arbeitsmaterialien vor, hierbei handelt es sich um die schriftlichen Dokumente der Lehrkraft. Während des Unterrichts entstehen weitere schriftliche Daten, das sind zum einen weitere schriftliche Dokumente der Lehrkraft, z. B. Tafelbilder, Aufzeichnungen über die mündliche Mitarbeit usw., und die schriftlichen Dokumente der Lernenden, z. B. Heftaufzeichnungen, die auch als Hausarbeit mit in den Unterricht eingebracht werden können. Diese Daten können gleich dem Interpretationsprozess (Schritt 3) zugeführt werden.

Die anderen Daten zur Durchführung werden durch Beobachtung und Dokumentation des Unterrichtsprozesses erhoben. Prinzipiell kann dabei ähnlich wie beim kriteriengeleiteten Beobachten biologischer Phänomene vorgegangen werden (OTTENI 2010). Dabei sollte einem bewusst sein, dass man nur das beobachtet, worauf man seine Aufmerksamkeit lenkt. Das ist auch der Grund dafür, dass wir uns meist nicht erinnern können, was wir alles auf unserem allmorgendlichen Weg zur Schule gesehen haben. Die in der Tab. auf S. 160 f. zusammengefassten Unterrichtsqualitätsmerkmale bieten sich für eine kriteriengeleitete Beobachtung an.

Beobachtet wird nur das, worauf man seine Aufmerksamkeit lenkt

Unterrichtsprotokoll
Für die Dokumentation der Unterrichtsprozesse können folgende Methoden eingesetzt werden:

- Unterrichtsprotokoll,
- teilnehmende Beobachtung und
- eine Audio- bzw. audiovisuelle Dokumentation.

Beim *Unterrichtsprotokoll* wird die Stunde in ihrem Verlauf möglichst objektiv ohne Wertungen dokumentiert. Dazu werden im Zeitverlauf das Verhalten der Lernenden und der Lehrkraft protokolliert, wichtige Aspekte sollten dabei möglichst im O-Ton erfasst und durch subjektive Feldnotizen ergänzt werden.

Die *teilnehmende Beobachtung* ist eine Forschungsmethode der Feldforschung im Bereich der Sozialwissenschaften. Mit dem Einsatz der Methode ist das Ziel verbunden, das Verhalten und/oder die Auswirkungen des Verhaltens einzelner Gruppenteilnehmer auf andere zu erforschen. Die persönliche Teilnahme, die ein unmittelbares Erfahren der Situation ermöglicht, wird in der theoretischen Fundierung dieser Methode als zwingend erachtet, um Aspekte des Handelns und Denkens zu beobachten, die z. B. durch eine audiovisuelle Dokumentation allein nicht erfassbar wären. Dabei schwankt die teilnehmende Beobachtung zwischen Nähe (Teilnahme) und Distanz (Beobachtung). Der Einsatz dieser Methode zur Untersuchung von Lehr-Lern-Prozessen wird z. B. bei Scholz/Beck (1995) beschrieben.

Audio- oder audiovisuelle Medien ermöglichen eine möglichst objektive Dokumentation der Unterrichtsprozesse und sind deshalb vor allem auch für die Dokumentation des eigenen Unterrichts besonders geeignet. Der Vorteil einer alleinigen Dokumentation der Sprachäußerungen liegt sicher darin, dass das Lernerverhalten wenig beeinträchtigt wird und diese Methode ohne viel Aufwand gut eingesetzt werden kann, um vor allem die Äußerungen der Lehrkraft zu dokumentieren. Eine audio*visuelle* Dokumentation liefert darüber hinaus wichtige Informationen zur Körpersprache und zu nicht sprachlich gebundenen Verhaltensweisen.

> Unterricht von Schülern anonym bewerten lassen

Die beschriebenen Methoden zielen auf eine Beobachtung und Dokumentation gezeigter Verhaltensweisen. Verborgen bleibt dabei, was Lernende im und über den Unterricht denken. Deshalb ist neben der beschriebenen Datenerhebung auch eine direkte *Rückmeldung der Lernenden* zum Unterricht sinnvoll. Diese kann z. B. als Einzelinterview, als Fragebogen, im Rahmen einer Gruppendiskussion oder im Rahmen eines Unterrichtsgesprächs eingeholt werden. Damit man eine ehrliche Rückmeldung erhält, sollte man darauf achten, dass möglichst die Anonymität der Lernenden gewahrt wird oder Kontexte geschaffen werden, welche den Lernenden die Angst vor Nachteilen durch die geäußerte Kritik nehmen. Bei Unterrichtsgesprächen wird dies durch den Einsatz bestimmter Rückmeldemethoden ermöglicht (Auflistung S. 167).

Gruppendiskussionen können z. B. im Rahmen der Think-Pair-Share-Methode erfolgen. So ist es leicht, allgemeine und spezielle Rückmeldungen abzufragen und zu dokumentieren (Spörhase 2010b; Auflistung S. 167). Ein Vorteil liegt hier darin, dass Gruppenmeinungen dargestellt und zusammengefasst werden können und dass die Verbesserung des Unterrichts zur gemeinsamen Sache werden kann. Lernende fühlen sich durch eine anonyme Befragung sicher am besten geschützt und trauen sich eher, ehrlich ihre Meinung zu äußern. Stellt man in dem Fragebogen nicht nur Multiple-Choice-, sondern auch offene Fragen, kann man eine differenzierte Rückmeldung zum Unterricht erhalten (Auflistung S. 167). Allerdings braucht die Auswertung der Fragebögen gesonderte Zeit, weil sie nicht im Unterricht durchgeführt werden kann.

Beispiele zur Erhebung von Rückmeldungen der Lernenden
1. *Rückmeldung im Unterrichtsgespräch* anhand allgemeiner Leitfragen, z. B. „Was ist gut gelaufen, wo lagen Schwierigkeiten, was hätte man besser machen können?" Hier können auch Methoden wie das Spinnennetz (Seiss o. J.) eingesetzt werden.
2. *Rückmeldungen mit Think-Pair-Share:* Wir haben uns in den letzten Wochen mit dem Sehen beschäftigt. Nutzt die Methode Think-Pair-Share, um zu diskutieren und dokumentieren:
    a. Was hat dir/euch am besten am Unterricht gefallen?*
    b. Was war schwierig zu verstehen? Nenne/nennt mögliche Gründe für deine/eure Verstehensprobleme.*
    c. Auch ich möchte etwas dazulernen. Gebt mir bitte einen Tipp, was ich hätte besser machen können.
    d. Am Ende der Unterrichtseinheit habt ihr euch damit auseinandergesetzt, was verschiedene Neuroprothesen zum Sehen leisten müssen, damit man mit ihrer Hilfe sehen kann. Fandest du / fandet ihr diese Aufgabenstellung sinnvoll? Begründe deine / begründet eure Meinung. Beginnt eure Antwort wie folgt:
       - *Ich fand die Aufgabenstellung sinnvoll, weil ...*
       - *Ich fand die Aufgabenstellung nicht sinnvoll, weil ...*
3. *Fragebogen zur Rückmeldung:* Aus den unter Punkt 2 formulierten Aspekten kann auch ein Fragebogen entwickelt werden. Fachunspezifische Fragebögen für Schülerrückmeldungen finden sich bei Seiss (o. J.).

* Hier kann auch eine konkrete Liste von durchgeführten Aufgaben zur Bewertung vorgeben werden.

Schritt 3: Interpretation der erhobenen Daten
Die Interpretation der Daten erfolgt auf Grundlage der Unterrichtsqualitätskriterien und der allgemeinen Leitfragen (siehe S. 160 f. und 163). Wie oben schon beschrieben ist es sinnvoll, den Fokus auf wenige Fragestellungen zu lenken. Anhand der Protokolle, der Audio- oder audiovisuellen Dokumentation kann die Bewertung des Unterrichts durchgeführt werden. Die von der Lehrkraft und den Lernenden erstellten schriftlichen Daten sowie die während des Unterrichts erstellten Protokolle liegen direkt nach dem Unterricht vor. Die Audio- und audiovisuelle Dokumentation des Unterrichts kann genutzt werden, um ausgewählte Unterrichtssequenzen genauer zu untersuchen. (Eine Transkription der audio- oder audiovisuellen

Dokumentation des Unterrichts wird man nur zu Forschungszwecken erstellen, da diese viel zu zeitintensiv für die tägliche Praxis ist.) Bei der Diskussion und Interpretation von gelungenen und nicht so gelungenen Unterrichtspassagen sollte sorgfältig zwischen Gründen in der Planung und beim unterrichtlichen Handeln unterschieden werden. Denn nur so können die richtigen Konsequenzen gezogen werden.

Schritt 4: Konsequenzen formulieren
Damit die Reflexion gewinnbringend für die Kompetenzentwicklung genutzt werden kann, ist es wichtig, Konsequenzen für das weitere unterrichtliche Handeln zu formulieren. Konkret heißt dies, einerseits zu prüfen, inwiefern das gelungene Unterrichten auf andere Situationen übertragen werden kann, und hierfür Beispiele zu suchen, und andererseits die beobachteten Schwierigkeiten genauer unter die Lupe zu nehmen. Hier geht es darum, genau zu untersuchen, was besser gemacht werden kann, und dafür Lösungsvorschläge zu erarbeiten, die auf verschiedene Unterrichtssituationen übertragen werden können. Zielorientiert ist es, zunächst die Planung zu optimieren und bei der Durchführung Aspekte auszuwählen, die den Unterricht wesentlich verbessern und leicht umzusetzen sind, wie z.B. Rituale zur Schaffung von Transparenz im Unterricht und zur Einbeziehung der Lernenden (vgl. S. 163).

Planung optimieren und anschließend zentrale Qualitätsmerkmale auswählen

Besonderheiten der Reflexion des eigenen Unterrichts
Prinzipiell sind die zuvor dargestellten Kriterien zur Reflexion des Unterrichts natürlich auch für die Reflexion des eigenen Unterrichts geeignet. Jedoch werden sich sicher aus den praktischen unterrichtlichen Erfahrungen Aspekte ergeben, die mit der eigenen Persönlichkeit und daher mit persönlichen Stärken und Schwächen verbunden sind. Hier ist es erfolgversprechend, aus den Fehlern zu lernen, seine Schwächen zu umschiffen und seine Stärken auszubauen, um so seinen eigenen Stil zu finden. Eine kritische Auseinandersetzung mit der eigenen Persönlichkeit als Lehrkraft kann hier helfen (siehe Auflistung am Kapitelende, S. 170).

Natürlich ist es sehr schwierig, eine Distanz zu dem eigenen Unterricht herzustellen. Eine Audio- oder audiovisuelle Dokumentation des Unterrichts und Lernerrückmeldungen zum Unterricht helfen, sich ein objektiveres Bild vom eigenen Unterrichten zu machen (siehe S. 166). Insbesondere, wenn das eigene Handeln im Unterricht anhand einer audiovisuellen Dokumentation betrachtet werden kann, kann die Aufmerksamkeit ganz auf die Beobachtung des unterrichtlichen Geschehens gelenkt werden. Zudem entsteht eine Distanz, die eine kritische Selbstreflexion ermöglicht.

Bei der Beobachtung des eigenen Unterrichts ist die Herausforderung zu meistern, gleichzeitig zu unterrichten und zu beobachten. Dies ist machbar, indem die Auswirkungen des Handelns auf die Lernenden kritisch beobachtet und Wichtiges gleich während oder im Anschluss an die Stunde protokolliert wird. Bittet man zudem die Lernenden um gezielte Rückmeldungen zum durchgeführten Unterricht (Auflistung auf S. 167), bekommt man ein objektiveres Bild von seinem Unterricht und kann gezielt Verbesserungen vornehmen. Hilfreich ist es, Möglichkeiten der Verbesserung direkt mit Lernenden und Kollegen zu diskutieren.

„Das hat die Welt nicht oft gesehn. Dass Lehrer selbst ans Lernen gehen." (BRECHT, *Galileo Galilei*)

Selbstbild als Biologielehrkraft reflektieren und Handlungsmöglichkeiten entwickeln

Wie wir als Lehrperson agieren, hängt von unserer eigenen Sicht auf Unterricht und das Fach Biologie ab. Wir haben eine sogenannte subjektive Theorie von Biologieunterricht erworben. Diese Theorie basiert auf unseren Überzeugungen, und sie beeinflusst, wie wir Sachverhalte erfassen und beschreiben. Das Nachdenken über die eigene Sicht auf Unterricht, auftretende Schwierigkeiten und die Entwicklung von Lösungsansätzen führt zu einer klareren fachdidaktischen Positionsbestimmung, denn die persönlichen Komponenten der getroffenen Entscheidungen werden einem bewusst. Dadurch fällt es dann leichter, zu begründen, warum man etwas tut. Hinzu kommt, dass auch jede Lehrperson ihre Stärken und Schwächen in den vielfältigen Bereichen der Biologie, der Naturwissenschaften insgesamt sowie bei der didaktischen und methodischen Konstruktion von Unterricht hat. Das Nachdenken über und das aktive Arbeiten an Stärken und Schwächen führt zu mehr Sicherheit beim Unterrichten und fördert das Wachsen einer eigenen natürlichen Autorität. Dabei ist es nicht mit einem einmaligen Nachdenken über sein Selbstbild getan, beim wiederholten Nachdenken über die eignen Aufzeichnungen entwickelt sich das Selbstbild mit zunehmender Praxis immer weiter, und man kann seine Kompetenzentwicklung verfolgen. Mögliche Leitfragen für eine Selbstreflexion sind im Folgenden zusammengestellt (S. 170).

Reflexion des eigenen Selbstbilds als Biologielehrer/Biologielehrerin

Über das Selbstbild als Biologielehrkraft nachdenken

Allgemeines
- Was ist mir besonders wichtig als Biologielehrkraft (z. B. eine gute Beziehung zu meinen Lernenden zu haben, das Verhalten der Lernenden gut zu steuern und zu kontrollieren, Offenheit im Unterricht zuzulassen, Lernenden als Berater/-in zur Seite zu stehen, Biologieunterricht fachlich korrekt und didaktisch adäquat zu gestalten, die Lernenden auf ihrem Lernweg zu begleiten und zu fördern).
- Was interessiert mich / was interessiert mich nicht an der Biologie? Welche biologischen Inhalte, Denk- und Arbeitsweisen möchte ich meinen Lernenden vermitteln?
- Wann, wo und unter welchen Bedingungen habe ich viel über Biologie gelernt?
- Gelingt es mir, meine Vorstellungen und Pläne von Biologieunterricht umzusetzen? Welches sind die Gründe dafür?

Meine Stärken und Schwächen
- Welches sind meine Stärken/Schwächen bezogen auf mein fachliches Wissen und Können innerhalb der Biologie und den anderen Naturwissenschaften?
- Welches sind meine Stärken/Schwächen bezogen auf meine didaktische Kompetenz (z. B. didaktische Konstruktion, methodische Konstruktion, Auswahl von Aufgaben, fächerübergreifendes Arbeiten) für das Unterrichten von Biologie? Wo/wann habe ich Schwierigkeiten beim Unterrichten?
- Wann und wie gelingt es mir, Lernende für biologische Inhalte zu begeistern? Wann fällt es mir schwer?

Konsequenzen für meine Professionalisierung
- An welchen Haltungen und Einstellungen halte ich fest, welche möchte ich verändern? Welche Konsequenzen hätte das für meinen Unterricht?
- Welche Stärke(n) möchte ich weiter ausbauen? Wie kann das geschehen? Welche Konsequenzen hätte das für meinen Unterricht?
- Kann ich Schwächen kompensieren? Wenn ja, wie? Welche Konsequenzen hätte das für meinen Unterricht?

Literatur

ALTRICHTER, HERBERT/POSCH, PETER (2007): Lehrerinnen und Lehrer erforschen ihren Unterricht. Eine Einführung in die Methoden der Aktionsforschung. Bad Heilbrunn
BECKER, GEORG E. (2007): Handlungsorientierte Didaktik, Teil 3. Unterricht auswerten und beurteilen. Weinheim
BERCK, K.-H. (2005): Biologiedidaktik. Wiebelsheim: Quelle & Meyer
BITTNER, S. (2006): Das Unterrichtsgespräch. Bad Heilbrunn: Klinkhardt
BÖTTCHER, F./MEISERT, A. (2011): Argumentation in Science Education: A Model-based Framework. Science & Education, 20(2), 103–140
CLAUSEN, MARTEN/KLIEME, ECKHARD/REUSSER, KURT (2003): Unterrichtsqualität auf der Basis hoch-inferenter Unterrichtsbeurteilungen. Unterrichtswissenschaft 31(2), 122–141
DEVELAKI, M. (2007): The model-based view of scientific theories and the structuring of school programmes. Science Education, 16, 725–749
DUIT, REINDERS/HÄUSSLER, PETER/PRENZEL, MANFRED (2001): Schulleistungen im Bereich der naturwissenschaftlichen Bildung. In: WEINERT, FRANZ E. (Hrsg.): Leistungsmessungen in Schulen. Weinheim, 169–186
ENZINGMÜLLER, C. ET AL. (2009): Einstellungen von Lehrkräften zur Verwendung von Fachsprache im naturwissenschaftlichen Unterricht. In: HARMS, U./BOGNER, F./GROPENGIESSER, H. ET AL. (Hrsg.): Heterogenität erfassen – individuell fördern im Biologieunterricht. Kiel: IPN, 248–249
FEIKE, JANINE/SPÖRHASE, ULRIKE (2012): Impulse aus der Didaktik zur Verbesserung von Patientenschulungen. Rehabilitation 50, 1–10
FRICKE, CHRISTINE (2010): Lernplakat. In: SPÖRHASE, ULRIKE/RUPPERT, WOLFGANG (Hrsg.): Biologie-Methodik. Handbuch für die Sekundarstufe I und II. Berlin: Cornelsen Scriptor, 178–181
FRICKE, CHRISTINE/SPÖRHASE, ULRIKE (2010): Präsentieren. In: SPÖRHASE, ULRIKE/RUPPERT, WOLFGANG (Hrsg.): Biologie-Methodik. Handbuch für die Sekundarstufe I und II. Berlin: Cornelsen Scriptor, S. 172–177
GALLIN, P./RUF, U. (2003): Dialogisches Lernen in Sprache und Mathematik. Spuren legen – Spuren lesen. Unterricht mit Kernideen und Reisetagebücher. Seelze: Kallmeyer
GILBERT, S. W. (1991): Model building and a definition of science. Journal of Research in Science Teaching, 28, 73–79
GRAF, D. (2001): Welche Aufgabentypen gibt es? In: MNU 54(7), 422–425
GRAF, E. (2004): Medien im Biologieunterricht. In: GRAF, E. (Hrsg.): Biologiedidaktik für Studium und Unterrichtspraxis. Donauwörth: Auer, 186–199
GREVING, JOHANNES/PARADIES, LIANE (2011): Unterrichtseinstiege. Berlin: Cornelsen Scriptor
GROPENGIESSER, HARALD (1997): Aus Fehlern beim Mikroskopieren lernen. In: Unterricht Biologie 21(230), 46–47
GROPENGIESSER, HARALD (2002). Sehen – Schülervorstellungen, wissenschaftliche Theorie und deren Vermittlung. Unterrichtsanregung. Materialien des IPN zum BLK-Programm SINUS, http://sinus-transfer.uni-bayreuth.de/fileadmin/MaterialienDB/60/gropengiesser1.pdf (letzter Zugriff 20.12.2011)
GROPENGIESSER, HARALD (2006): Erkunden und Erkennen. In: GROPENGIESSER, HARALD/KATTMANN, ULRICH (Hrsg.): Fachdidaktik Biologie. Köln: Aulis Deubner, 239–270
GROPENGIESSER, HARALD (2007): Didaktische Rekonstruktion des „Sehens". Wissenschaftliche Theorien und die Sicht der Schüler in der Perspektive der Vermittlung. Oldenburg: Didaktisches Zentrum
GROPENGIESSER, H./KATTMANN, U. (Hrsg.) (2006): Fachdidaktik Biologie. Köln: Aulis
GROSSLIGHT, L./UNGER, C./JAY, E./SMITH, C. L. (1991): Understanding models and their use in science: Conceptions of middle and high school students and experts. Journal of Research in Science Teaching, 28(9), 799–822
HAMMANN, MARCUS (2003): Aus Fehlern lernen. In: Unterricht Biologie, 27(287), 31–35

Hammann, Marcus (2004): Kompetenzentwicklungsmodelle. Merkmale und ihre Bedeutung – dargestellt anhand von Kompetenzen beim Experimentieren. In: MNU 57(4), 196–203

Hammann, Marcus (2006): Kompetenzförderung und Aufgabenentwicklung. In: MNU 59(2), 85–95

Hascher, T./Hofmann, F. (2008): Aufgaben – noch unentdeckte Potenziale im Unterricht. In: Thonhauser, J. (Hrsg.): Aufgaben als Katalysatoren von Lernprozessen. Eine zentrale Komponente organisierten Lehrens und Lernens aus der Sicht der Lernforschung, allgemeiner Didaktik und Fachdidaktik. Münster: Waxmann, 47–63

Häussler, P./Bünder, W./Duit, R./Gräber, W./Mayer, J. (1998): Naturwissenschaftliche Forschung. Perspektiven für die Unterrichtspraxis. Kiel

Heckhausen, Heinz (1974): Leistung und Chancengleichheit. Göttingen

Helmke, Andreas (2007): Unterrichtsqualität erfassen, bewerten, verbessern. Seelze

Helmke, A./Schrader, F.-W. (2010): Merkmale der Unterrichtsqualität: Potenzial, Reichweite und Grenzen. In: Schaal, B./Huber, F. (Hrsg.): Qualitätssicherung im Bildungswesen. Auftrag und Anspruch der bayerischen Qualitätsagentur. Münster: Waxmann, 69–108

Jatzwauk, P. (2007): Aufgaben im Biologieunterricht – eine Analyse der Merkmale und des didaktisch-methodischen Einsatzes von Aufgaben im Biologieunterricht. Berlin: Logos

Kattmann, U. (2005): Lernen mit anthropomorphen Vorstellungen? Ergebnisse von Untersuchungen zur Didaktischen Rekonstruktion in der Biologie. ZfDN 11, 165–174

Kattmann, U. (2007): Didaktische Rekonstruktion – eine praktische Theorie. In: Vogt, H./Krüger, D. (Hrsg.): Theorien in der biologiedidaktischen Forschung. Berlin: Springer, 93–104

Kauertz, A./Fischer, H. E./Mayer, J./Sumfleth, E./Walpuski, M. (2010): Standardbezogene Kompetenzmodellierung in den Naturwissenschaften der Sekundarstufe I. In: ZfDN 16, 135–153

Kleinknecht, Marc (2010): Kognitive Aktivierung und Strukturierung durch Aufgaben – Analyse und Weiterentwicklung der unterrichtlichen Aufgabenkultur. In: Bohl, Thorsten/Kansteiner-Schänzlin, Katja/Kleinknecht, Marc et al. (Hrsg.): Selbstbestimmung und Classroom-Management. Empirische Befunde und Entwicklungsstrategien zum guten Unterricht. Bad Heilbrunn, 179–190

Klieme, E. (2004): Was sind Kompetenzen und wie lassen sie sich messen? Pädagogik 6, 10–13

Klieme, E. et al. (2003): Zur Entwicklung nationaler Bildungsstandards. Eine Expertise. Bonn: BMBF

Klinke, Regine (2003): Nachts sind alle Katzen grau. In: Unterricht Biologie 27(288/289), 20–23

KMK (2004a): Bildungsstandards im Fach Biologie für den Mittleren Schulabschluss. www.kmk.org/fileadmin/veroeffentlichungen_beschluesse/2004/2004_12_16-Bildungsstandards-Biologie.pdf

KMK (2004b): Einheitliche Prüfungsanforderungen in der Abiturprüfung Biologie. www.kmk.org/fileadmin/veroeffentlichungen_beschluesse/1989/1989_12_01-EPA-Biologie.pdf

Köhler, Karlheinz (2012a): Nach welchen Prinzipien kann Biologieunterricht gestaltet werden? In: Spörhase-Eichmann, U./Ruppert, W. (Hrsg): Biologie-Didaktik. Berlin: Cornelsen Scriptor, 112–129

Köhler, Karlheinz/Meisert, Anke (2012b): Welche Erkenntnismethoden sind für den Biologieunterricht relevant? In: Spörhase, U./Ruppert, W. (Hrsg): Biologie-Didaktik. Berlin: Cornelsen Scriptor, 146–159

Köhler, Karlheinz (2010c): Welche Medien werden im Biologieunterricht genutzt. In: Spörhase, Ulrike/Ruppert, Wolfgang (Hrsg.): Biologie-Didaktik. Berlin: Cornelsen Scriptor, 160–182

Kremer, Bruno P. (2005): 1x1 der Mikroskopie. Ein Praktikum für Anfänger. Stuttgart: Franckh-Kosmos

Krüger, D. (2007): Die Conceptual Change Theorie. In: Vogt, H./Krüger, D. (Hrsg.): Theorien in der biologiedidaktischen Forschung. Berlin: Springer, 81–92

Kulgemeyer, C./Schecker, H. (2009): Kommunikationskompetenz in der Physik. Zur Entwicklung eines domänenspezifischen Kommunikationsbegriffs. ZfDN 15, 131–153

Labudde, P. (2008): Naturwissenschaften vernetzen – Horizonte erweitern: Fächerübergreifender Unterricht konkret. Seelze-Velber: Kallmeyer & Klett

Labudde, P. (2010): Fachdidaktik Naturwissenschaft. Bern: Haupt-UTB

Leisen, J. (2006): Aufgabenkultur im mathematisch-naturwissenschaftlichen Unterricht. In: MNU 59(5), 260–266

Lipowsky, Frank (2009): Unterricht. In: Wild, Elke/Möller, Jens (Hrsg.): Pädagogische Psychologie. Berlin, Heidelberg, 73–101
Martial, I. von (2005): Unterrichtsmedien. In: Martial, I. von/Ladenthin, V. (Hrsg.): Medien im Unterricht. Baltmannsweiler: Schneider Hohengehren, 15–26
Mayer, Jürgen (2007): Erkenntnisgewinnung als wissenschaftliches Problemlösen. In: Krüger, Dirk/Vogt, Helmut (Hrsg.): Theorien in der biologiedidaktischen Forschung. Berlin: Springer, 177–186
Mayer, Jürgen/Ziemek, Hans-Peter (2006): Offenes Experimentieren. In: Unterricht Biologie, 30(317), 4–12.
Mayer, R. E. (2009): Multimedia learning (2nd ed). New York: Cambridge University Press
Meisert, Anke (2008): Vom Modellwissen zum Modellverständnis – Elemente einer umfassenden Modellkompetenz und deren Fundierung durch lernerseitige Kriterien zur Klassifikation von Modellen. ZfDN 12, 243–261
Meisert, Anke (2009): Modelle in der Biologie. Wie lässt sich im Unterricht ein Verständnis für ihre Bedeutung fördern? MNU 62(7), 424–430
Meisert, Anke (2012): Wie kann Biologieunterricht geplant werden? In: Spörhase, Ulrike/Ruppert, Wolfgang (Hrsg): Biologie-Didaktik. Berlin: Cornelsen Scriptor, 241–265
Meyer, H. (1990): Modelle. Unterricht Biologie 14 (160), 4–10
Meyer, Hilbert (2004): Was ist guter Unterricht? Berlin
Meyer, Hilbert (2006): Unterrichtsmethoden I: Theorieband. Cornelsen Scriptor, Berlin
Meyer, Hilbert (2007): Unterrichtsmethoden II: Praxisband. Cornelsen Scriptor, Berlin
Mikelskis, H. F. (2006): Physik-Didaktik. Berlin: Cornelsen Scriptor
Neuhaus, Birgit (2007): Unterrichtsqualität als Forschungsfeld für empirische biologiedidaktische Studien. In: Krüger, Dirk/Vogt, Helmut (Hrsg.): Theorien in der biologiedidaktischen Forschung. Berlin: Springer, 243–254
Otteni, Martin (2014): Beobachten. In: Spörhase, Ulrike/Ruppert, Wolfgang (Hrsg.): Biologie-Methodik. Handbuch für die Sekundarstufe I und II. Berlin, 79–84
Paivio, A. (1977): Images, Propositions, and Knowledge. In: Nicholas, J. (Hrsg.): Images, Perception, and Knowledge. Dordrecht/Boston: Reidel Publishing, 47–71
Pauli, Christine/Drollinger-Vetter, Barbara/Hugener, Isabelle et al. (2008): Kognitive Aktivierung im Mathematikunterricht. Zeitschrift für Pädagogische Psychologie 22(2), 127–133
Penner, D. E./Giles, N. D./Lehrer, R./Schauble, L. (1997): Building functional models: Designing an elbow. Journal of Research in Science Teaching 34(2), 125–143
Peter, Elke (2004): Mikroskopieren lernen. In: Lernchancen 7(42), 22–29
Peterssen, W. (2000): Handbuch Unterrichtsplanung. München: Oldenbourg
Rheinberg, Falko (2008): Bezugsnormen und die Beurteilung von Lernleistung. In: Schneider, W./Hasselhorn, M. (Hrsg.): Handbuch der pädagogischen Psychologie. Göttingen: Hogrefe, 178–186
Riemeier, Tanja (2005): Zellteilung müsste eigentlich Zellverdopplung heißen! Lernschwierigkeiten der Zelltheorie und ihre Überwindung im Unterricht. In: Unterricht Biologie, 29 (307/308), 54–59
Riemeier, T. (2014): Erhebung und Berücksichtigung von Schülervorstellungen. In: Spörhase, Ulrike/Ruppert, Wolfgang (Hrsg): Biologie-Methodik. Berlin: Cornelsen Scriptor, 29–35
Ruppert, Wolfgang (2012): Welches Interesse haben Schüler an biologischen Themen? In: Spörhase, Ulrike/Ruppert, Wolfgang (Hrsg): Biologie-Didaktik. Berlin: Cornelsen, 94–111
Scholz, Gerold/Beck, Gertrud (1995): Beobachten im Schulalltag. Ein Studien- und Praxisbuch. Frankfurt
Schulz von Thun, F. (2009): Miteinander reden 1 – Störungen und Klärungen. Allgemeine Psychologie der Kommunikation. 47. Aufl. Hamburg: Rowohlt
Schmidkunz, Heinz/Lindemann, Helmut (1992): Das Forschend-entwickelnde Unterrichtsverfahren/Problemlösen im naturwissenschaftlichen Unterricht. Essen: Westarp Wissenschaften
Seidel, Tina/Shavelson, Richard J. (2007): Teaching Effectiveness Research in the Past Decade: The Role of Theory and Research Design in Disentangling Meta-Analysis Results. Review of Educational Research 77(4), 454–499

Seiss, Katrin (o. J.): Methodix – Ein Inventar von Evaluationsmethoden für den Unterricht, http://www.sn.schule.de/~profil-q/materialien_frei/Methodix.pdf (letzter Zugriff am 29.09.2011)

Spiro, R./Coulson, R./Feltovich, P./Anderson, D. (1988). Cognitive flexibility theory: Advanced knowledge acquisition in ill-structured domains. In: Patel, V. (ed.): Proceedings of the 10th Annual Conference of the Cognitive Science Society. Hillsdale, NJ: Erlbaum

Spörhase, Ulrike (2014a): Methoden im Biologieunterricht. In: Spörhase, Ulrike/Ruppert, Wolfgang (Hrsg): Biologie-Methodik. Handbuch für die Sekundarstufe I und II. Berlin: Cornelsen Scriptor, 10–28

Spörhase, Ulrike (2014b): Think – Pair – Share. In: Spörhase, Ulrike/Ruppert, Wolfgang (Hrsg.): Biologie-Methodik. Handbuch für die Sekundarstufe I und II. Berlin: Cornelsen Scriptor, 181–183

Spörhase, Ulrike/Ruppert, Wolfgang (2014) (Hrsg.): Biologie-Methodik. Berlin: Cornelsen Scriptor

Spörhase, Ulrike (2012a): Welche Ziele verfolgt Biologieunterricht? In: Spörhase, Ulrike/Ruppert, Wolfgang (Hrsg): Biologie-Didaktik. Berlin: Cornelsen Scriptor, 24–61

Spörhase, Ulrike (2012b): Wie lässt sich Unterrichtserfolg ermitteln? In: Spörhase, Ulrike/Ruppert, Wolfgang (Hrsg.): Biologie-Didaktik. Berlin: Cornelsen Scriptor, 275–297

Spörhase, Ulrike (Hrsg.) (2012): Biologie-Didaktik. Praxishandbuch für die Sekundarstufe I und II. Berlin: Cornelsen Scriptor

Stachowiak, H. (1980): Der Weg zum Systematischen Neopragmatismus und das Konzept der Allgemeinen Modelltheorie. In: Stachowiak, H. (Hrsg.): Modelle und Modelldenken im Unterricht. Heilbrunn: Klinkhardt, 9–49

Staeck, Lothar (1995): Zeitgemäßer Biologieunterricht. Berlin: Cornelsen

Staeck, Lothar (1998): Praktisches Arbeiten im Biologieunterricht. Teil 6: Das Mikroskopieren. In: Biologie in der Schule, 47(6), 321–325

Starauschek, E. (2006): Zur Rolle der Sprache beim Lernen von Physik. In: Mikelskis, H. F. (Hrsg.): Physik-Didaktik. Berlin: Cornelsen Scriptor, 183–196

Suwelack, W. (2010): Lehren und Lernen im kompetenzorientierten Unterricht. MNU 63(3), 176–182

Sweller, J./Merriënboer, J. van/Paas, F. (1998): Cognitive architecture and instructional design. Educational Psychology Review 10, 251–296

Thews, Georg/Mutschler, Ernst/Vaupel, Peter/Schaible, Hans-Georg (2007): Anatomie, Physiologie, Pathophysiologie des Menschen. Stuttgart: Wissenschaftliche Verlagsgesellschaft

Tulodziecki, G./Herzig, B. (2010): Mediendidaktik. Medienverwendung in Lehr- und Lernprozessen. München: Kopäd

Upmeier zu Belzen, A./Krüger, D. (2010): Modellkompetenz im Biologieunterricht. ZfDN 16, 41–57

Vogt, H./ Krüger D. (Hrsg.) (2007): Theorien in der biologiedidaktischen Forschung. Berlin: Springer, 97–106

Weinert, F. E. (2001): Leistungsmessung in Schulen. Weinheim und Basel

Weitzel, Holger (2012a): Welche Bedeutung haben vorunterrichtliche Vorstellungen für das Lernen? In: Spörhase, U./Ruppert, W. (Hrsg): Biologie-Didaktik. Berlin: Cornelsen Scriptor, 62–81

Weitzel, Holger (2012b): Wie kann Unterricht Vorstellungsänderungen bewirken? In: Spörhase, Ulrike/Ruppert, Wolfgang (Hrsg): Biologie-Didaktik. Berlin: Cornelsen Scriptor, 82–93

Wüsten, Stefanie/Schmelzing, Stephan/Sandmann, Angela et al. (2008): Unterrichtsqualitätsmerkmale im Fach Biologie. In: Krüger, Dirk/Upmeier zu Belzen, Annette/Riemeier, Tanja et al. (Hrsg.): Erkenntnisweg Biologie-Didaktik 7. Hannover, 145–158, http://www.biologie.fu-berlin.de/didaktik/Erkenntnisweg/2008/2008_10_Wuesten.pdf (letzter Zugriff am 05.09.2011)

Wüsten, Stefanie/Schmelzing, Stephan/Sandmann, Angela et al. (2010): Sachstrukturdiagramme – eine Methode zur Erfassung inhaltsspezifischer Merkmale der Unterrichtsqualität im Biologieunterricht. Zeitschrift für Didaktik der Naturwissenschaften 16, 23–39

Register

A

Alltagssprache 73, 75
Alltagsvorstellungen 19, 24, 39, 73
Analogisieren 112
Anforderungsbereich 141, 153
Arbeitsanweisungen 137
Assoziationen 17
Audio-, audiovisuelle Dokumentation 165 ff.
Aufgaben 59, 132 f., 146, 152
Aufgabenschwierigkeit 141
Aufgabenstellung, -variation 133, 135, 137, 145 f.
Aushandlungs- und Abwägungsprozesse 17
Auswertungskompetenz 88

B

Basiskonzepte 11, 23, 27, 35
Beobachten, Bestimmen, Betrachten 79, 82
Bewertung 65
Bezugsnormen 153 f.
Bildungs- und Lehrpläne 18
Bildungsstandards 16, 18 f., 28, 45
biologische Arbeitsweisen 77

C

Conceptual Change, Konzeptwechsel 24
curriculare Vorgaben 16, 23, 27

D

Deutung 88
Diagramm 127
didaktische Konstruktion 32, 35, 162
didaktische Rekonstruktion, didaktische Struktur 23
digitale Medien 121, 127, 129 f.
Dokumentation 122

E

Einzelarbeit 59
Elementarisierung 19 f.
Emotionalisierung 53
Entscheidungsrahmen 120
Ergebniskontrollen 149, 152
Erkenntnisgewinnung 27, 76 f.
Erkenntnishilfen, Erlebnis- und Erfahrungshilfen 119
Erkenntnismethoden, -wege 20, 89, 121
Erkenntnismodell 107
Erziehungs- und Bildungsauftrag 28
Evaluation des Unterrichts 149
Exemplarität 23
Experimente, Experimentieren 20, 89

F

Fachcurricula 18
fächerkoordinierend, fächerübergreifend 25 f., 29
fächerverbindend, Fächerverbund 26
fachgemäße Arbeitsweisen 54, 57, 60
fachgerecht 21
fachintegrativ 26
fachliche Klärung 35
fachliche Struktur 23, 29
Fachportal Pädagogik 32
fachspezifisch 18, 46, 157 f.
Fachsprache, Fachwörter 14, 37, 73 ff.
fachüberschreitend 26
Fehler, Umgang mit 13
Film, Foto 127
Fragen 60, 65

G

gesellschaftliche Relevanz 23
Gesprächsformen, -kultur, -verlauf 61, 65, 71 f.
Gruppenarbeit 59

H

Handlungsmuster 46, 54, 56 ff., 60
Hausarbeiten 154
Heterogenität 17
Hypothese, Hypothesenbildung 20, 93, 96

I

Impulse 60, 68
Informationshilfen, Informationswege 27, 119
Inhaltsauswahl 27
Interessen 38, 52 f., 121

J

Jahresplanung, Jahreszeiten 16 f.
jahrgangsübergreifende Vernetzung 19

K

Kartenabfrage 116
Kernidee 19 ff., 23, 27 f.
klare Strukturierung 158, 160
Klassifizieren 82
kognitionspsychologische Gesichtspunkte 122
kognitive Aktivierung 53 f., 158, 161
Kommunikations- und Produktionshilfen 119
kommunikative Kompetenz 68, 72 f.
Kompetenzbereich 19, 28, 40, 45, 142, 153
Kompetenzen 9 f., 40, 45, 133
Kompetenzorientierung, -schwerpunkt 17, 27, 40
Kompetenzstufe 93
Kompetenzzuwachs 149
Komplexität 143
Kontext 22 f., 38, 133 f.
Kontextualisierung 53
Kontrollversuch 97
konzeptuelles Fachwissen/Verständnis 10, 123
kumulatives Lernen 19

L

Ländervergleich 28
Landesbildungsserver 34
Lebewesen 127
Lehrerfrage 68 f.
Lehrerportale 34
Lehrleistung 149

Lehr-Lern-Arrangements/-Formen 57, 121
Lehr-Lern-Impuls 68
Lehr-Lern-Prozess 17, 118
Lehrplan 19, 28
Leistungsbeurteilung 149, 152
Leistungsfähigkeit 29
Leistungsstand, -messung 152 f.
Leitfragen, Leitziele 23, 167
Lernbedingungen 41 f.
Lernen begleiten/bewerten 155
lernerorientiertes Sozialklima 158, 160, 163 f.
Lernervoraussetzungen 23, 38
Lernleistung 149
Lernmittel, Lernobjekte 61, 119
Lernwege 17, 27, 29

M

Materialien 118
Medien 118 ff.
Medieneinsatz, -nutzung 121, 131
medienpsychologische Gesichtspunkte 122
Meinungsaustausch, Meinungsbildung 65
methodische Konstruktion 32, 46, 162
methodische Variation 14
Mitarbeit im Unterricht 154
Modellelemente, Modellversuch 111 f.
Moderation, Moderieren 60, 65, 71

N

Nachahmungsmodelle 106
naturwissenschaftliche Grundbildung 16
Niveaukonkretisierungen 28

O

Oberflächenmerkmale von Medien 122 ff.
Operatoren 28, 137 f.
Ordnen 82

P

Partnerarbeit 59
personengebundene Beiträge 65
Planung 16 f., 21, 165, 168
Präparate, Präparieren 80, 127
Problemlöseprozess 77
Problemstellung 91

Q

Qualitätsmerkmale 157 f., 161

R

Rahmenmodell 8 f.
Rahmenrichtlinien 23
Reflexion 122, 149, 156, 168
regionale Besonderheiten 24
Relevanzanalyse 21
Repräsentationen, Repräsentationsform 106, 123
Rituale 163
Rückmeldung 133, 144, 149, 166 f.

S

Sammlung von Unterrichtsideen/-materialien 32
Schema 127

Schlüsselaspekte 23
schriftliche Leistung 154
Schulbuch 118, 129
Schulentwicklung 19
Schülerbeitrag, -gespräch 71 f.
schulische Besonderheiten 24
Scientific Literacy 16
selbstgesteuertes Lernen 152
Selbstreflexion 169 f.
Simulationen 130
Sinnesmodalität 123
Skizze 127
Sozialform 46, 54, 56 ff.
Sprache 61, 127
Steuerungswinke 72
Stoffverteilungsplan 19
Strukturelemente 20
strukturelle Voraussetzungen 17, 29
stummer Impuls 70 f.
Symbol 127

T

Tafel 129, 131
teilnehmende Beobachtung 165
Texte 127
Think-Pair-Share-Methode 166 f.
Tiefenstrukturen des Lernens 124
Transparenz im Unterricht 168

U

Übung, Übungsphasen 14
Unterrichtseinheit 16, 20 ff.
Unterrichtseinstiege 46, 51 ff.
Unterrichtsgespräch 60 f., 65
Unterrichtsinhalte 23
Unterrichtsmethoden 55
Unterrichtsphasen 17
Unterrichtsplanung 46, 56
Unterrichtsprotokoll 165
Unterrichtsqualität 8, 160
Unterrichtsreflexion 156 f., 164
Unterrichtsskizze 49
Unterrichtssprache 73, 75
Unterrichtsthema, Festlegung 32
Unterrichtsziele 41, 43 ff., 132
Unterstützungselement 135, 140 f.
Untersuchen 80

V

Variablen 96, 100
Veranschaulichen 121
Vergleichen 80
Verlaufsform 47
Verlaufsskizze 56 f.
Vorstellungsbildung 106
Vorwissen 92

Z

Zeichnung 127
Zeugnisnote 154
Zielsetzungen 27